JN299693

● 新・建築学 ●
TKA-9

建築光環境・視環境

平手小太郎

数理工学社

編者のことば

　現代都市の生活は，建築物がもたらすさまざまな利便性や安全性により，未だかつてなく快適なものとなっている．寒暑や恐怖から家族を守るシェルターとしてスタートした建築は，時代の変遷とともにその姿を進化させ，東京のような巨大都市における無数の構成要素へと変貌してきた．それは，現代の日本人，特に若い人々にとっては生まれながらに眼にする原風景であり，それを建築の姿として当然のことと考えるのは仕方がないことかもしれない．しかし，ひとたび地震などの自然災害が都市を襲い，電気や水道が止まり，壊れて使用できなくなる建築物がでてくれば，建築という社会インフラによってつくられる日本人の生活環境は，歴史に根付き，さまざまな思慮と工夫によって計画され，エネルギーと資源の消費の上に成り立っているものであるという事実に改めて気がつかされよう．

　正直にいって，建築を学び始めるほとんどの学生は，建築学が扱っている領域がそれほどの広がりを持つものであることを理解して志望して来るのではないと思われる．しかし，大学で建築を学ぶ学生はそのような建築のつくりだす日本社会の利便性や安全性をこれからも維持することを担う人材として社会から嘱望されているのである．社会における役割があるということは，それ自体大変すばらしいことである．現在の建築学で取り扱う領域はたいへん広く，建築物をつくるために必要な知識は，物理学，化学等の自然科学だけでなく，人文科学，歴史学等も含めた多くの分野の知識に根ざしている．また，それらの相対的な重要性は時代とともに変化しており，その変化を知ること自体大変興味深い．

　これまでの歴史を振り返れば，20世紀においては，新しい材料の開発や構造解析法の発達，化石エネルギーの活用の容易化によって，さまざまな建築の設計技術が変容し，次々と新しい形態の建築が可能になった．21世紀においては，地球規模での環境問題の解決がより重要となり，人類の行く末に対する関心が高まっている．新築時には莫大な資源を使う建築を維持・補修して少しでも寿命を延ばすためにはどうすればよいか，都市・建築の理想像はどう変わって行

編者のことば

くのかなど，建築学の扱うべき課題はこれからも尽きそうにない．

本ライブラリは，主に東京大学の建築学科の教員が学部で行っている講義をもとにそれぞれの巻を分担して執筆している．このような広い領域にまたがる建築学に関する幅広い知識を効率よく身につけるためには，内容を厳選し，分量を決定し，適切に構成した，良い教科書があることが不可欠である．そういった観点から，それぞれの巻は，原則として1名が執筆することとしている．このライブラリは，残念ながら現在の課題に対する答えを示すものではないが，このライブラリで建築を学び，建築に関する課題に積極果敢に取り組もうと志す若者が増えることを心より期待するものである．

2009年5月

編者　塩原　等・西出　和彦・平手小太郎・野口　貴文

「新・建築学」書目一覧	
書目群 I	書目群 II
1　建築計画の基礎	A–1　建築史
2　建築構造解析	A–2　建築計画
3　建築弾塑性学	A–3　都市建築史
4　建築信頼性工学	A–4　都市計画
5　建築材料学	A–5　鉄筋コンクリート構造
6　建築熱環境	A–6　鉄骨構造
7　建築空気環境	A–7　木構造
8　建築音環境	A–8　基礎構造
9　建築光環境・視環境	A–9　建築耐震工学
	A–10　建築大空間構造
	A–11　建築防火計画
	A–12　建築構法計画
	A–13　建築経済
	A–14　建築維持保全
	A–15　空気調和設備
	A–16　給排水衛生設備
	A–17　都市環境・都市設備・都市災害

(A: Advanced)

まえがき

　本書は，建築環境学の分野の一つである「建築光環境・視環境」と称する東京大学建築学科での半年間の講義内容にほぼ相当し，生活者の観点からのよりよい建築光環境や視環境を創造するために，必要な知識や方法をまとめたものである．建築系の大学・高専の教科書，建築設計者・技術者の参考書を意図しており，建築の初学者向けという方針から，この分野の基礎的事項を盛り込んでいる．一方，専門性もある程度考慮し，必要に応じて応用面も含んでいる．

　建築環境学は，室内から都市まで人間の生活空間において，健康で快適な物理環境の確保のための目標およびその実現のための調整のあり方を系統的に扱う領域で，物理環境の種別および人間の感覚の様態から大きく，光，音，熱，空気，水の分野に分かれている．

　建築光環境・視環境は，この建築環境学の一つの柱になっており，視覚で取り扱う範囲，すなわち人工照明，昼光照明，日照，色彩などを含んでいる．光環境や視環境の良否は，生活者の安全性や快適性，あるいは作業効率や疲労に直接関連し，生活活動の基本となる重要な要因である．視覚から受ける情報はかなり多く，形，色，材質を知る手段にもなっており，建築学の他の領域と関係する部分も多く，建築計画・設計に活かせる内容も加えている．

　また本書がカバーする領域は，(社)日本建築学会・環境工学委員会の光環境運営委員会の活動領域とほぼ一致しており，内容としては，基礎的・理論的から応用的・設計的まで，また数理的・技術的なハードな部分から人文的・生活的なソフトな部分まで，幅広い範囲を扱っている．

　本書の基礎的な部分については，研究データや知見の蓄積があり，従来からよく登場している図表を使用させていただいた．その意味では，多くの先輩・先人の御苦労に感謝しなければならず，また貴重な図版などを引用・転載させていただいた方々に厚く御礼を申し上げたい．

　全体のバランスを考えると，建築色彩の配分が難しかったが，建築環境学の中

まえがき

での位置づけを考慮して決定した．このあたりは批判があるかも知れない．なお電気設備に関わる専門性が強い内容については，本書では省略している．

　一方わが国の照明設計の目標値として重要な位置にある照明基準総則が大幅に改定されたのが 2010 年であり，本書の内容はそれを考慮しており，省エネルギーの問題にも触れ，変化する社会・時代の要求に対応している．なお 2011 年の東日本大震災後，節電対策が求められ，照明関係の基準が見直される可能性があり，この内容については補足としてホームページで示す．

　さらに原理的な説明のための展開過程などは，基本的で重要度が高い内容を本書内，発展的ではあるが重要度は低い内容を解説として，ホームページ表示に回すことで，学習可能なようにした．また法令や基準についても，変更があったとき機動的に対応できるように，一部解説としてホームページ表示に回している．解説や補足などホームページの内容と本書を一体と考えると，かなり専門性が高い著作となり，意欲のある読者にも応えるよう配慮している．

　また，この方法により，物理的・数理的内容以外の部分を増やすことができた．歴史的な内容，照明や色彩設計の基本構想，基本計画など建築設計プロセスに対応する内容も記述しており，従来の建築環境学の教科書と比べると，ソフトな内容になっている印象があると思われる．工学・技術に関わる部分は重要だとしても，設計との関係など応用面も含めた広い観点で学習できないと表面的な知識に終わってしまうと考えたためである．さらに都市における光環境・視環境の問題については，都市が高密度化した場合，周辺近隣に対して加害者になる可能性があり，この点の認識を深める必要があると考え，1 章単独で設定した．

　章末の演習問題は比較的簡単な問題で構成されており，この章で考えるべき課題としての役割も持っている．大学院入試や建築士試験などに対しても本書で示した知識で十分ではないかと思う．

　本書により，建築光環境・視環境という分野に興味を持ち，学んだことを通じて，建築空間の創造を目指していただければ著者として望外の幸せである．

　最後に，本書の編集から出版に至るまでの過程で，小生のわがままもあり，数理工学社の田島伸彦氏には，数多くの御苦労をかけた．ここに厚く御礼を申し上げる次第である．

　　2011 年 7 月

　　　　　　　　　　　　　　　　　　　　　　　　　　　平手　小太郎

目　　次

第 1 章　太陽放射と日照　　1

1.1　太陽放射の効果　　2
- 1.1.1　太陽放射の分光分布　　2
- 1.1.2　紫外放射　　2
- 1.1.3　可視放射　　4
- 1.1.4　赤外放射　　6
- 1.1.5　日照・日射　　7

1.2　日照の効果　　8
- 1.2.1　日照の効用・影響　　8
- 1.2.2　日照の意義　　8

1.3　日照の指標　　10

1 章の問題　　12

第 2 章　日照・日影　　13

2.1　太陽の動き　　14
- 2.1.1　太陽位置　　14
- 2.1.2　時法　　16

2.2　日照・日影の表示　　18
- 2.2.1　太陽位置図　　18
- 2.2.2　日影曲線　　20
- 2.2.3　日ざし曲線　　21

2.3　日照・日影の検討　　22
- 2.3.1　日影曲線による日照・日影の検討　　22
- 2.3.2　日照図表等による日照・日影の検討　　23

2 章の問題　　26

目　次　　vii

■ 第 3 章　視覚と測光量　　27

- 3.1 光と視覚 ………………………………………… 28
- 3.2 視覚の特性 ……………………………………… 30
- 3.3 立体角・立体角投射率 ………………………… 34
- 3.4 測光量 …………………………………………… 38
- 3.5 照明計算の基礎 ………………………………… 42
  - 3.5.1 反射と透過 ………………………………… 42
  - 3.5.2 照度に関する基本法則 …………………… 43
  - 3.5.3 均等拡散面における測光量 ……………… 44
- 3 章の問題 …………………………………………… 46

■ 第 4 章　照明の要件　　47

- 4.1 照明の目的 ……………………………………… 48
  - 4.1.1 照明の分類 ………………………………… 48
  - 4.1.2 明視照明と雰囲気照明 …………………… 48
  - 4.1.3 明視照明の目的 …………………………… 49
- 4.2 照明に関する基準 ……………………………… 52
  - 4.2.1 人工照明に関する基準 …………………… 52
  - 4.2.2 昼光照明に関する基準 …………………… 52
- 4.3 照度・照度分布 ………………………………… 54
  - 4.3.1 照度 ………………………………………… 54
  - 4.3.2 照度分布 …………………………………… 56
  - 4.3.3 空間の照度 ………………………………… 57
- 4.4 輝度・輝度分布 ………………………………… 58
  - 4.4.1 輝度 ………………………………………… 58
  - 4.4.2 輝度分布 …………………………………… 59
- 4.5 グレアとフリッカー …………………………… 62
  - 4.5.1 グレアの種類 ……………………………… 62
  - 4.5.2 グレアの評価方法 ………………………… 63
  - 4.5.3 フリッカー ………………………………… 65
- 4.6 光の方向性と拡散性 …………………………… 66

4.7 光色と演色性 ·· 68
   4.7.1 光色と色温度 ··· 68
   4.7.2 演色性 ·· 69
4.8 雰囲気照明の要素 ··· 70
4章の問題 ·· 72

第5章 人工照明　　73

5.1 人 工 光 源 ·· 74
   5.1.1 人工光源の特性 ·· 74
   5.1.2 白熱電球 ·· 77
   5.1.3 蛍光ランプ ··· 79
   5.1.4 高輝度放電ランプ ·· 80
   5.1.5 新世代の光源 ··· 82
   5.1.6 その他の光源 ··· 83
   5.1.7 混光照明 ·· 83
5.2 照 明 器 具 ·· 84
   5.2.1 照明器具の分類 ·· 84
   5.2.2 配光 ··· 86
   5.2.3 照明器具の関連事項 ··· 87
   5.2.4 照明器具の検討事項 ··· 88
5.3 照 明 方 式 ·· 90
   5.3.1 主照明と補助照明 ·· 90
   5.3.2 明視照明における照明方式 ·· 90
   5.3.3 建築化照明 ··· 91
   5.3.4 人工照明と昼光照明の併用 ·· 93
   5.3.5 住宅における照明方式 ·· 93
5.4 人工光源・照明器具の変遷 ·· 94
5章の問題 ·· 100

第6章 昼光照明　　101

6.1 昼光照明の特性 ·· 102

6.2　昼光光源 ･････････････････････････････････････ 104
　　　6.2.1　昼光 ･････････････････････････････････････ 104
　　　6.2.2　直射日光 ･････････････････････････････････ 104
　　　6.2.3　天空光 ･･･････････････････････････････････ 106
　　　6.2.4　昼光の色の特性 ･･･････････････････････････ 108
　6.3　昼光率 ･･･ 110
　6章の問題 ･･･ 112

第7章　開口部　　　　　　　　　　　　　　　　　　　113

　7.1　開口部の要件 ･･･････････････････････････････････ 114
　　　7.1.1　開口部の機能・性能 ･･･････････････････････ 114
　　　7.1.2　開口部設計の要点 ･････････････････････････ 115
　7.2　開口部の分類 ･･･････････････････････････････････ 116
　7.3　窓材料・窓装備・窓装置 ･････････････････････････ 118
　7.4　開口部に関する基準 ･････････････････････････････ 122
　7.5　開口部の変遷 ･･･････････････････････････････････ 124
　7章の問題 ･･･ 128

第8章　照明計算　　　　　　　　　　　　　　　　　　　129

　8.1　照度計算 ･･･････････････････････････････････････ 130
　　　8.1.1　照度計算の方法 ･･･････････････････････････ 130
　　　8.1.2　配光 ･････････････････････････････････････ 131
　　　8.1.3　点光源による直接照度の計算 ･･･････････････ 132
　　　8.1.4　線光源による直接照度の計算 ･･･････････････ 133
　　　8.1.5　面光源による直接照度の計算 ･･･････････････ 134
　　　8.1.6　光束伝達計算法による間接照度の計算 ･･･････ 135
　　　8.1.7　間接照度の簡易計算 ･･･････････････････････ 136
　8.2　昼光照明計算 ･･･････････････････････････････････ 138
　　　8.2.1　直接昼光率と間接昼光率 ･･･････････････････ 138
　　　8.2.2　直接昼光率の計算 ･････････････････････････ 139
　　　8.2.3　間接昼光率の計算 ･････････････････････････ 142

x　　目　次

　　　8.2.4　直射日光を含めた昼光照明計算･････････････････144
　8.3　光束法による照度計算･････････････････････････146
　8章の問題･････････････････････････････148

第9章　照明設計　　149

　9.1　照明設計の方法･････････････････････････150
　　　9.1.1　照明設計の位置づけ･･････････････････150
　　　9.1.2　昼光照明と人工照明の協調･････････････････150
　　　9.1.3　照明設計の手順････････････････････151
　　　9.1.4　照明目的に対する機能展開･････････････････153
　9.2　住宅照明設計･････････････････････････154
　　　9.2.1　戸建住宅・共同住宅の居住部分･････････････････154
　　　9.2.2　共同住宅の共用部分･････････････････161
　9.3　施設照明設計･････････････････････････162
　　　9.3.1　オフィス･･･････････････････････162
　　　9.3.2　学校････････････････････････162
　　　9.3.3　工場････････････････････････164
　　　9.3.4　店舗････････････････････････164
　9.4　照明におけるエネルギーの効率的利用･････････････････166
　　　9.4.1　エネルギーの効率的利用に向けた方策･････････････････166
　　　9.4.2　照明設備に係るエネルギーの効率的利用････････････････167
　9章の問題･････････････････････････････168

第10章　色の表示　　169

　10.1　色の基本･････････････････････････170
　　　10.1.1　色の分類･･････････････････････170
　　　10.1.2　色の属性･･････････････････････170
　　　10.1.3　混色と等色･･････････････････････171
　10.2　色の名称･････････････････････････172
　　　10.2.1　表面色の名称････････････････････172
　　　10.2.2　光源色の名称････････････････････173

　　　　　　　　　目　次　　　　　　　xi

 10.3　表　色　系 ································· 174
  10.3.1　XYZ 表色系 ························· 174
  10.3.2　UCS 表色系 ························· 176
  10.3.3　ULCS 表色系 ························ 177
  10.3.4　マンセル表色系 ······················· 177
  10.3.5　オストワルト表色系 ···················· 180
  10.3.6　PCCS（日本色研配色体系） ············· 181
 10 章の問題 ···································· 182

第11章　色彩の計画　　　　　　　　　　　　　183

 11.1　色彩の効果 ································· 184
  11.1.1　色彩の知覚 ·························· 184
  11.1.2　色彩の機能 ·························· 186
 11.2　色 彩 調 和 ································· 188
  11.2.1　色彩調和論 ·························· 188
  11.2.2　色彩調和の原理 ······················ 191
 11.3　色 彩 設 計 ································· 194
  11.3.1　美と色彩 ···························· 194
  11.3.2　色彩設計の位置づけ ··················· 194
  11.3.3　色彩調節と安全色 ····················· 194
  11.3.4　建築の色彩 ·························· 195
  11.3.5　配色 ······························· 196
  11.3.6　色彩設計の手順 ······················ 198
 11 章の問題 ···································· 200

第12章　都市の光環境・視環境　　　　　　　　201

 12.1　都市の日照・日影 ···························· 202
  12.1.1　都市における日照・日影の検討 ············ 202
  12.1.2　日影の様相 ·························· 202
  12.1.3　反射光への配慮 ······················ 203
  12.1.4　都市の日照・日影に関する基準 ··········· 203

12.2 都市の照明 ・・・・・・・・・・・・・・・・・・・・・・・・・・・・・・・・・・・ 206
　　　　12.2.1 都市の人工照明 ・・・・・・・・・・・・・・・・・・・・・・・・・・ 206
　　　　12.2.2 都市の昼光照明 ・・・・・・・・・・・・・・・・・・・・・・・・・・ 208
　　　　12.2.3 光害 ・・・・・・・・・・・・・・・・・・・・・・・・・・・・・・・・・・・ 209
　　12.3 都市の景観と色彩 ・・・・・・・・・・・・・・・・・・・・・・・・・・・・ 210
　　　　12.3.1 都市景観 ・・・・・・・・・・・・・・・・・・・・・・・・・・・・・・・ 210
　　　　12.3.2 都市の景観に関する基準 ・・・・・・・・・・・・・・・・・・ 212
　　　　12.3.3 良好な都市環境の確保に関する基準 ・・・・・・・・・ 213
　　12 章の問題 ・・・・・・・・・・・・・・・・・・・・・・・・・・・・・・・・・・・・・・ 214

参 考 文 献　　　　　　　　　　　　　　　　　　　　　215

図 表 典 拠　　　　　　　　　　　　　　　　　　　　　216

索　　　　引　　　　　　　　　　　　　　　　　　　　　227

コラム
　緑色の光 ・・ 12
　太陽年 ・・・ 17
　北風と太陽 ・・・・・・・・・・・・・・・・・・・・・・・・・・・・・・・・・・・・・・・ 21
　巌流島の決闘 ・・・・・・・・・・・・・・・・・・・・・・・・・・・・・・・・・・・・・ 26
　測光量の議論 ・・・・・・・・・・・・・・・・・・・・・・・・・・・・・・・・・・・・・ 46
　明灯明視運動 ・・・・・・・・・・・・・・・・・・・・・・・・・・・・・・・・・・・・・ 61
　近視予防運動 ・・・・・・・・・・・・・・・・・・・・・・・・・・・・・・・・・・・・・ 61
　PH ランプの特徴 ・・・・・・・・・・・・・・・・・・・・・・・・・・・・・・・・・ 100
　賢明な光学者 ・・・・・・・・・・・・・・・・・・・・・・・・・・・・・・・・・・・・ 112
　銀行の営業時間 ・・・・・・・・・・・・・・・・・・・・・・・・・・・・・・・・・・ 128
　照度水準の上昇 ・・・・・・・・・・・・・・・・・・・・・・・・・・・・・・・・・・ 145
　日本の照明環境が高照度になっている理由 ・・・・・・・・・・・・ 168
　日本の色名 ・・・・・・・・・・・・・・・・・・・・・・・・・・・・・・・・・・・・・・ 182
　モノトーン ・・・・・・・・・・・・・・・・・・・・・・・・・・・・・・・・・・・・・・ 200
　都市照明の歴史 ・・・・・・・・・・・・・・・・・・・・・・・・・・・・・・・・・・ 214

───［解説・補足・章末問題の解答について］────────
　解説，補足および章末問題の解答はサイエンス社のホームページ
　　　http://www.saiensu.co.jp
　でご覧ください．

1 太陽放射と日照

「知識は，たゆまぬ努力によって絶えず刷新されなければなりません．それはちょうど砂漠に立つ大理石の像のようなものです．太陽の光の下で輝き続けるためには，像をつねに磨き続けなければなりません．」
　　　　　　　　　　　　　　　　　　　　　　　アインシュタイン

　地球におけるの自然の恩恵のすべてが太陽に起因するといっても過言ではない．食物を提供し生存のための環境条件を整えているのは太陽の放射の役割が圧倒的に大きい．また石油，石炭などの化石エネルギーも太陽の放射エネルギーが固定されたものである．太陽の放射をわれわれは日照と呼んでいるが，仮に日照がなくなったら，地球における人間の居住環境の存続自体が難しくなる．人間の生命の維持のため日照は不可欠のもので，健康な生活の維持のために，日照の持つ人間の生活・健康に対する効果・影響を十分に認識しておく必要がある．その中でも，わが国においては，日照には特別な意味がある．これは日本という国名や，国旗のデザインを見ても明らかである．建築計画・設計においては，昼光照明で利用する可視放射のほかに，熱的作用が強い赤外放射，化学的作用が強い紫外放射があり，これらの要因も無視できない．

1章で学ぶ概念・キーワード
- 太陽放射，赤外放射，可視放射，紫外放射
- 日照，日射
- 日照時間，日影時間

1.1 太陽放射の効果

1.1.1 太陽放射の分光分布

太陽は 6 000 K の黒体とほぼ同じ放射を出している．この**太陽放射**の分光分布を図1.1に示す．太陽からの放射は，**紫外放射，可視放射，赤外放射**から構成されている（3.1節参照）．地表では大気中の空気粒子，水蒸気，塵埃（じんあい）などによる散乱や吸収のため，特に赤外領域で凹凸が見られる．可視領域では太陽高度が低くなると短波長部分の減衰が大きくなる．夕日が赤く見えるのはこのためである．太陽放射エネルギーの比率は，紫外放射が2～5％，可視放射が40～45％，赤外放射が50～55％となっている．

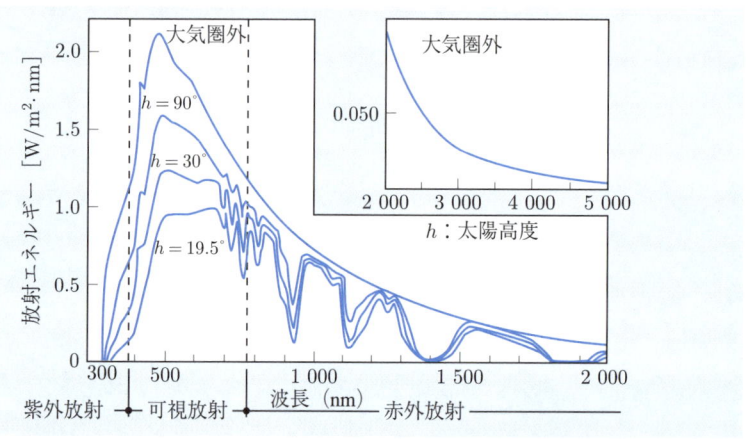

図 1.1*　太陽放射の分光分布（＊印が付いている図表は図表典拠参照，以下同）

1.1.2 紫外放射

紫外放射とは，波長が可視放射よりも短い放射を指し，化学的作用が強い．

(1) 紫外放射の区分と特徴

①UV–A：波長 315～400 nm…大気による吸収をあまり受けずに地表に到達する特性があり，生物に与える影響は UV–B と比較すると少ない．

②UV–B：波長 280～315 nm…成層圏のオゾンによりかなりの部分が吸収され，残りが地表に到達する．生物への影響は大きい．成層圏のオゾン層が1％減少すると地上に到達する UV–B の量が2％増加するといわれている．

③UV–C：波長 100～280 nm…DNA を損傷するが，オゾン層よりも上空でほと

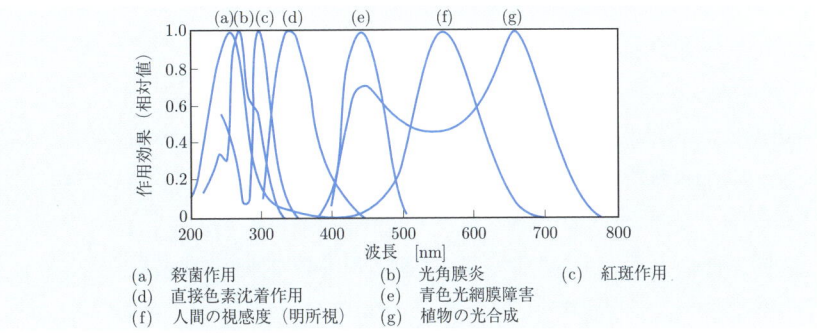

図 1.2* 各種作用効果の分光作用特性

んど吸収され,地上には到達しない.強い殺菌作用を有し,260 nm 付近で最大であり,低圧水銀ランプによる殺菌ランプで利用される.

(2) 紫外放射量

紫外放射量は日射量とほぼ連動し,特に青空光に多く含まれる.太陽からの紫外放射の約 6% が地表面に到達(UV–A:5.8%,UV–B:0.2%)する.大気の吸収があるため,大気中の通過距離が小さいと紫外放射量が多くなる.よって太陽高度が高いほど多くなるので,季節的には夏季,時間的には正午前後に多くなる.10 時から 14 時の間で 1 日の総紫外放射量の約 60% を占める.地域的には低緯度ほど多く,九州は北海道の約 2 倍になる.さらに標高度が高いほど多く,1 000 m 上昇すると約 15% 増加する.また雲量の影響を大きく受け,晴天日は曇天日より多くなる.曇天や雨天時には UV–B の占める割合が高くなる.

(3) 人体への影響

[1] ビタミン D の生成

UV–B によるビタミン D の生成により,カルシウムとリンの代謝を調節し,カルシウムとリンに対する腸の吸収を高め,骨の石灰化を促進する.これにより,骨の変形と発育障害を起こす,くる病の発症を防止する.この効果の発見者の名前により**ドルノ(Dorno)線**あるいは健康線と呼ばれた波長域が 290~320 nm で,UV–B の波長域にほぼ相当する.またビタミン D の生成により,結果として血中コレステロール濃度が低下する.そのため心疾患の予防の効果があり,また免疫力を強化させるといわれている.ただし大量に浴びると逆効果で低下する危険性がある.さらに細胞の機能の活性化に寄与が見られ,また多

くのホルモンの生成とその分泌に関与するといわれている．人工的な健康線用蛍光ランプなども市販されている．

[2] 皮膚への害作用

皮膚への害作用としては，UV–A は，皮膚深部に到達するので，メラニン色素を生成させ**色素沈着**を引き起こすことになる（図 1.2(d)）．一方 UV–B は，皮膚に対して赤くなる**紅斑現象**を生み，防御反応としてメラニン色素の生成を促す（図 1.2(c)）．また DNA を損傷するので皮膚癌のリスクを高めることになる．さらに角質層を肥厚させることにより，皮膚のしわを生じさせる．

[3] 眼への害作用

眼への害作用としては，UV–B は角膜炎や結膜炎を引き起こす（図 1.2(b)）．いわゆる雪眼炎の症状はこれに当たる．また白内障の一因となる可能性も指摘されている．

(4) その他の影響

UV–B の光化学作用は，各種材料の劣化や，変色・退色の発生などの悪影響があり，特に商品，美術品などには注意が必要である．図 1.3 に窓ガラスの分光透過率の例を示す．UV–B の透過率は極めて小さくなることが分かる．また UV–B は光化学スモッグ発生の引き金となる．

一方，紫外放射は光洗浄・改質や印刷インク・塗料の硬化など産業面でも広く応用されている．

1.1.3 可視放射

可視放射は，380〜780 [nm] の波長範囲の放射であり，主として視覚への効

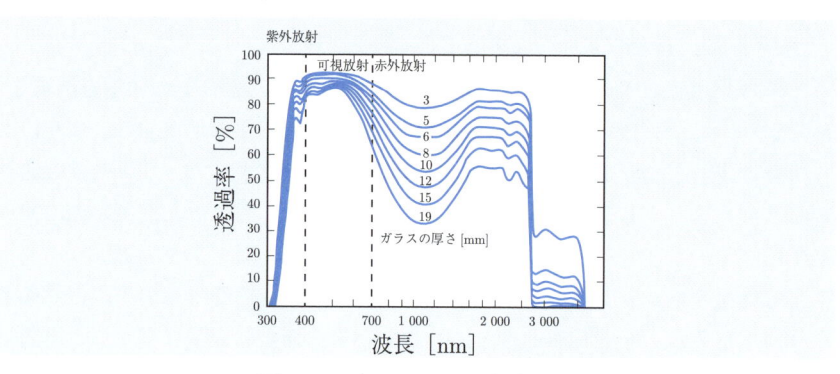

図 1.3* 窓ガラスの分光透過率

果すなわち光的作用があり，化学的作用や熱的作用も有する．可視放射の量については測光量として3.4節で扱う．

(1) 人体への影響

[1] 視覚の支援

人間は可視放射を光として感じることで，視覚を獲得してきた．視覚によって得られる情報は，その量と質を考えると極めて重要である．このように光による視覚への支援は，人間生活を支える大きな基盤であり，必要不可欠なものであることはいうまでもない（3.1節参照）．

[2] 生体リズムの確保

生物体が持つ周期的変動現象を**生体リズム**といい，おおよそ24時間の周期の生得的リズムを**サーカディアン**（circadian）**リズム**（概日リズム）という．光の量の変化を知覚することによって，活動性を昼間に高め夜間に抑え，周期的な生体リズムを保持している．特に朝の覚醒時に目の網膜に関与する光を受けることが，約14時間後に睡眠ホルモンの一種であるメラトニンの分泌を促し，周期の補正を行っていると考えられている（図1.4）．何らかの事情で生活パターンが生体リズムとずれると，身体的不調が現れる．時差ぼけはその一例である．生体リズムへの関与も含め，光環境の変化が，生体リズムや自律神経機能など

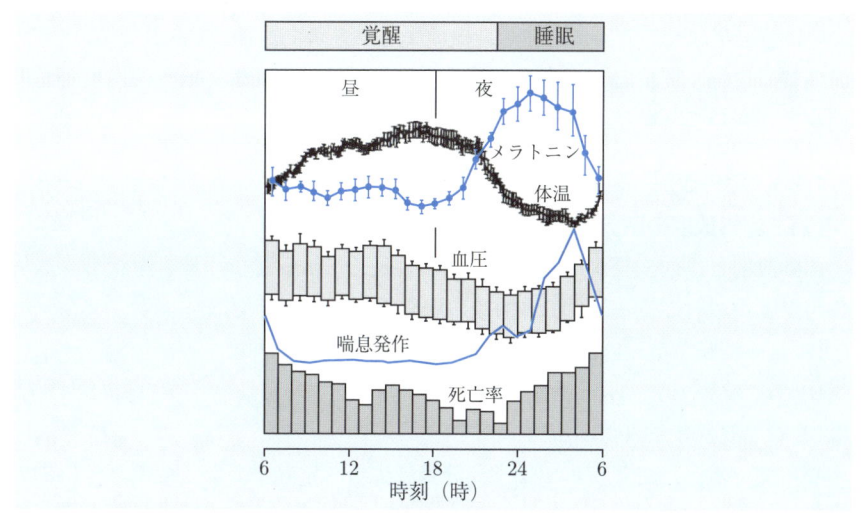

図1.4* さまざまな生理機能に見られるサーカディアンリズム

生理機能へ影響を与えており，健康という観点から日照，昼光照明，場合によっては人工照明で光を受けることの重要性を忘れてはならない．また光環境がうつ病，自殺などとも関係するとの報告もあり，実際に睡眠障害，老人性痴呆症，冬季うつ病などの治療に光を一定時間照射する光療法も行われている．

[3] 眼への害作用

太陽光直視や溶接アーク光，レーザー光など超高輝度で青色成分を含む特殊な場合に限られるが，網膜の視細胞が損傷する**青色光網膜障害**を起こすことがある（図 1.2(e)）．

(2) 生物への影響

生物が昼と夜の明暗の周期の変化を感知して，季節に応じた対応をする性質を**光周性**といい，植物の花芽形成，落葉，動物の渡り，冬眠，毛がわりなどに現れている．なお人工照明により開花時期をずらす電照菊・イチゴの栽培などが実用化されている．

また植物が光合成を行うとき，可視放射の中で主に青色光と赤色光を吸収している（図 1.2(g)）．緑色光の吸収効率が悪いために，光合成の機能を担っているクロロフィル（葉緑素）が緑色に見えることになる．なお人工照明によって植物を栽培する植物工場という生産システムが普及しつつある．

さらに光の刺激に対して，植物が一定方向に屈曲して成長する性質を**屈光性**といい，茎・葉は光の方向に屈曲し，根は反対の方向に屈曲して成長する．一方，光の刺激に対して反応し，生物が移動をする性質を**走光性**という．昆虫が光に向かって進むことなどが例として挙げられる．

1.1.4　赤外放射

(1)　赤外放射の区分と特徴

赤外放射とは，波長が可視放射のよりも長く 1 mm までの放射を指し，熱的作用が強い放射である．CIE（国際照明委員会）の区分では，

① IR–A：波長 780～1 400 nm
② IR–B：波長 1.4～3 μm
③ IR–C：波長 3～1 000 μm

となっている．ただし日本では学問分野によって定義が異なっており，**近赤外放射**は 1.5～4 μm 以下，**遠赤外放射**を 3～5 μm 以上とし，近赤外放射と遠赤外

放射の2区分，あるいは中赤外放射（中間赤外放射）を加えて3区分とするものが多い．近赤外放射は可視光線の性質に近く，加熱利用のほか，赤外線カメラなどの暗視映像や赤外線通信に利用する．一方，遠赤外放射は，放射加熱での利用やレーザー加工で使用される．

(2) 人体への影響

赤外放射には，化学的作用はほとんどなく熱的作用に限定されるため，人体への影響は温熱効果が主となる．温熱効果は近赤外放射で大きく，人体部位の水分に吸収されると熱エネルギーに変換され，その部位組織の温度を上げることになる．血液循環や新陳代謝の促進の効果がある．一方，害作用としては，一定程度を超えると，皮膚に対しては痛み，火ぶくれなどの症状を引き起こし，眼に対しては白内障を発生させる．なおハロゲンランプを暖房に用いたハロゲンヒーターは近赤外放射を利用している．

1.1.5 日照・日射

太陽放射について，紫外放射，可視放射，赤外放射のすべての効果や作用を含む総合的な観点で捉えた概念を**日照**，熱的作用のみに注目した概念を**日射**という．日射が当たった物体は，放射エネルギーにより温度が上昇する．単位面積，単位時間当たりの太陽放射エネルギーを熱量で示したものを**日射量**（単位：W/m^2）という．また光の作用のみに注目した可視放射は，後述する太陽光（6.2.1項 (2)参照）に相当し，昼光照明の光源となる．

日照・日射を，古くより昼光照明（採光），暖房（採暖），農業・園芸（植物生育）などに利用してきた（1.2節参照）．またこのような太陽エネルギーとしての日照・日射の利用形態は，技術的な観点から，アクティブ利用とパッシブ利用に分けられる．アクティブ利用とは，設備機器を用いた積極的なエネルギー移動を行うもので，パッシブ利用とは，設備機器を使用せず建築の構造や部材の工夫により自然な形でエネルギーを利用するものである．さらにアクティブ利用には，電力利用と熱利用がある．電力利用には，太陽電池を用いた**太陽光発電**と集熱器を介し発生させた水蒸気などでタービンを回し発電する太陽熱発電がある．熱利用とは，集熱器を用いて空気や水を加熱し，それを暖房や給湯に使用するもので，ソーラーシステムや太陽熱温水器などの方法がある．

参考 解説 1.1[注]：太陽光発電

[注]「解説」については，サイエンス社ホームページ参照のこと．以降についても同様．

1.2 日照の効果

1.2.1 日照の効用・影響

健康な生活の維持のためには，日照の持つ人間の生活・健康に対する効用・影響を十分に認識しておく必要がある．

日照による効用としては，

①昼光照明（採光）を行うことにより空間内を明るくすることができ，照明用のエネルギーが節約できる．

②冬季においては日射熱を利用することより採暖することができ，暖房用エネルギーが節約できる．

③日照が当たる部分の相対湿度が下がり，乾燥することになるため，カビやシロアリの発生防止，木材の腐朽等の防止になる．

④紫外放射の殺菌作用で日光消毒の効果が得られる．

⑤紫外放射の中のドルノ線（波長：290～320 nm）の働きによるビタミンDの形成作用があり，くる病発症を防止する．

⑥自然の光の量の変化を知覚することによって，周期的な生体リズムの保持や調整をし，自律神経機能，睡眠覚醒など生理機能を健全に保っている．特に東面の開口部から朝の光を採り入れることには生体リズムを調整するという重要な役割がある．

⑦日照によって居住者にやすらぎと満足を与えるという心理的効果がある．

⑧植物を生育し，栽培することができる．

また間接的ではあるが，必然的に開口部の前面に空地を確保することになり，⑨通風の確保，⑩眺望の確保，⑪プライバシーの確保，⑫開放感の確保，圧迫感の低減，⑬延焼防止，避難経路の確保など防災効果も得られる．

一方，日照による悪影響としては，

①夏季においては日射熱の侵入により，冷房負荷が増加する．

②紫外放射による，日焼け，皮膚の老化・発癌作用，結膜炎・角膜炎など，眼への害作用などがある．

③建築材料・内装材料や家具などが傷んだり色あせたりする．

1.2.2 日照の意義

日照確保の意味は，狭義の日照すなわち太陽放射を得るというだけではなく，

広義には，外部空間・環境の恩恵，すなわち建築の採入性を代表していると考えることができる．

一方，日照のない住宅に自発的な意志を持って住む人もいる．例えばアトリエなどは北側に位置させる．欧米では，家具などの損傷をきらい，日照を避ける人もいる．北側の開口部からは日照を受けている明るい面を眺められるという視覚的に別のメリットもある．ただ日照が欧米では重視されていないということで，日照を軽んじてよいということにはならない．

世界的に見ると，日本における日照の位置づけは特異である．寒さを防御するということが主眼となっている欧米の住宅に対し，伝統的な日本の住宅は，高温高湿の夏に向けて開放性を高め，通風およびそれによる採涼を確保することが重要な要素であった．夏向きの住宅は冬には不利になるため逆に冬の採暖となる日照が特に貴重なものとなったのである．そのため採光に関しても有利に働いた．また日本人にとっての日照は，日本という国名，国旗の日の丸，神道における太陽信仰などに見られるように，心のよりどころとして重要なものであり，日照を日本の文化とは切り離すことはできない．また都市内に十分な公園など用意された欧米とは都市の条件が異なり，屋外の居住環境条件が十分でない日本では，ささやかな形ではあるが日照などを各住宅単位で取り込まざるを得なかった．現在も日本人の多くが，住宅の購入時に日照を要求している事実は無視できず，歴史的に見ても，幸福追求のシンボルとして日照を求めてきたといえる．

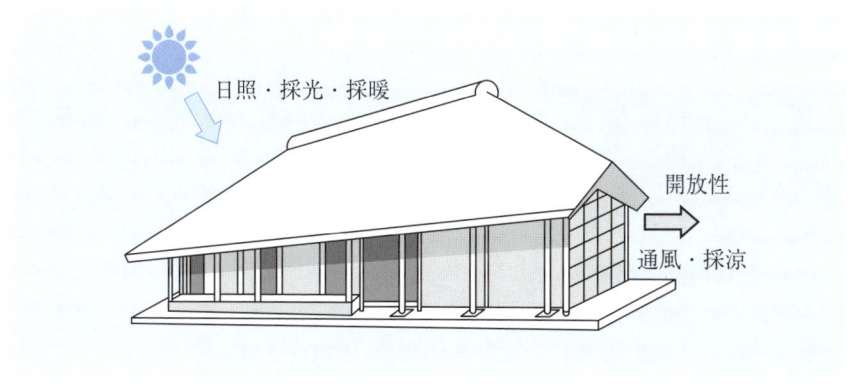

図 1.5　日本の伝統的住宅における日照

1.3 日照の指標

(1) 気象学における日照時間

気象学における指標として，**可照時間**とは，日出から日没までの時間数，すなわち日照の可能性のある時間数である．それに対して，**日照時間**とは，実際に日照のあった時間数のことで，直達日射量が $120\,\mathrm{W/m^2}$ 以上である時間と定義されている．この日照時間の可照時間に対する比を**日照率**といい，その地域の日照の程度を示す．各地の日照率を図 1.6 に示す．

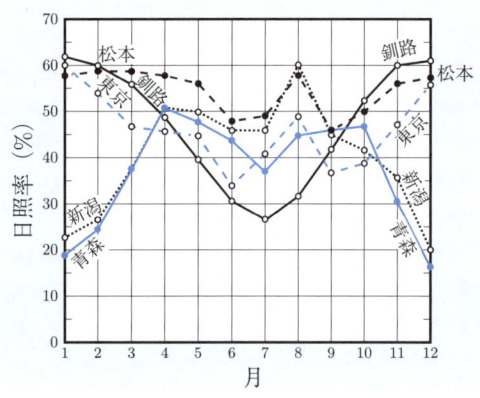

図 1.6* 地点別日照率の年変化

(2) 建築学における日照時間

建築学における日照時間とは，周辺建築物などの障害物を考慮した上で，快晴日 1 日の中で，開口部などの建物の重要な部分に直射日光の当たる時間を指す．一方，快晴日 1 日の中で，障害物により日影となる時間数を**日影時間**という．日影時間は，建築物の周辺や隣地に及ぼす影響として捉えることが多い．日照の周辺に与える影響は冬至日が最も深刻になるため，日照時間，日影時間ともに冬至日を対象とし，検討時間を真太陽時の 8 時から 16 時とすることが多い．この場合，日照時間と日影時間の和が検討時間の 8 時間となる．

(3) 日照時間の目安

冬至日に 4 時間の日照時間の確保というのは，第 2 次大戦前に日本建築学会で推奨された．1950 年代に公営住宅や公団住宅の設計基準として，主要な居室では冬至における晴天日の日照時間が 4 時間以上あることとされ，日本では日

照時間の目安として一般に定着した（表1.1）．障害物も考慮した日照時間と居住者の評価の関係を調べた社会調査的な研究でも，冬季の日照時間が3時間では半数が否の判断，5時間を超えると全体的に評価がよくなるという傾向が見られ，その妥当性が示されている．ただ1970年代以降，都市の建物の密度が高くなるに伴って，前述の設計基準は大幅に緩められ，その後，条件つきではあるが日照のない住宅の建設も可能になった．特に都心部では，都市生活の利便性と十分な日照の両立は難しい状況になっている．そのため日照時間の設計目標値は現時点でも確立されていない．

表1.1*　公的住宅の日照の基準

条件＼種別	公団住宅 設計基準 1957年4月5日 設計指針 1972年4月1日	公営住宅 設計基準 1958年4月1日	公営住宅 既成市街地の高層住宅 環境基準 1970年5月8日	金融公庫住宅 建設基準 1972年5月20日
日照確保の対象	住宅の1以上の居室	各住戸	各住戸	主窓面
確保すべき日照時間	冬至4時間以上 ただし市街地等高度に土地を利用する必要がある場所では冬至1時間以上でも可	冬至4時間	冬至1時間 住戸の主窓面は，冬至において東面鉛直壁面10時～12時に受ける日射量に相当する以上の熱量を得られること	一般住宅　冬至2時間 世帯向団地住宅 防火・準防火以外の地域では冬至3時間 防火・準防火地域では冬至1時間以上
日照時間算定位置	居住室・ダイニングキッチン・サンルームの開口部下端	主窓面の全面	主窓面の全面	主窓面の一部
算定時間帯	8:30～15:30 開口部との交角が15°以下となる日射は無効	日出～日没	日出～日没	日出～日没

(4)　法律での日照の扱い

建築基準法（旧第29条：平成10年廃止）には，「住宅は，敷地の周囲の状況によってやむを得ない場合を除く外，その1以上の居室の開口部が日照を受けることができるものでなければならない．」という条項が存在した．この条項は，日照確保もさることながら，日照を通して，建築物周りの空間を確保し，居住環境一般について，外部空間からの恩恵を享受するための採入性向上に寄与していたと見ることもできる．

(5)　日照の計画

これらの日照の効用や悪影響を十分理解し，日照や日影の検討を十分行った上で，建築の計画や用途に応じた居室の配置計画を行うべきである（2章および12.1節参照）．

1章の問題

☐ **1** 紫外放射の人間に対するプラスの効果とマイナスの効果について整理して説明せよ．

☐ **2** サーカディアンリズムについて説明せよ．

☐ **3** 日照の日本人に対する意味について整理して説明せよ．

☐ **4** 日照時間の目安の考え方について説明せよ．

☕ 緑色の光

　比視感度は緑色光に対して高くなっているが，この理由として，人間の目は植物の緑をいち早く認知するために，進化の過程で緑色に対して感度を上げてきたという説がある．植物があれば必ずそこには水がある．また食料もあるかもしれないし，外敵から身を隠す場所があるかもしれない．このように自身の生存にとって，緑色をいち早く発見することは非常に重要な意味があったということである．また緑色はアイレストグリーンとも呼ばれ，目を休めるのによいとされてきた．目に優しいという意味から緑色を発光する保眼用の白熱電球が製作されたこともある．

　一方，植物の光合成では緑色光は使わず，植物には緑色光は不要であることを示している．このことは場合によっては生物全体に当てはまるのかもしれない．例えば，照明設計家のポール・ヘニングセンは，まぶしいという理由で緑色光を嫌い，照明器具の内部を赤と青で彩色することで，緑色味を抑制したPHランプを製作している．さらにディスプレイやLED照明などでも，緑色光の場合に疲労を発生しやすいという報告もある．緑色光が目によいか否かという問題については今後の研究が待たれるところである．

2 日照・日影

「あなたの顔を日光に向けていなさい．そうすれば陰影を見なくてもすむ．いつも真理に目を向けていなさい．そうすれば，あなたの心から不安や心配は消える．」
　　　　　　　　　　　　　　　　　　　　　　　　　　　ヘレン・ケラー

　都市の高密度化や高層化が進む中，特に都市部では日照の確保が難しくなり，日照を争点とした相隣関係の紛争などの問題が増えてきた．本来，何らかの建築行為を行う場合には，隣地など外部の敷地に対しての日照・日影の配慮が行われるべきである．同時に日照を確保するための建築計画上の検討も必要で，そのためには，建築や都市における日照や日影の様相の把握方法などを理解することが求められる．さらに日照や日影など太陽の動きに関係する問題については，時間の表示を現在日常的に使っている日本標準時ではなく真太陽時で行うことになっており，その知識も必要となる．

---

2 章で学ぶ概念・キーワード
- 緯度，太陽の赤緯，時角
- 真太陽時，平均太陽時，日本標準時
- 太陽位置図
- 日影曲線，日ざし曲線，日照図表
- 島日影，複合日影，永久日影，終日日影

2.1 太陽の動き

日照や日影の状態は太陽の位置によって変化しており，季節的にも時間的にも一定ではない．よって日照・日影の検討を行うときには，前提条件としての太陽の動きを理解しなくてはならない．

2.1.1 太陽位置

太陽のまわりの地球の動きを図 2.1 に示す．

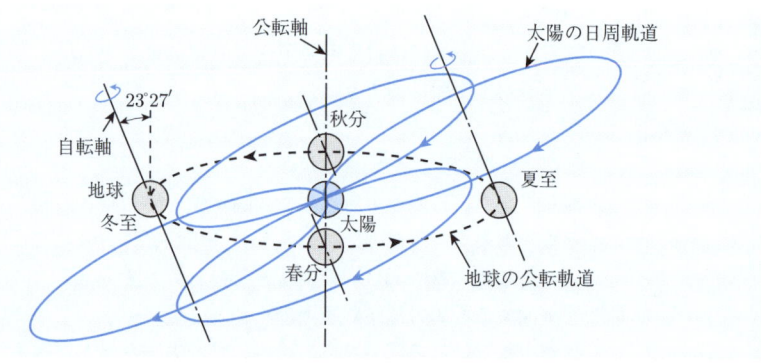

図 2.1*　地球の動き

(1) 天球上の太陽位置

地球上のある点から見た天球上の太陽の位置は，まず太陽高度と太陽方位角の 2 つの指標で記述できる．**太陽高度**とは，太陽光線とその地点の水平面のなす角で，記号 h で表す．**太陽方位角**とは，太陽方位と真南となす角の水平投射角で，西回りを正とし，記号 A で表す．

(2) 移動要因を考慮した太陽位置

一方，太陽位置の移動の要因をもとにすると，太陽位置は緯度，太陽の赤緯，時角により規則的に記述できる．天球上の太陽の日周運動・位置と各指標との関係を図 2.2 に示す．

①観測地点の緯度は太陽高度に影響する．緯度の低い地点では太陽高度は高くなる．記号 φ で表す．

②**太陽の赤緯**は，地球の自転軸が軌道面に対し傾いていることにより地球の公

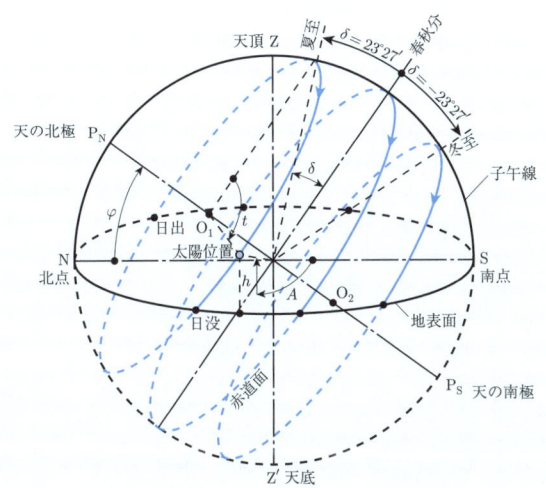

図 2.2* 天球上の太陽の日周運動

転に伴う太陽高度の変化を表し，1日1日の太陽の日周軌道面の変化を示す指標である．春秋分からのずれの角度で表される．日赤緯ともいう．記号 δ で表す．太陽の赤緯は夏至で最大，冬至で最小となり，変化範囲は，

$$-23°27' \leq \delta \leq 23°27'$$

となる．太陽の赤緯の年変化を図 2.3 に示す（2章の問題1参照）．
③**時角**は，地球の自転に関連した時々刻々における太陽位置の変化を表し，南中時を起点として1時間（真太陽時）を 15° として示される．記号 t で表す．

これらの指標間の関係を表 2.1 に示す（2章の問題3参照）．

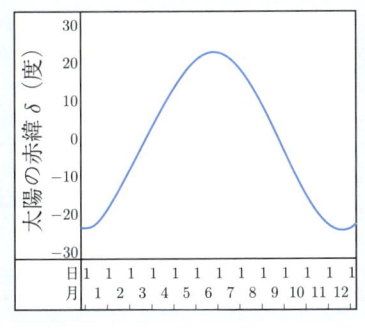

図 2.3* 太陽の赤緯の年変化

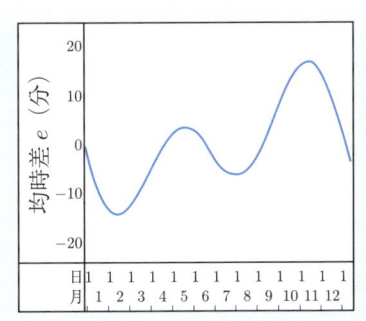

図 2.4* 均時差の年変化

表 2.1* 太陽位置の計算式

計算式	備考
(1) $\sin h = \sin\varphi \sin\delta + \cos\varphi \cos\delta \cos t$ (2) $\sin A = \cos\delta \sin t \sec h$ (3) $\cos A = (\sin h \sin\varphi - \sin\delta)\sec h \sec\varphi$ (4) $\cot A = \sin\varphi \cot t - \cos\varphi \tan\delta \mathrm{cosec}\, t$	h：太陽高度 $\quad -90° \leq h \leq 90°$ A：太陽方位角 $\quad -180° \leq A \leq 180°$ または $0° \leq A \leq 360°$ t：時角 $\quad -180° \leq t \leq 180°$ または $0° \leq t \leq 360°$ φ：緯度 δ：太陽の赤緯

2.1.2 時法

時間を表す体系を**時法**といい，日照・日影の検討においては，使用する時法に注意しなければならない．

(1) 真太陽時

南中から再び南中するまでの時間を**真太陽日**といい，1 真太陽日の 1/24 を**真太陽時**とし，この時法を表す語として用いる．時角 15°が真太陽時の 1 時間に相当する．太陽の動きに対応しているので，日照・日影の状態を説明するためには明確な時法である．一方，地球の公転軌道が楕円で，地球の自転軸が公転軌道面に対して 23°27′ 傾いていることから，地球から見た太陽の動きが一定ではなく，真太陽時の絶対長さは日ごとに変化する．そのため時間の精度が要求される現代では実用的ではない．

(2) 平均太陽時

真太陽時の不都合な部分を解消するために，平均太陽時が考案された．真太陽日の 1 年を通じての平均を**平均太陽日**とし，1 平均太陽日の 1/24 を**平均太陽時**とするものである．真太陽時と平均太陽時との差を**均時差**という（前ページ図 2.4）．

(3) 日本標準時

平均太陽時は地点ごとに異なるので，国など同一の行政単位では，同じ時間体系を使用したい．そのため基準となる経度を決め，そこでの平均太陽時をその国などの地方標準時として使用している．日本では東経 135°の平均太陽時を**日本標準時**としている．これは日常使用している時法である．

(4) 時法間の関係

真太陽時，平均太陽時，日本標準時の関係を表 2.2 に示す（2 章の問題 2 参照）．一般に建築基準法も含めて，日照や日影の検討においては真太陽時を用いるため，日本標準時から真太陽時への換算が必要な場合がある．

主な都市の冬至の太陽位置を表 2.3 に示す．

表 2.2* 真太陽時と日本標準時との関係

計算式	備 考
$T - T_m = e$ $T_m = T_s + \dfrac{L - 135°}{15°}$ $T = T_s + \dfrac{L - 135°}{15°} + e$	T：真太陽時 T_m：平均太陽時 e：均時差 T_s：日本標準時 L：経度

表 2.3* 主な都市の冬至の太陽位置

真太陽時 (時)	鹿児島 北緯 31°34′ 東経 130°33′		福岡 北緯 33°35′ 東経 130°23′		大阪 北緯 34°41′ 東経 135°31′		名古屋 北緯 35°10′ 東経 136°58′		東京 北緯 35°41′ 東経 139°46′		仙台 北緯 38°16′ 東経 140°54′		札幌 北緯 43°03′ 東経 141°20′	
	高度	方位角	高度	方位角	高度	方位角	高度	方位角	高度	方位角	高度	方位角	高度	方位角
0	34 59	0 00	32 58	0 00	31 54	0 00	31 23	0 00	30 52	0 00	28 17	0 00	23 30	0 00
1	33 08	16 28	31 12	16 07	30 11	15 57	29 41	15 52	29 11	15 47	26 42	15 25	22 05	14 51
2	27 57	31 17	26 13	30 45	25 18	30 29	24 51	30 22	24 24	30 15	22 10	29 41	18 00	28 50
3	20 09	43 42	18 41	43 13	17 54	42 59	17 31	42 52	17 09	42 45	15 14	42 15	11 41	41 29
4	10 31	53 54	9 19	53 37	8 41	53 29	8 23	53 26	8 04	53 22	6 32	53 06	3 39	52 46

> **太陽年**
>
> 現在の暦の年は春分点から次の春分点に至るまでの太陽年を使用しており，1 太陽年が 365.2422 平均太陽日になる．約 4 年で 1 日のずれが生じるため，1 年 365 日を平年とし，西暦が 4 の倍数であれば 1 年 366 日の閏年，ただし 100 の倍数は平年，ただし 400 の倍数は閏年，とするグレゴリオ暦という補正法を使用している．これは，400 年間に 97 回の閏年を入れる補正で，ならすと 1 年は 365.2425 日となる．ただまだずれが残っており，このただし書きスタイルを踏襲すると，「ただし 3 200 の倍数は平年」という追加補正が必要となる．

2.2 日照・日影の表示

2.2.1 太陽位置図

天球上の太陽日周軌道を平面上に射影し図示したものを**太陽位置図**という．射影の形式としては，主として4形式ある．

(1) 正射影（図 2.5）

正射影を定式化すると，次式となる．

$$r = R \cos h \tag{2.1}$$

r：射影距離
R：仮想天球の半径
h：ある点の高度

正射影には，射影図の面積が立体角投射率に比例する，採光計算に便利，低高度部の図が小さくなる，などの特徴がある．この方式の魚眼レンズは現在は市販されていない．

(2) 等立体角射影（図 2.6）

等立体角射影を定式化すると，次式となる．

$$r = \sqrt{2} R \sin\left(45° - \frac{h}{2}\right) = R\left(\cos\frac{h}{2} - \sin\frac{h}{2}\right) \tag{2.2}$$

等立体角射影には，射影図の面積が立体角に比例する，射影面の方向に関係なく面積は一定，などの特徴がある．この方式の魚眼レンズは市販されている．

(3) 等距離射影（図 2.7）

等距離射影を定式化すると，次式となる．

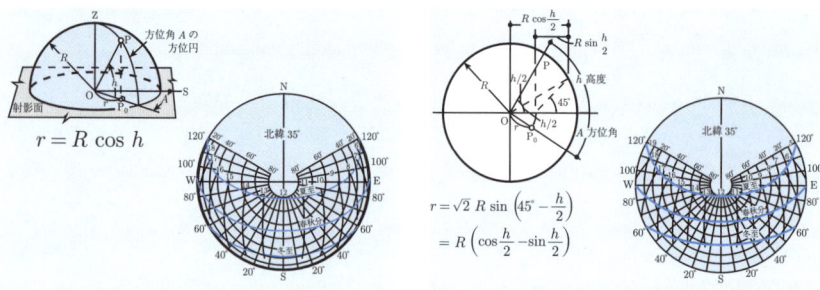

図 2.5*　正射影と太陽位置図　　図 2.6*　等立体角射影と太陽位置図

2.2 日照・日影の表示

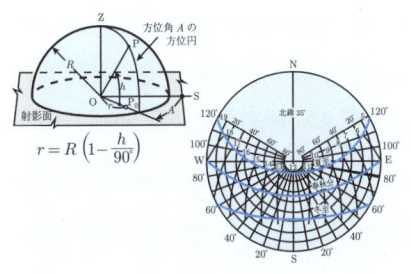

図 2.7* 等距離射影と太陽位置図

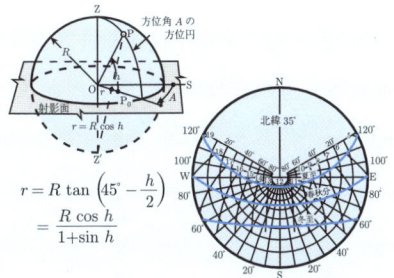

図 2.8* 極射影と太陽位置図

$$r = R\left(1 - \frac{h}{90°}\right) \tag{2.3}$$

等距離射影には，高度が長さに比例する，天体観測に利用されるなどの特徴がある．魚眼レンズとしては最も一般的である．

(4) 極射影（図 2.8）

極射影を定式化すると，次式となる．

$$r = R\tan\left(45° - \frac{h}{2}\right) = \frac{R\cos h}{1 + \sin h} \tag{2.4}$$

極射影には，天球上の円は射影後も円弧となるので作図しやすい，低高度の部分が大きく射影される，などの特徴があるが，対応する魚眼レンズはない．

(5) 日照時間の測定

作図，写真撮影などにより同じ射影方式で太陽位置図と周辺環境の様相図を作製し，これらを重ねることによって，日照時間の測定ができる（図 2.9）．

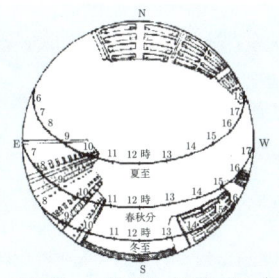

正射影，水平方向（北緯 35°10′）

正射影，南向き鉛直方向（北緯 35°10′）

図 2.9* 日照時間の測定

2.2.2 日影曲線

ある地点において水平面に立てた単位長さの鉛直棒の先端の影が動く軌跡を図にしたものを**水平面日影曲線**あるいは**日影曲線**といい,任意の月・日・時刻における影の長さや方向を知ることができる.水平面日影曲線は,春秋分日(厳密には春秋分点)は直線として,その他の日には双曲線として表される.これにより,建築物の日影の状況や開口部による室内の日照範囲を求めることができる.年間の水平面日影曲線を図 2.10 に示す(2 章の問題 4 参照).また緯度

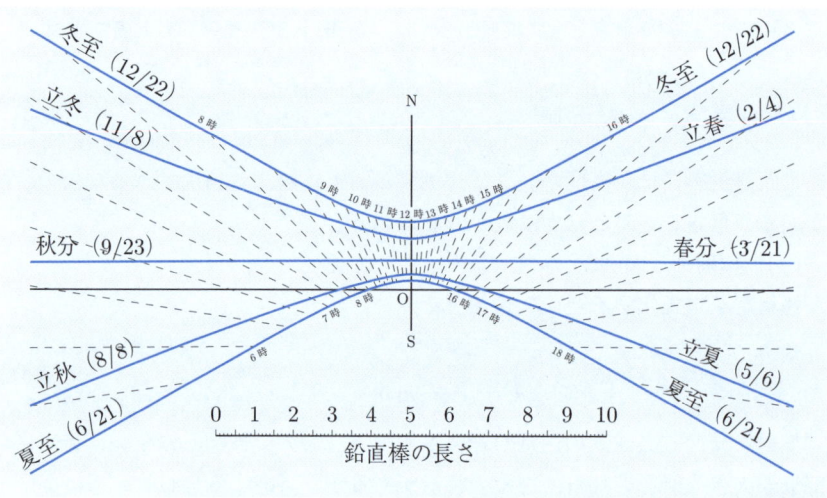

図 2.10* 年間の水平面日影曲線(北緯 35°)

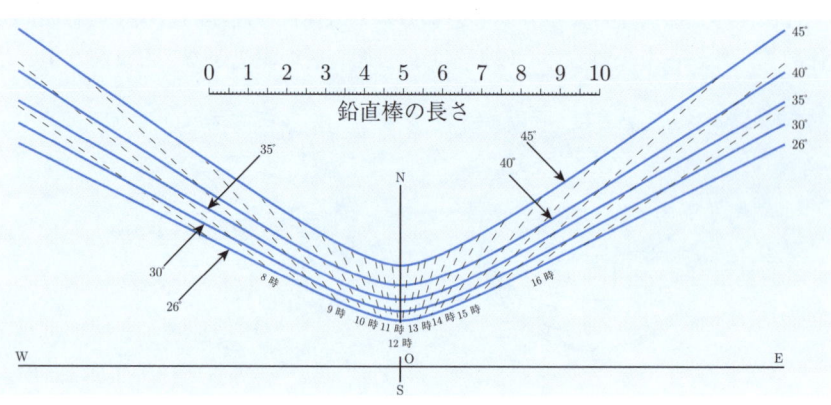

図 2.11* 緯度別の水平面日影曲線(冬至)

別の水平面日影曲線（ただし冬至のみ）を図 2.11 に示す.

2.2.3 日ざし曲線

観測点から太陽のある側に単位距離離れた平面における，観測点への太陽光線とその平面の交点の軌跡を**日ざし曲線**という．水平面日ざし曲線と水平面日影曲線とは互いに点対称となる．水平面日ざし曲線のほかに，各方位別鉛直面日ざし曲線が用意されている（図 2.12，図 2.13）．

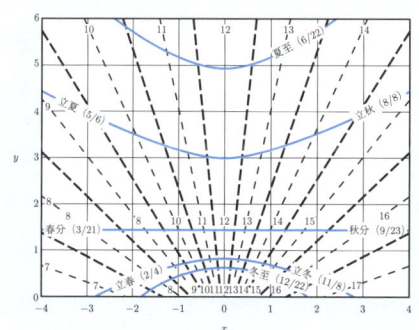 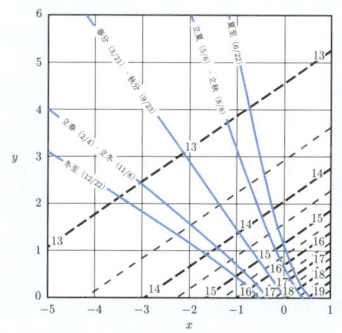

図 2.12* 南向鉛直面日ざし曲線（北緯 35°）　　図 2.13* 西向鉛直面日ざし曲線（北緯 35°）

> 💭 **北風と太陽**
>
> 　北極点や南極点での太陽は，一日中高度一定で，地平線と平行に一周するという独特の動きを示す．赤道上の太陽は，春秋分日に天頂を通り，日の出や日没時には地平線に垂直に出入りする．南半球では，北半球と異なり，太陽の軌道が南寄りになり，日照は東・北・西の方向から来ることになる．南中に相当する北中という用語もある．夏は 12 月～2 月，冬は 6 月～8 月というように季節が逆転するが，方位についても「北」が暖かいという印象を生む．
> 　旅人の上着を脱がせられるかどうか北風と太陽が力比べを行い，北風に対しては旅人が上着を押さえ，太陽が当たると暑さのため上着を脱ぎ，結果として太陽の勝ちとなる話がイソップ寓話の中にある．この中で北風は寒さの象徴になっているのだが，南半球では当てはまらないことになる．

2.3 日照・日影の検討

2.3.1 日影曲線による日照・日影の検討

建物をつくるときには，周辺の敷地に対する日照・日影の配慮も重要となる．日照・日影の検討は，周辺への影響が最も大きくなる冬至日について行うことが多い．都市における日照・日影の問題については 12.1 節で説明する．

(1) 日影図

日影図とは，検討対象となる面における各時刻の建物の日影の輪郭を図に表示したもの（図 2.14）で，建物がつくる日影の状態を記述できる．実際の建物の鉛直線を鉛直棒とみなすことにより，水平面日影曲線を利用して描く．太陽位置により求めることもできる．

建物による日影時間の等しい点を結んだものを**等時間日影線**（図 2.14）といい，等時間日影線で n 時間のものを n 時間日影線という．通常は $n = 0, \cdots, 8$ となる．

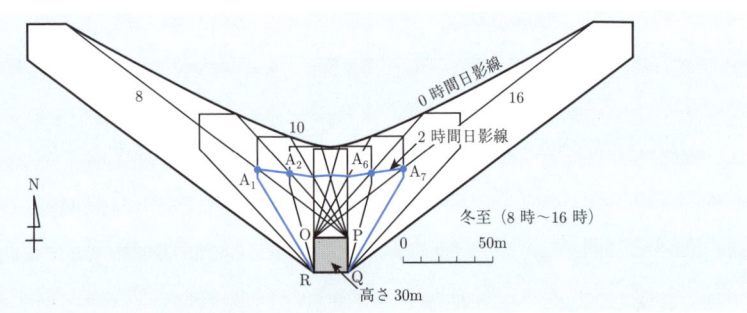

図 2.14* 日影図と等時間日影線（北緯 35°）

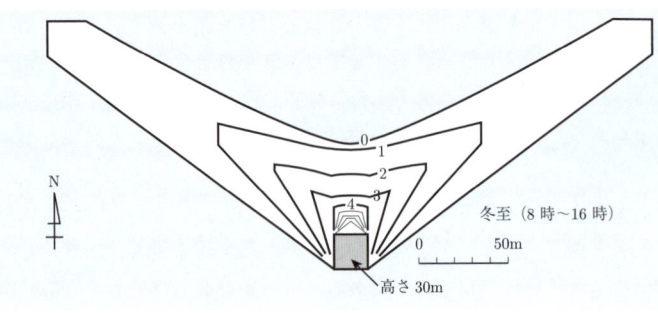

図 2.15* 日影時間図（北緯 35°）

(2) 日影時間図

等時間日影線を系統的に描き，日影時間を領域として示した図を**日影時間図**といい，任意の地点の1日の日影時間や日照時間を検討できる（前ページ図2.15）．太陽高度が低い日照は効果が小さいという理由から，一般的には真太陽時での8時から16時（北海道では9時から15時）の日照を検討対象とする．

(3) 日影に関する名称

①島日影…複数の建物があるとき，独立した島のようにその周辺よりも日影時間が長くなる領域（図2.16）を**島日影**という．

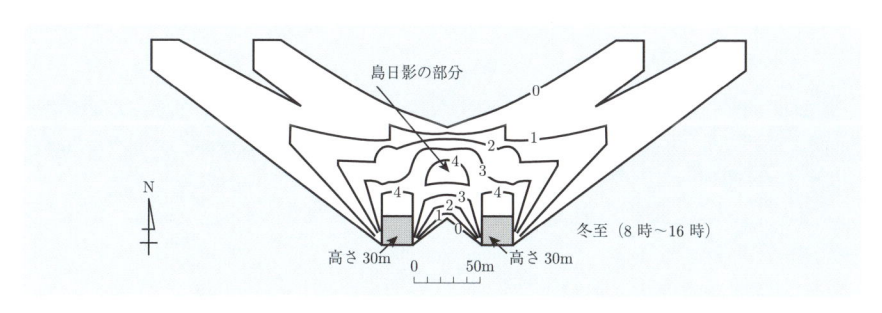

図2.16* 2棟の建物による日影時間図（北緯35°）

②複合日影…複数の建物があるとき，代わるがわる日影を作り，日照時間が極めて短くなる領域を生み出す状態を**複合日影**という．
③終日日影…1日を通して日照がない領域を**終日日影**という（図2.17）．終日影ともいう．
④永久日影…永久に日照がない領域を**永久日影**という．夏至の終日日影がこれに当たる（図2.17）．

(4) 室内の日当たりの検討

日影曲線を用いて，室内の日当たりの検討を行うことが可能となる（図2.18）．冬至日の日当たりが室奥まであることが分かる．

2.3.2 日照図表等による日照・日影の検討

(1) 日ざし曲線による検討

日ざし曲線を含む平面上に，建物の射影図を描き，日ざし曲線と重なる部分が日影の時間帯となる．

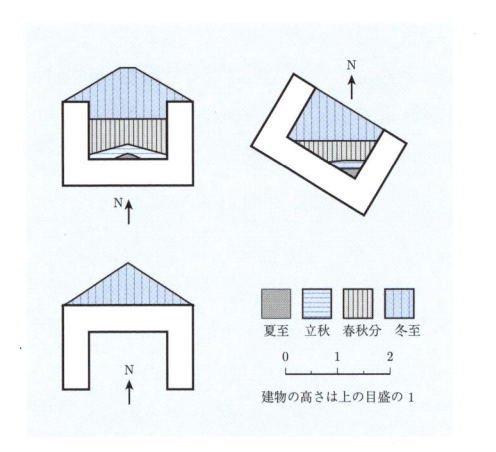

図 2.17* 終日日影例（北緯 35°）

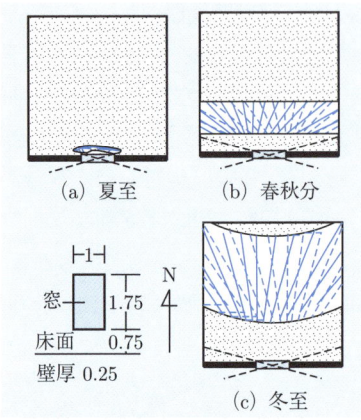

図 2.18* 長方形側窓による室内床上の日照の範囲（北緯 35°）

(2) 太陽位置図による検討

太陽位置図に，建物の射影図を描き，太陽の位置を示す曲線と重なる部分が日影の時間帯となる．

(3) 日照図表による検討

[1] 日照図表

観測点に対して太陽からの直射光の光線が包絡する面を**日ざし錐面**（図 2.19）といい，そこに等高線を引き，上から投影した図を**日照図表**（図 2.20）という．水平射影面の高さを変えて，冬至日の水平面日ざし曲線を多数重ねて描いた図と同じになる．対象の建物が特定の点に与える影響を知るのに便利である．

[2] 検討方法

日照図表を用いて，検討する点を頂点とする日ざし錐面より上方に建物が出る部分を作図し，時刻線がこの部分にかかるときが日影の時間帯となる．

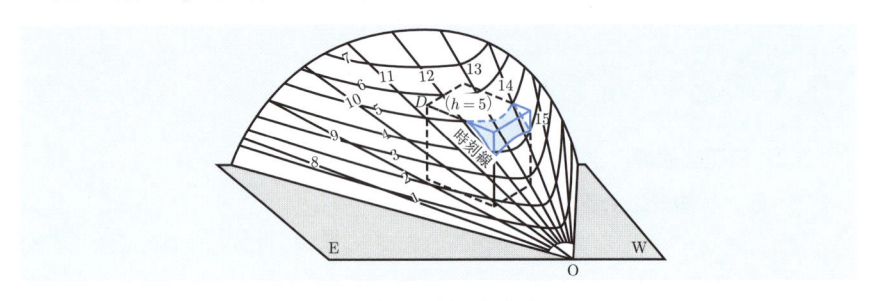

図 2.19* 日ざし錐面

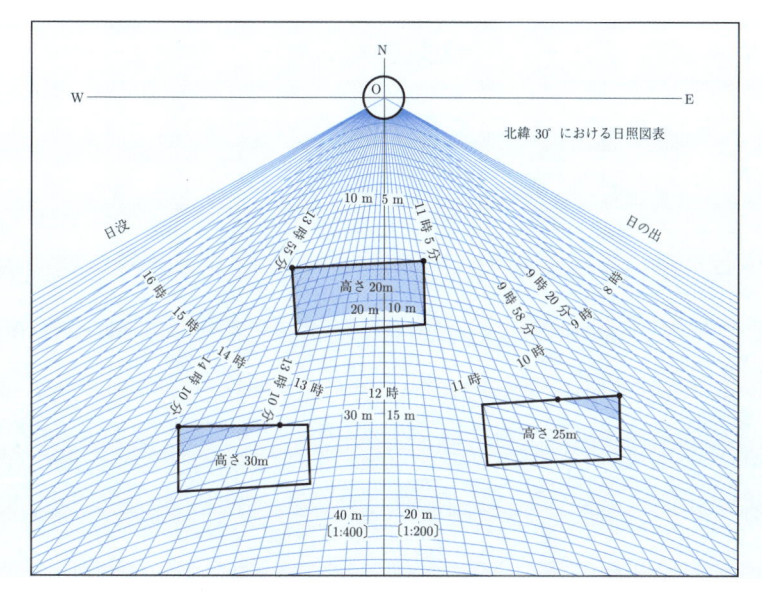

図 2.20* 日照図表による検討

(4) 隣棟間隔

南北に平行配置された無限長の2棟の建物の場合,冬至日の時刻 t における太陽高度を h,太陽方位角を A とすれば,高さ H の建物の影の長さ S は,

$$S = H \cot h \cos A \tag{2.5}$$

となり(図 2.21),建物の隣棟間隔 D を $D \geq S$ とすれば,北側棟の南側壁面の最下部においても $2t$ 時間以上の可照時間を有する.この場合の南北棟間隔(隣棟距離/棟の高さ)と可照時間の関係を図 2.22 に示す(2章の問題5参照).

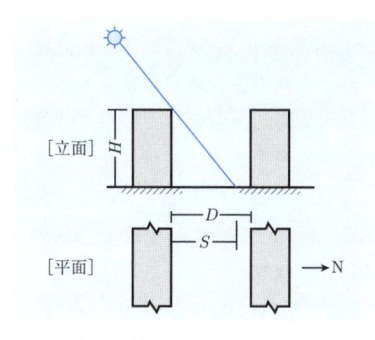

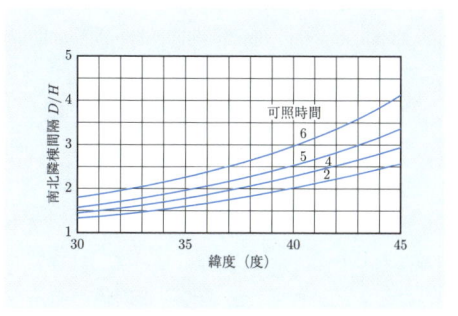

図 2.21* 平行配置の建物 図 2.22* 平行配置建物の南北隣棟間隔と可照時間

2章の問題

- **1** 北緯 35° の地点において，夏至，春秋分，冬至における南中時の太陽高度を求めよ．

- **2** 緯度が東経 140° の地点において，日本標準時で夏至日の正午における真太陽時を求めよ．

- **3** 北緯 35° の地点において，冬至日の真太陽時で 9 時の太陽の高度と方位角を求めよ．

- **4** 前問と同じ北緯 35° の地点での同時刻において，地面に立てた長さ 1 m の鉛直棒の影の向きと長さを求めよ．また，水平面日影曲線からも求め，確認せよ．

- **5** 北緯 35° の地点で南北に平行配置された無限長の 2 棟の建物があるとき，北側棟の南側壁面の最下部において，冬至日において 4 時間以上の日照時間を有するために必要な南北隣棟間隔を求めよ．

巌流島の決闘

　いわゆる巌流島の決闘（1612 年説が有力）で，宮本武蔵が佐々木小次郎に勝利した理由として，砂浜を決闘の場に指定し小次郎の得意技を封じたこと，長いとされていた小次郎の太刀よりも長い木刀を用いたこと，約束の時間に故意に遅刻し小次郎の平静さを乱したことのほか，到着時から実戦に至るまで太陽を背にしていたということが挙げられている．太陽を背にして戦うということは，古代から兵法の中で伝えられてきたことであるが，これらを合理的な戦略として周到に準備していたところに武蔵の凄さがあったのである．武蔵は，後年「五輪書」火之巻の中で，「場の位を見分る所，場におゐて，日をおふと云事有．日をうしろになして搆る也．」と述べている．敵にとっては，太陽というグレア源が視野に入り順応輝度が上がり，いわゆる逆光状態になるため，自分の姿や動きは見えにくくなる．逆に自分にとっては，敵は順光状態になり見やすくなるため，戦いには有利になる．光環境・視環境の面から見てもこの戦略は極めて合理的である．

3 視覚と測光量

「太陽も，月も，自分を疑ったとしたら，その瞬間に光を失うだろう．」
　　　　　　　　　　　　　　　　　　ウィリアム・ブレイク『無垢の歌』

　人間の視覚は，環境からの情報のうち多くの部分を処理している．よって快適な光環境や視環境を創出することは，健康な人間生活を支える大きな柱であり，建築や都市の計画・設計上の目標の一つになる．そのため順応や比視感度などの視覚の特徴や特性を理解しておくことは重要であるといえる．また比視感度は，測光量にも組み込まれているが，このように建築における光環境や視環境を対象にする場合，単純な物理量ではなく，人間の視覚特性を組み込んだ心理物理量の形式で扱うことになっている．これら光束，照度，光度，輝度などの測光量の規定なしに，光環境や視環境の分野の量的な説明，すなわち工学的な取り扱いは不可能である．また実用的な照明計算のための仮定されることの多い均等拡散面の考え方や，測光量同士の関係として光度と照度の関係である逆二乗法則，余弦法則などの重要な関係が含まれており，これらの事項の理解は必須であるといえる．

> **3章で学ぶ概念・キーワード**
> - 光環境，視環境
> - 視覚，順応
> - 立体角，立体角投射率
> - 光束，照度，光束発散度，光度，輝度
> - 均等拡散面
> - 余弦法則，逆二乗法則

3.1 光と視覚

(1) 光とは

光とは，電磁波の一種であり，通常は，人間の視覚で感知できる 380 nm から 780 nm（ナノメートル ＝ 10^{-9} m）までの波長範囲の**可視放射**あるいは**可視光線**を指す（図 3.1）．この範囲では，波長の違いにより人間が感じる光色が異なり，赤は波長が長く，紫は波長が短い．また波長が 780 nm 以上の電磁波を**赤外放射**あるいは**赤外線**といい，一般に熱的作用がある．逆に波長が 380 nm 以下の電磁波を**紫外放射**あるいは**紫外線**といい，化学作用を持っている．なお本書では採用しないが，光の中に赤外放射，紫外放射を含める考え方もある．

(2) 視覚の特徴

視覚とは，明暗，色，形，運動，奥行などにかかわる感覚で，外界からの光のエネルギーが刺激となって生じる．生理学的には，聴覚，平衡感覚，味覚，嗅覚などと同じ特殊感覚に分類される．他の感覚と比較すると，

①感度が高く反応時間が短い
②情報量が非常に大きく情報の質も多様である
③差異の検出力や特徴の抽出力が高い
④刺激の効果が蓄積しにくい
⑤意識しないと情報が取得できない
⑥錯覚や錯視などが発生し情報の誤りが多い
⑦疲労の影響を受けやすい

などの特徴を持っている．

(3) 光環境と視環境

光環境とは，物理的条件としての光の存在によって構築される物理的な環境であり，実体として存在するものである．光環境を構築するもとになる光としては，日照となる太陽光や空の光である天空光などがあり，建築室内では開口部（窓）などを通して昼光照明（採光）の形で利用する．夜間や室奥など昼光照明で不足する場合には，人工照明を持ち込むことになる．

一方，**視環境**とは，人間の視覚を通じて知覚された光環境が脳で再構築され環境として認識されたものであり，認識の対象となった心理的な環境である．環

3.1 光と視覚

境を構成している対象物の明るさ，色，形，材質などは，視覚を通して獲得されたものであるため，視環境の要素であるといえる．さらに同一の光環境を経験していても，視覚機能の違いや環境に対する構えの違いにより，人により視環境は異なることになる．

(4) 視対象と視作業

視環境において観察者が目で見る対象物を**視対象**といい，視対象の位置を**注視点**という．一方，観察者の眼球の中心窩の位置を**視点**という．注視点と中心窩を結ぶ線を**視線**といい，**視軸**と同じ概念である．また視対象が張る角を**視角**という（図 3.2）．さらに視対象を見る行為を**視作業**といい，視作業が面上で行われるとき，その面を**視作業面**という．

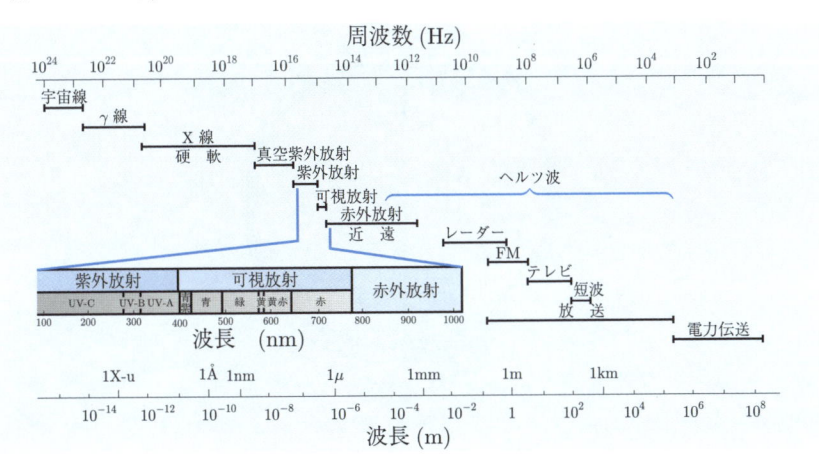

図 3.1* 電磁波スペクトル

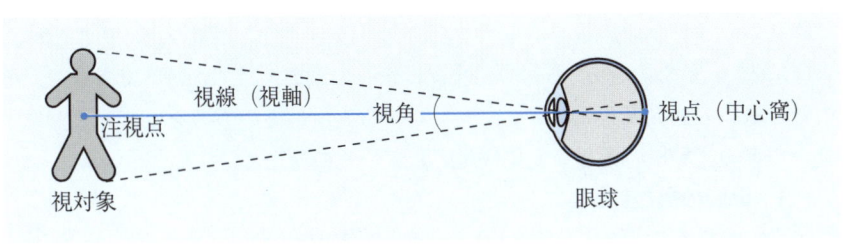

図 3.2 視点と視対象

3.2 視覚の特性

(1) 眼球の構造と調節運動

眼球は直径 21〜25 mm で，視対象を注視することで生じる視覚刺激は，角膜を通り瞳孔や水晶体を経て眼球内部に入り，**硝子体**を通って**網膜**で像をつくる．網膜の中心部分の凹んだ部位を**中心窩**といい，注視した視対象が，中心窩で結像するように制御されている．そのとき視対象までの距離に応じて，レンズの役割をする**水晶体**の厚さを変えることにより焦点調節を行っている（図 3.3）．

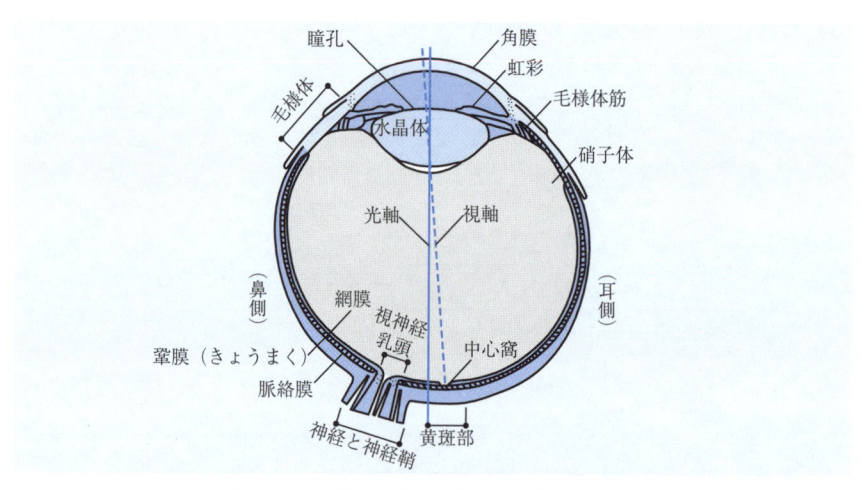

図 3.3* 眼球の構造（右眼の水平断面）

また光の量に応じて虹彩を伸縮させ，明るいときは閉じ，暗いときは開くことで**瞳孔**の大きさを調節している．ただ瞳孔の最小・最大面積の比は約 1:9 で，$1:10^6$ にも及ぶ現実の明るさの変化には瞳孔の調節だけでは対応できない．そのため網膜の**感光度**を増減させ，光に対する感受性そのものを変えることにより，現実の光環境の大きな変化に対応しているのである．

(2) 網膜の働き

中心窩で見ることを**中心視**といい，網膜の周辺部で見ることを**周辺視**という．

網膜上の視細胞は，錐体と桿体に分類できる．分解能が高く，視対象に関する明暗の感覚，色覚および形の知覚など中心視に関与する**錐体**は，ある程度以上の強い光に反応する．数は約 600 万個で中心窩付近で高密度に分布し，周辺

にいくに従って急激に減少する．短波長域に敏感なS錐体，中波長域に敏感なM錐体，長波長域に敏感なL錐体の3種類がある．一方，色覚はないが，感光度が高く，弱い光の変化や視野の周辺での動きの知覚など周辺視に関与する**桿体**は，約1億2 500万個で網膜の周辺部に分布している．明るい空間で錐体が働いている状態を**明所視**という．暗い空間で桿体のみが働いている状態を**暗所視**といい，色覚はない．

網膜で結像した光刺激は，これらの視細胞により電気的信号に変換され，網膜内の双極細胞，水平細胞，アマクリン細胞，神経節細胞を連鎖的に進行し，視神経，外側膝状体を経由して，最終的に大脳皮質視覚野で再現される．

(3) 順応

網膜上で生じる像の明るさによって，その感光度を変化させる現象を**順応**といい，桿体の働きで暗い状態で感光度が高くなる場合の**暗順応**と，錐体の働きで明るくて感光度が低くなる場合の**明順応**がある．一般に明順応に比べ，暗順応のほうが時間がかかる（図3.4）．

(4) 視力

目が対象物の細部を見分ける能力を**視力**といい，2点をちょうど分離し見分け得る場合の2点の視角（単位：分）の逆数で表示する．通常は，標準視標として**ランドルト（Landolt）環**を用い，その切れ目の端を見分ける2点と考える．なお切れ目の幅と環の太さは外径の1/5になっている．

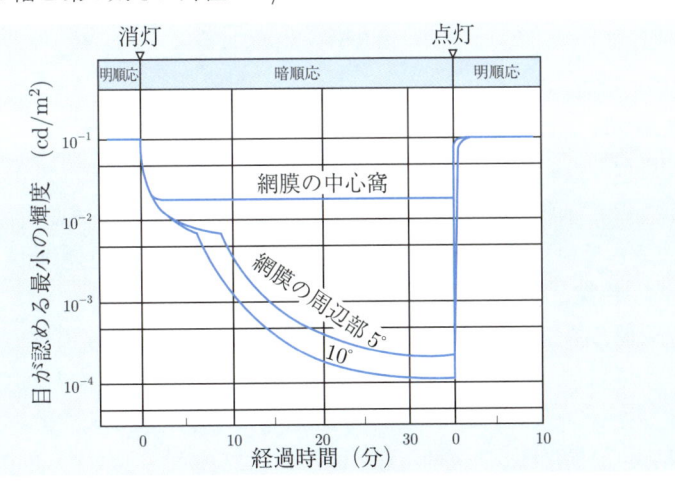

図3.4* 順応の過程

(5) 比視感度

波長が 380～780 nm の可視放射の中で，555 nm の波長の光を最も明るく感ずる．光の強さを感じる能力を**視感**といい，その放射の強さ，すなわち単位時間当たりのエネルギーに対する度合を**視感度**といい，各視感度のその最大値（680 lm/W）に対する比を**比視感度**という．図 3.5 に比視感度曲線を示す．なお輝度が $0.01\,\mathrm{cd/m^2}$ 程度で桿体が働く暗所視の状態で，比視感度曲線が短い波長すなわち青方向へずれる現象を**プルキンエ（Purkinje）現象**という．

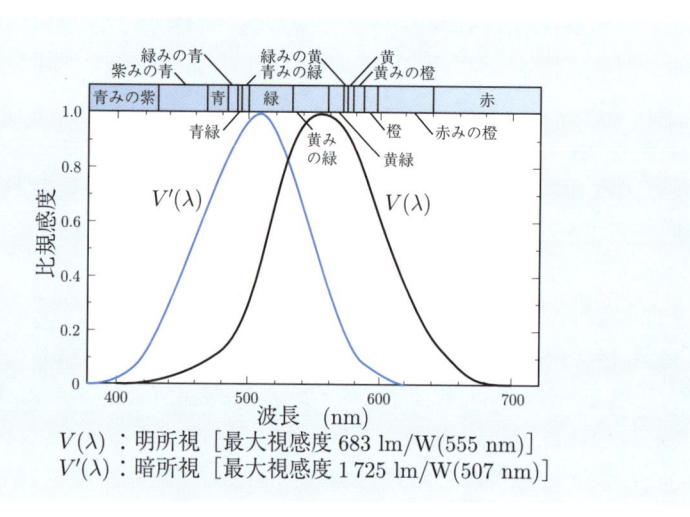

$V(\lambda)$：明所視 ［最大視感度 683 lm/W(555 nm)］
$V'(\lambda)$：暗所視 ［最大視感度 1 725 lm/W(507 nm)］

図 3.5 比視感度曲線

(6) 視野

視線を固定したとき目が見ることのできる範囲を**視野**といい，日本人の両眼の視野は，視線から左右 100°，上方 60°，下方 70° である（図 3.6），視野の中で形や色を鮮明に見ることのできる範囲は，中心視によるもので，視角で 2°～3° とされている．グレアについては，視角 60° の視野を対象範囲とする．

(7) 色覚と奥行知覚

色を感じる能力を**色覚**といい，それぞれ青，緑，赤の 3 色の光に対応する S 錐体，M 錐体，L 錐体の 3 種類の錐体の応答が，水平細胞など網膜内で，赤–緑および青–黄を反対色とするような変換が行われ，色覚が成立すると考えられている．色覚異常は，先天的なものは日本では男子では約 5%，女子では 0.2% あり，赤緑色覚異常が多いが，軽度の場合は日常生活に支障はない．

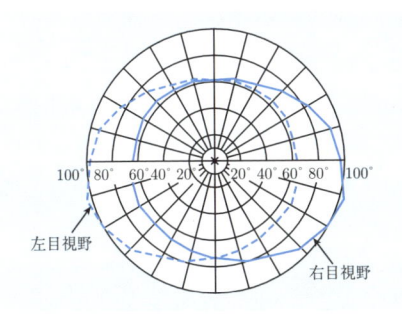

図 3.6＊　視野（日本人）

　奥行知覚とは，視対象を 3 次元的に定位することで距離感や立体感を伴う．輻輳（眼球の回転運動），両眼視差（両眼の映像間の差），水晶体調節，運動視差（距離による運動速度の差），過去の経験などにより成立する．

参考　解説 3.1：色覚と奥行知覚

(8)　ウェーバー・フェヒナーの法則

　ウェーバー・フェヒナー（Weber–Fechner）の法則とは，刺激 S が等比的に増すとき，感覚 R が等差的に増すことを示した経験的な仮説で，法則との表現は通称である．限定された範囲の場合もあるが，測光量と，明るさ感など測光量により説明可能な知覚量の関係は，この法則に従うとされている．

[1] ウェーバーの法則

$$\frac{\Delta S}{S} = K \quad \text{(定数：相対弁別閾)} \tag{3.1}$$

[2] フェヒナーの法則

　ウェーバーの法則より，感覚が量的に扱えると考え，$\Delta S/S$ が感覚量の増分 ΔR に比例すると仮定し，k を比例定数として，

$$\Delta R = k \frac{\Delta S}{S}$$

より，積分して，次式となる．

$$R = k \log\left(\frac{S}{S_0}\right) \tag{3.2}$$

$\quad S_0：R = 0$ での S の値

3.3 立体角・立体角投射率

光環境・視環境の分野で視覚的な大きさを示す指標には，視角，立体角，立体角投射率などがある．視対象の見えの大きさなど視覚的な影響度の指標となり，光度などの測光量および照明計算の基礎となる概念でもある．

(1) 視角

視角とは，視点を中心として対象の張る角のことを指し（図 3.2 参照），対象の 1 辺（高さや幅）を視点を中心とする半径 r [m] の円上に投影した弧の長さを c [m] とすると，視角 θ [rad] は，

$$\theta = \frac{c}{r} \tag{3.3}$$

となる．概算としては，対象の 1 辺の大きさ（高さや幅）を l [m]，対象までの視距離を d [m] とすると，次式となる．

$$\theta = \frac{l}{d} \tag{3.4}$$

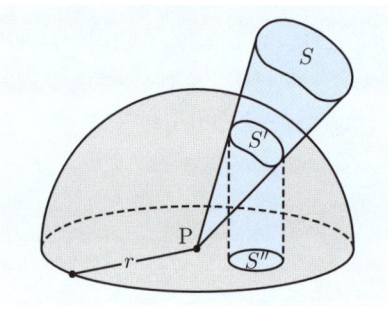

図 3.7 立体角と立体角投射率

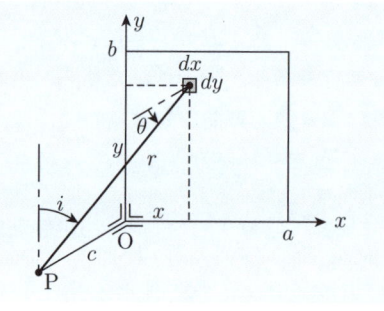

図 3.8* 対象面の立体角

(2) 立体角

[1] 一般式

立体角とは，平面角（視角）を 3 次元に拡張した概念で，対象領域 S を視点 P を中心とする半径 r [m] の球面上に投影した部分の面積を S' [m^2] とすると，立体角 Ω [sr] は次式となる（図 3.7）．

$$\Omega = \frac{S'}{r^2} \tag{3.5}$$

概算としては，対象の見かけの面積を S [m²]，対象までの距離を d [m] とすると，次式となる．

$$\Omega = \frac{S}{d^2} \tag{3.6}$$

[2] 視点が長方形の 1 つの頂点からの法線上にある場合の長方形対象面の立体角

図 3.8 の視点 P における長方形対象面の立体角 Ω_{ab} [sr] は，次式となる．

$$\Omega_{ab} = \sin^{-1} \frac{(a/c)(b/c)}{\sqrt{1+(a/c)^2}\sqrt{1+(b/c)^2}} \tag{3.7}$$

参考 解説 3.2：(3.7) 式の導出 □

[3] 視点が長方形の 1 つの頂点からの法線上にない一般的な位置の場合

対象面を分割や補完し，それぞれ視点が長方形の 1 つの頂点からの法線上にある場合（[2]）の計算に持ち込み，それらの値の加減によって値を算出する．

図 3.9(a)～(c) の視点 P における長方形対象面の立体角 Ω [sr] は，点 i ($i = 1 \sim 4$) と O を対角線とする長方形対象面の立体角を Ω_i [sr] （$i = 1 \sim 4$）とすると，以下のような式となる．

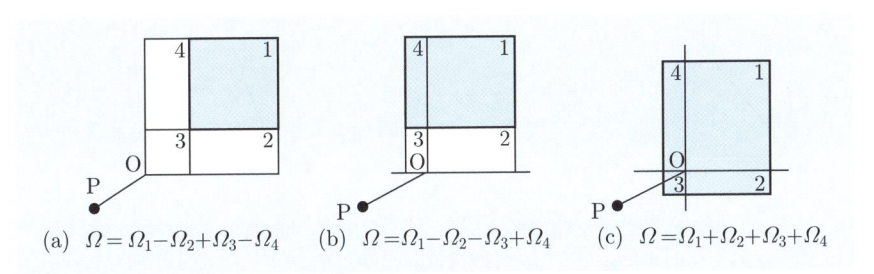

(a) $\Omega = \Omega_1 - \Omega_2 + \Omega_3 - \Omega_4$ (b) $\Omega = \Omega_1 - \Omega_2 - \Omega_3 + \Omega_4$ (c) $\Omega = \Omega_1 + \Omega_2 + \Omega_3 + \Omega_4$

図 3.9 立体角の算出

(3) 立体角投射率

[1] 一般式

立体角投射率とは立体角を変換した概念で，視点を含む測定面を想定する．対象領域 S を視点 P を中心とする半径 r [m] の球面上に投影した部分 S' を再度測定面の底円に投影し，その部分の面積を S'' [m²] とすると（図 3.7），立体角投射率 C は，

$$C = \frac{S''}{\pi r^2} \tag{3.8}$$

となる（図 3.7）．なお面光源による照度や昼光率の計算で使用する立体角投射率の場合，面光源が対象領域に，受照面が測定面に対応する．立体角投射率は，放射による熱伝達の計算で用いる形態係数と同じ概念である．

(4) 長方形対象面の立体角投射率

[1] 長方形対象面と測定面が垂直で視点が長方形の 1 つの頂点からの法線上にある場合

図 3.10(a) の視点 P における長方形対象面の立体角投射率 C_v は，

$$C_v = \frac{1}{2\pi}\left(\tan^{-1}\frac{a}{c} - \frac{c}{\sqrt{c^2+b^2}}\tan^{-1}\frac{a}{\sqrt{c^2+b^2}}\right) \tag{3.9}$$

となる．この式による立体角投射率 C_v の算定図を図 3.11(a) に示す．

参考 解説 3.3：(3.9) 式の導出，3 章の問題 2 参照 □

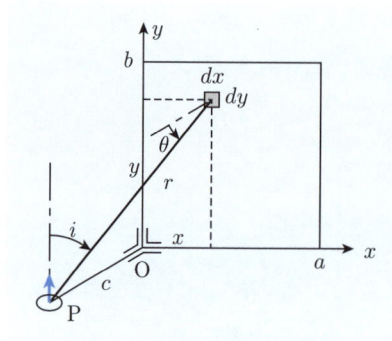

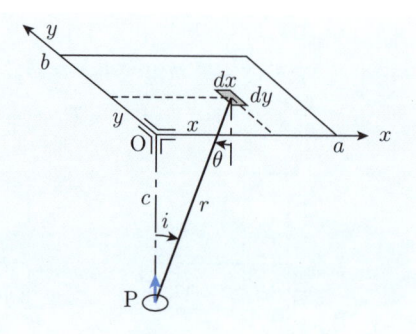

(a) 対象面と垂直な測定面　　　(b) 対象面と平行な測定面

図 3.10* 長方形対象面の立体角投射率

[2] 長方形対象面と測定面が平行で視点が長方形の 1 つの頂点からの法線上にある場合

図 3.10(b) の視点 P における長方形対象面の立体角投射率 C_p は，

$$C_p = \frac{1}{2\pi}\left(\frac{a}{\sqrt{c^2+a^2}}\tan^{-1}\frac{b}{\sqrt{c^2+a^2}} + \frac{b}{\sqrt{c^2+b^2}}\tan^{-1}\frac{a}{\sqrt{c^2+b^2}}\right) \tag{3.10}$$

3.3 立体角・立体角投射率

となる．この式による立体角投射率 C_p の算定図を図 3.11(b) に示す．

参考 解説 3.4：(3.10) 式の導出 □

[3] 視点が長方形の 1 つの頂点からの法線上にない一般的な位置の場合

3.3(2) 項の立体角の場合と同じ手続き（3.3(2)[3] 項参照）で行う．

図 3.9(a)〜(c) の視点 P における立体角投射率 C を求める式は，図中の式の Ω，$\Omega_1 \sim \Omega_4$ をそれぞれ C，$C_1 \sim C_4$ に置換したものになる．

ただし対象面と測定面が垂直な場合（[1]），測定面よりも下部にある対象面の立体角投射率は算入しない．よって図 3.9(c) で，対象面と視点 P における測定面が垂直な場合，点 2 および点 3 は測定面よりも下部にくるため，C_2 および C_3 は 0 となり，$C = C_1 + C_4$ となる．

(a) 対象面と測定面が垂直な場合 (b) 対象面と測定面が平行な場合

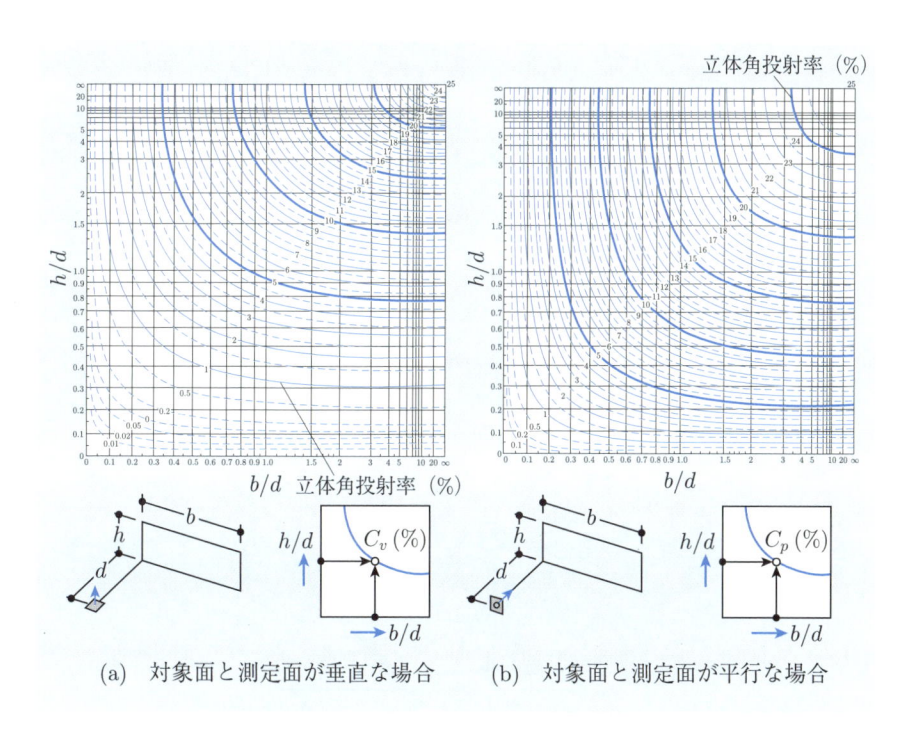

図 3.11* 長方形対象面の立体角投射率

3.4 測光量

　明るさの大小など光環境や視環境を量的に扱う場合，人間の光に対する感覚を無視することはできない．そのため物理量である放射量に視感度という人間の視覚特性を組み込んだ**測光量**を用いる．この理由により，測光量は純粋な物理量ではなく，心理物理量と位置づけられている．

(1) 光束

- 記号…Φ，単位…ルーメン［lm］

光束とは，単位時間に流れる光のエネルギー量で，これ以降の測光量の基礎となる概念である（図 3.12）．単位時間に伝搬する放射エネルギーである放射束（単位：W）に比視感度の重みづけを行ったものである．物理的な次元ではパワーに相当するが，心理物理量のため，測光の領域ではパワーという表現は使用しない．波長を λ ［nm］とすると，光束 Φ ［lm］は，

$$\Phi = K_m \int_{380}^{780} \Phi_e(\lambda) V(\lambda) d\lambda \tag{3.11}$$

　Φ：光束［lm］

　K_m：最大視感度（683 lm/W）

　　　　理論的な発光効率（＝光束/放射束）の最大値

　$\Phi_e(\lambda)$：放射束の分光分布［W/nm］

　$V(\lambda)$：標準比視感度　　λ：波長［nm］

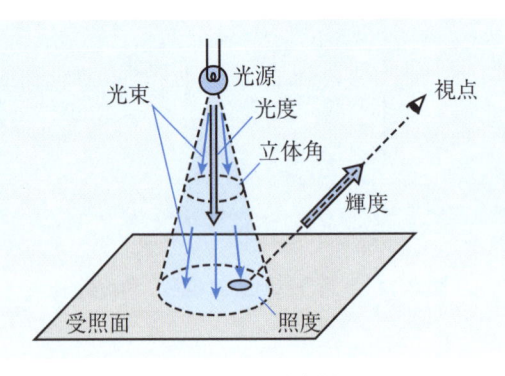

図 3.12*　測光量

表 3.1 光度と光束の数値の目安

光源	光度 (cd)	光束 (lm)
ろうそく	0.9	11
白熱電球 100 W	120	1 500
高周波点灯蛍光灯（32 形直管）	—	3 500（定格） 5 000（高出力）

となる．代表的な光源の光度と光束の値の目安を表 3.1 に示す．

なお一定時間内の光束の総量を**光量**（単位：lm·s）という．

(2) 照度

- 記号…E，単位…ルクス $[\mathrm{lx} = \mathrm{lm/m^2}, \mathrm{lux}]$

照度とは，ある面の光を受照する程度を示す指標で，受照面の単位面積当たりの入射光束となる（図 3.12）．ある点の照度 E [lx] は，その点を含む微小面の面積を dS [m^2]，入射光束を $d\Phi$ [lm] とすると，

$$E = \frac{d\Phi}{dS} \tag{3.12}$$

となる．また面積 S [m^2] において入射光束 Φ [lm] が均一であると見なせる場合や平均的な値を求める場合には，次式を使用できる（3 章の問題 3 参照）．

$$E = \frac{\Phi}{S} \tag{3.13}$$

照度は，現在の照明設計における計算の主要な対象であり，室の光環境を規定する上で最も基本的な測光量である．

(3) 光束発散度

- 記号…M，単位…ラドルクス $[\mathrm{rlx} = \mathrm{lm/m^2}]$

光束発散度とは，ある面の光の発散の程度を示す指標で，発光面，反射面，透過面のいずれについても，その面の単位面積当たりの発散する光束をいう．ある点の光束発散度 M [rlx] は，その点を含む微小面の面積を dS [m^2]，発散光束を $d\Phi$ [lm] とすると，

$$M = \frac{d\Phi}{dS} \tag{3.14}$$

となる．また面積 S [m^2] において発散光束 Φ [lm] が均一であると見なせる場合や平均的な値を求める場合には，次式を使用できる．

$$M = \frac{\Phi}{S} \tag{3.15}$$

照度と光束発散度は両者とも，光束/面積，の次元を持つが，照度が光を受照する面において定義されているのに対し，光束発散度は，光を発散する面において定義されている．

(4) 光度

- 記号…I，単位…カンデラ $[\mathrm{cd} = \mathrm{lm/sr}]$

光度とは，点光源の光の強さを示す指標で，ある方向へその光源を頂点とする単位立体角内に発散する光束である（図 3.12）．ある点のある方向への光度 I [cd] はその点を頂点とする微小立体角を $d\Omega$ [sr]，その方向への発散光束を $d\Phi$ [lm] とすると，

$$I = \frac{d\Phi}{d\Omega} \tag{3.16}$$

となる．また立体角 Ω [sr] において発散光束 Φ [lm] が均一であると見なせる場合や平均的な値を求める場合には，次式を使用できる（3 章の問題 4 参照）．

$$I = \frac{\Phi}{\Omega} \tag{3.17}$$

実際の光源は大きさを有するが，光度を定義する場合は微小立体角という概念を導入することによって，点光源と見なすことになる．代表的な光源の光度の値の目安を表 3.1 に示す．

歴史的な経緯から，光度が国際単位系 (SI) の基本量（1 cd = 周波数 540×10^{12} Hz の単色放射を放出し，所定の方向におけるその放射強度が $1/683$ W/sr である光源のその方向における光度）と位置づけられており，その他の測光量は逆算して規定されることになる．

(5) 輝度

- 記号…L，単位…$[\mathrm{cd/m^2} = \mathrm{lm/(m^2 \cdot sr)}]$

輝度とは，ある方向から見た面の明るさの程度を示す指標で，発光面，反射面，透過面など光束発散面のある方向への単位投影面積当たりの光度，あるいは光束発散面のある方向への単位投影面積当たり単位立体角当たりの光束である（図 3.13）．

3.4 測光量

表 3.2* 輝度の値の目安

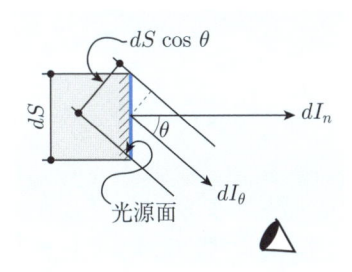

図 3.13* 輝度の定義

ある点のある方向への輝度を L [cd/m^2] は，その点を含む微小発光面積を dS [m^2]，光源を見る方向と微小発光面の法線とがなす角を θ，微小発光面を点光源と見なしたときの見る方向への見かけの光度を dI_θ [cd] とすると，

$$L = \frac{dI_\theta}{dS \cos \theta} \tag{3.18}$$

となる．また面積 S [m^2] において見る方向への見かけの光度 I [cd] が均一であると見なせる場合や平均的な値を求める場合には，次式を使用できる．

$$L = \frac{I}{S \cos \theta} \tag{3.19}$$

面を見る方向によって輝度の値は異なるが，光束発散度はその面について唯一の値となる．また輝度は人間の明るさ感に関与する指標となり，視環境を規定する重要な測光量となる．輝度の値の目安を表 3.2 に示す．

なお光度の定義は点光源で規定されているが，輝度の定義における光度は面を想定している．そのため微小部分という概念を導入することにより，点と面との見方を両立させ，光度と輝度の定義上での整合性を保っていると考えられる．

3.5 照明計算の基礎

3.5.1 反射と透過
光がある面で跳ね返ることを**反射**，通り抜けることを**透過**という．

(1) 反射

反射の法則に従う反射，すなわち入射角と反射角が等しくなる反射を**正反射**という．鏡面反射とも呼ばれる．また入射方向の影響を受けず，様々な方向に拡散する反射を**拡散反射**という．さらに，ある物体への入射光束に対する反射光束の比を**視感反射率**または**反射率**といい，記号 ρ で表す．

物体の反射は物体表面での**表面反射**と物体内部での**内部反射**から構成されている．表面反射は，表面が平滑な場合は正反射性が強く**光沢**になり，粗な場合には拡散反射性が強くなる．一方，内部反射は拡散反射性が強く物体色を表す．なお金属の反射は表面反射のみである．表 3.3 に主な材料の反射率を示す．

(2) 透過

屈折の法則（$n_i \sin \theta_i = n_0 \sin \theta_0$，$\theta_i$：入射角，$\theta_0$：屈折角，$n_i, n_0$：各媒質

表 3.3* 材料の反射率（主として 45° 入射の全反射率）[%]

1. 正反射材料（垂直入射）		3. 拡散性材料 ── 紙および布類	
アルミ特殊合金電解研磨面	90～95	白ケント紙, 吸収紙	70～80
ガラス鏡面（アルミ合金）	80～85	白アート紙	60～65
アルミニウム	70～75	新聞紙	40～50
銅, 鋼	50～60	淡色カーテン	30～50
透明ガラス	10～12	黒布（ビロード）	0.4～3
水　面	2	4. 拡散性材料 ── 建築材料	
2. 拡散性材料 ── 金属, ガラス, 塗料		木材, クリアラッカー明色仕上げ面	40～60
酸化マグネシウム（特製・反射率基準）	97	木材, オイルステイン	10～20
酸化アルミニウム	80～85	赤レンガ	25～35
亜鉛引き鉄板	30～40	石材一般	20～50
全乳白ガラス	60～70	濃色タイル, 濃色かわら	10～20
乳白すきがけガラス	30～40	白しっくい壁	75～85
すりガラス, 型板ガラス	15～25	畳	50～60
白色ペイント, エナメル, ほうろう	80～85	淡色ビニールタイル	40～70
淡色ペイント一般	30～70	濃色ビニールタイル	10～20
濃色ペイント一般	15～40	砂利, コンクリート, 舗石	15～30

の屈折率）に従う透過を**正透過**といい，入射方向の影響を受けず，様々な方向に拡散する透過を**拡散透過**という．ある物体への入射光束に対する透過光束の比を**視感透過率**または**透過率**といい，記号 τ で表す．透過性状は，物体内部で散乱せず透けて見える**透明**，物体内部で散乱し透視できない**拡散**，その中間の半透明，半拡散，および偏った方向性を持つ**指向性**に分類できる．表 3.4 に主な材料の透過率を示す．

表 3.4* 材料の透過率（断りのないものは拡散入射）[％]

試料	透過性状	透過率	試料	透過性状	透過率
1. ガラス類			2. 紙類		
透明ガラス（垂直入射）	透明	90	トレーシングペーパー	半拡散	65～75
透明ガラス	透明	83	障子紙	拡散	35～50
すりガラス（垂直入射）	半透明/半拡散	75～85	3. 布類		
すりガラス	半透明/半拡散	60～70	透明ナイロン地	半透明	65～75
型板ガラス（垂直入射）	半透明	85～90	淡色薄地カーテン	拡散	10～30
型板ガラス	半透明	60～70	濃色薄地カーテン	拡散	1～5
吸熱ガラス	透明	25～50	厚地カーテン	拡散	0.1～1
乳白すきがけガラス	拡散	40～60	4. その他		
全乳白ガラス	拡散	8～20	半透明プラスチック（白色）	半透明	30～50
ガラスブロック（目地付き）	拡散	30～40	大理石薄板	拡散	5～20

(3) 照度と光束発散度

照度 E [lx]，光束発散度を M [rlx]，反射率を ρ，透過率を τ とすると，反射面の場合は，次式となる．

$$M = \rho E \tag{3.20}$$

透過面の場合は，次式となる．

$$M = \tau E \tag{3.21}$$

参考 解説 3.5：(3.20) 式の導出 □

3.5.2 照度に関する基本法則

(1) 照度の余弦法則

光の進行方向に垂直な面上の照度を**法線照度** E_n という．光の進行方向と面の法線が同一になる．この面と i の角度をなす面上の照度 E_i は法線照度を E_n と

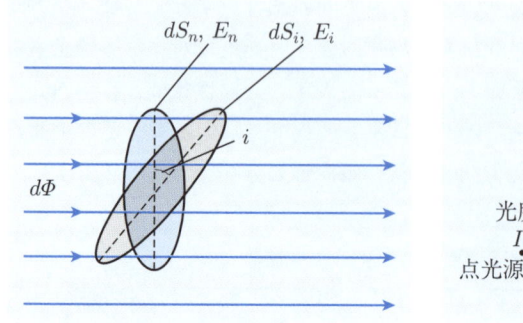

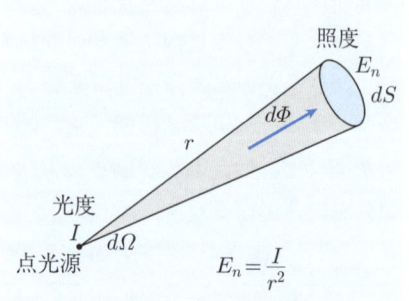

図 3.14* 照度の余弦法則 **図 3.15*** 照度の逆二乗法則

して次式となる（図 3.14）．この関係を，**照度の余弦法則**という．

$$E_i = E_n \cos i \tag{3.22}$$

参考 解説 3.6：(3.22) 式の導出 □

(2) 照度の逆二乗法則（光度と照度の関連）

光度 I [cd] の点光源から距離 r [m] の点の法線照度 E [lx] の関係は（図 3.15），次式となる（3 章の問題 6 参照）．この関係を，**照度の逆二乗法則**という．

$$E = \frac{I}{r^2} \tag{3.23}$$

参考 解説 3.7：(3.23) 式の導出 □

(3) 点光源による直接照度の基本式

照度の余弦法則と逆二乗法則を合わせて，光度 I [cd] の点光源から距離 r [m] で，光の進行方向に垂直な面と i の角度をなす面上の照度 E_i は，次式となる（3 章の問題 9 参照）．

$$E_i = \frac{I}{r^2} \cos i \tag{3.24}$$

3.5.3 均等拡散面における測光量

(1) 均等拡散面

発光面，反射面，透過面いずれにおいても，すべての方向に同一の輝度を有する面を**均等拡散面**という．さらに均等拡散面のうち，反射率や透過率が 1 の

理想的な面を**完全拡散面**という．均等拡散面は，理想的な面であるが，現実にはこれにかなり近い性質を持つ面も多く，この条件下では照明計算が非常に楽になることから，しばしばこの仮定が用いられる．

(2) ランバートの余弦法則

均等拡散面上において，発光，反射，透過いずれの場合もその結果として，光度分布が球で表されることをランバート（Lambert）の**余弦法則**という（図 3.16）．

法線方向の光度を $dI_n\,[\mathrm{cd/m^2}]$，法線と角 θ をなす方向の光度を $dI_\theta\,[\mathrm{cd/m^2}]$ とすると，次式となる．

$$dI_\theta = dI_n \cos\theta \tag{3.25}$$

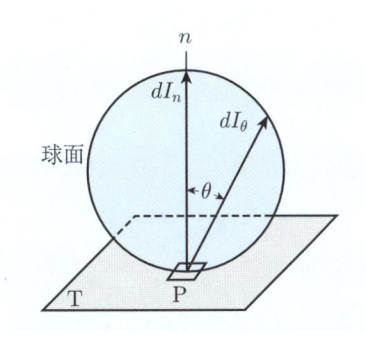

図 3.16* ランバートの余弦法則

参考 解説 3.8：(3.25) 式の導出 □

(3) 輝度と光束発散度

均等拡散面上の，輝度 $L\,[\mathrm{cd/m^2}]$ と光束発散度 $M\,[\mathrm{rlx}]$ の関係は，次式となる（3 章の問題 7 参照）．

$$M = \pi L \tag{3.26}$$

参考 解説 3.9：(3.26) 式の導出 □

(4) 照度と輝度

均等拡散面上の，照度 $E\,[\mathrm{lx}]$ と輝度 $L\,[\mathrm{cd/m^2}]$ の関係は，反射率を ρ，透過率を τ とすると，反射面の場合は，次式となる（3 章の問題 8 参照）．

$$L = \frac{\rho}{\pi} E \tag{3.27}$$

透過面の場合は，次式となる．

$$L = \frac{\tau}{\pi} E \tag{3.28}$$

参考 解説 3.10：(3.27) 式の導出 □

3章の問題

☐ **1** 視覚における順応の過程について簡単に説明せよ．

☐ **2** 鉛直壁面の縦 1 m × 横 1 m の窓の下端の 1 点から窓面の法線上に 1 m 離れた点で，上向き水平面における立体角投射率を求めよ．

☐ **3** 面積が $0.01\,\mathrm{m}^2$ のある面への入射光束が均一で 5 lm である場合の照度を求めよ．

☐ **4** 光源から観測点の方向への 0.1 sr の立体角中の発散光束が均一で 5 lm である場合，観測点から見た光源の光度を求めよ．

☐ **5** 光度と輝度の定義において，見かけ上整合性に欠ける点があるといわれているが，それはどのような点か．説明せよ．

☐ **6** 鉛直下方向に 120 cd の光度を持つ光源がある．その光源から鉛直下方向に 2 m 離れたある水平面上の観測点での照度を求めよ．

☐ **7** その面の反射率が 0.5 の場合に，その観測点での光束発散度を求めよ．

☐ **8** その面が均等拡散面の場合に，その観測点の輝度を求めよ．ただし円周率は 3.14 とする．

☐ **9** その面が 45° 傾いているとき，その観測点での照度を求めよ．

> 💭 **測光量の議論**
>
> 　国際単位系では，7 つの基本単位（s, m, kg, A, K, mol, cd）を決めており，測光量からは光度（cd）が入っている．測光量に関する議論は，国際照明委員会の前身の国際測光委員会設立の 1900 年から始まるが，安定的な人工光源が発明されてから約 20 年間で研究は急速に進んでいた．光度の単位を見ても，当初からその後の第 1 次・第 2 次世界大戦の政治的対立と同じく，国際燭（英，米，仏）とヘフネル燭（独）に大別されていた．最終的に，光度の単位名称が，cd（candela）に統一されるのは，第 2 次大戦後の 1948 年のことになる．

4 照明の要件

「日の光を籍(か)りて照る大いなる月たらんよりは，自ら光を放つ小さき燈火たれ．」　　　　　森　鴎外『知恵袋』

　照明とは，人間の生活や活動の全般において光の照射を利用することであり，人工照明といわゆる採光と呼ばれる昼光照明とに大別される．ただ両者の光そのものに本質的な違いはなく，部分的に取り扱いが異なるところはあるものの，大枠の考え方は共通している．
　これら照明の考え方として，大きく明視照明と雰囲気照明とに分けられ，照明設計を行うときに，検討しなければならない要件が異なる．明視照明では，まず量的な指標である照度の確保が最重要であり，その他，照度分布，グレア，演色性などの項目がそれに続く．これらに加えて，輝度，輝度分布，光の方向性と拡散性，光色，演色性などの項目も検討対象となる．一方，雰囲気照明については明視照明とは異なり，質的な内容が重視される場合もある．照明設計が満足に行われるためには，これらの照明の要件を系統化して理解しておくことが不可欠になる．
　なお電力削減の要求に応じて，照明の要件の内容が変化することがあるので，各節の解説や補足にも注意していただきたい．

> **4章で学ぶ概念・キーワード**
> - 明視照明，雰囲気照明
> - 照度，照度分布，輝度，輝度分布，グレア
> - 光の方向性，光の拡散性
> - 光色，演色性

4.1 照明の目的

4.1.1 照明の分類

照明とは，人間の生活や活動の全般において光の照射を利用することである．まず太陽を源とする**昼光**を光源として利用する照明を**昼光照明**といい，一般には**採光**といわれている．また昼光に月光，蛍の光などを加えた総称を**自然光**ということがある．一方，自然光以外の人工的な光源を利用した照明を**人工照明**という．人工照明の光源には，木材，油脂，ガスなどの燃焼による光も含まれるが，現在は大部分が電気による光源であるため，事実上，人工照明と**電気照明**を同義としている．また照明だけで人工照明を意味することもある．

4.1.2 明視照明と雰囲気照明

昼光照明および人工照明に共通する照明の目的は，視覚的な快適性の確保を前提とした上で，大きく，
① 視対象を見やすくし，正しく知覚させることで，安全かつ能率的な行動および視作業を促し，目の疲労を防止すること
② 視対象や空間を演出することにより，美しさ，楽しさ，やすらぎなどの雰囲気を形成すること
と分けることができる．前者は**明視性**と位置づけられ，安全，健康にかかわる共通の問題であり，居住生活の基盤となるものである．後者は，**演出性**と位置づけられ，個人のライフスタイルに依存している．

明視性を主眼とする照明の考え方を**明視照明**といい，安全，能率，疲労防止などの機能が主体となり，「視対象を正確に見せる」ことが目標となる（図 4.1）．一方，演出性を主眼とする照明の考え方を**雰囲気照明**といい，美しさ，楽しさなど雰囲気の演出が主体となり，「美しく，楽しい雰囲気をつくる」ことが目標

図 4.1　明視照明の例

図 4.2　雰囲気照明の例

となる（図 4.2）．

良好な光環境は，室内空間の用途やその中での行動や視作業に適合した，光の量（照度，照度分布，輝度，輝度分布など）と，光の質（グレア，光の方向性・拡散性，光色，演色性など）の組み合わせによって成立しており，明視照明，雰囲気照明の良否の判断に対しては，これらの照明の要件の中で，各条件の重みが異なると考えてよい．ただし明視照明のほうが条件の制約が多いため，照明の要件の多くは，明視照明に対するものとなっている．

実際の照明設計で，明視照明と雰囲気照明のどちらの考え方に重点を置くかは，その空間用途や作業による．例えば学校，オフィス，工場などでは，明視照明が中心となり，商業施設などでは雰囲気照明も重視される．住宅では，両方の要素があり，同じ空間でも生活場面によって重みが変化することがある．

4.1.3　明視照明の目的

(1)　明視の条件

視対象を正確に認識するための**明視の条件**は，
①大きさ：視対象の視角が大きいこと
②対比　：視対象と背景の対比が大きいこと
③時間　：視対象の動きのないこと
④明るさ：視対象が明るいこと
であるが，建築空間では，視対象はある程度想定でき，④明るさ以外の3条件は所与の条件である場合が多い．また視覚系の判別能力である視力は，一般に明るさが高くなれば良好となる（図 4.5）．また1時間の視作業後の調節時間を

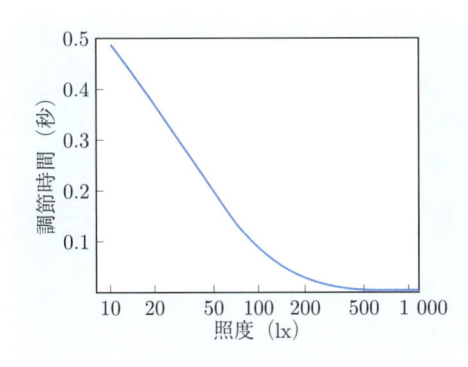

図 4.3* 明るさと目の疲労との関係　　　　**図 4.4*** 加齢の影響

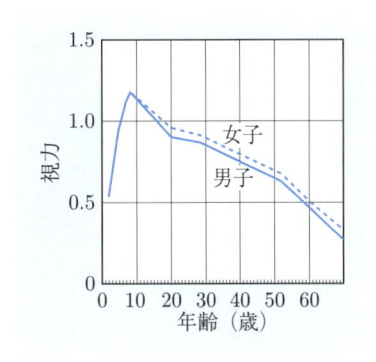

測定した結果から，暗い状態での視作業ほど毛様体筋の調節時間が長くなること，すなわち目の疲労を生じることが確認されている（図4.3）．よって視対象がよく見えるためには，その空間に適した明るさの確保が重要となる．そのため明視照明では明るさを第一義に考え，明視性の確保のために光の量を十分に供給することを最初に追求することになる．さらに質の高い視作業性や演出が求められる場合，これに加えて，視対象の認知要素，すなわち色，形，材質をどう効果的に見せるのかを検討することになる．

(2) 視覚機能の確保

明視照明の役割としては，視覚機能の確保に重点が置かれ，建築空間内で行われるさまざまな視作業において，視対象を適切に知覚し，視覚に大きな負担をかけないように必要な明るさの量を確保することが最も重要となる．

一方，視力などの視覚機能には個人差が多く，照明設計にはきめ細やかな注意が必要となる．また特定の波長の光が網膜にダメージを与えるという問題もある．さらにテレビ，コンピューター画面など光源を注視するという視作業が長期間にわたったとき，人間にどういう影響を与えていくのか不明な点も多い．

(3) 目の疲労防止

目は対応能力が非常に高い器官であるので，視覚機能の確保という条件は，大部分が目の疲労の低減にかかわっているといえる．

[1] 目の疲労の要因

目の疲労については，以下のような様々な要因が考えられる．

①眼球運動を行うことにより眼筋が疲労する．
②注視点の極端な遠近変化により，水晶体の屈折力を変えるための毛様体筋が調節疲労する．
③近方での視作業（近業）の継続により，毛様体筋の緊張を強いる．
④明暗の変化により，瞳孔の開縮に伴う虹彩の疲労がある．
⑤明暗の変化により，順応における網膜の光感度を変化させる．
⑥暗いと瞳孔が開き，焦点の合う範囲（被写界深度）が狭くなるため調節の必要度が増す．

また疲労は，眼球だけではなく，視神経，外側膝状体，大脳視覚領など視覚情報処理系全域で生じるといわれている．

視対象とその周辺において，照度分布や輝度分布が極端に均斉でない場合，あ

4.1 照明の目的

るいは直射日光,照明器具の光源など,視野中にまぶしい部分すなわちグレアがある場合など,極端な明暗の変化がある視作業環境では,調節負担による目の疲労を生むことになる.

[2] 眼疲労と眼精疲労

目の疲労には,いわゆる疲れ目と呼ばれる**眼疲労**と慢性的な**眼精疲労**がある.前者は適切な休息・栄養補給によって回復する生理的疲労であるが,後者は痛み,かすみ,充血などの目の症状,頭痛,肩こり,吐き気などの全身症状等一連の苦痛を伴う病的疲労となる.境界は明確ではなく,眼疲労が眼精疲労に移行することも考えられ,特に現代社会においては目の疲労の問題を軽視することはできず,適切な照明環境を形成することが重要である.

(4) 加齢の影響

加齢によって以下のような眼球における生理的な変化がある.ただ変化は20歳代から始まっており,40歳代程度で自覚症状として現れる.

①水晶体の弾力性低下…近点の調節力が低下するため,近距離に焦点が合わせられない老視(老眼)の状態になる.

②水晶体の黄化・混濁化…散乱によるグレアの増大や白内障への移行の可能性がある.

③瞳孔径の確保の不十分さ…光量調節力低下により,低照度時や暗順応時の適応に支障が生じる.

④網膜の視細胞(錐状体)の減少…色覚を主とする視環境の情報処理能力が低下する.

⑤視神経の機能低下…視覚機能全般に影響がある.

個人差があるものの,加齢によるこれらの要因により,視力や視野など空間的な視覚機能,暗順応能力や運動能力などの時間的な視覚機能,短波長に対する感度,低明度・低彩度色の見えなどの色覚の機能など,これら視覚機能が全般的に低下する(図4.4).よって加齢により視機能が低下した高齢者に対しては,高い照度設定が必要になる.視作業者の属性や視作業の内容によっても異なるが,一般に健常者と比べて1.5倍～4倍の照度が必要とされる.また一層のグレア対策も欠かせないものとなる.さらに運動能力が低下した高齢者の場合には,つまづきなどによる転倒の恐怖心も増すため,より一層の明るさが必要とされる.

4.2 照明に関する基準

4.2.1 人工照明に関する基準

日本では，「事務所衛生規準規則第 10 条」，「労働安全衛生規則第 604 条，第 605 条」など法令による照度の規定があるが，あくまでも最低基準であり，人工照明設計の目標値としてはあまり機能はしていない．

日本において，人工照明の基準として位置づけられているのは，日本工業規格の「**照明基準総則**（JIS Z 9110）」で，人間の諸活動が，安全，容易，かつ快適に行えるような視環境を作り出すためのものと規定され，推奨照度だけを規定していた従来の「照度基準」に，照度均斉度，不快グレア，演色評価数などの要件を追加し，発展したものである．

表 4.1 は，照明基準総則（JIS Z 9110）により示されている屋内作業における基本的な照明要件である．同じく空間用途別に照明設計基準が定められており，空間用途は，①事務所，②工場，③学校，④保健医療施設，⑤商業施設，⑥美術館，博物館，公共会館及び劇場，⑦宿泊施設，公衆浴場及び美容・理髪店，⑧住宅，⑨駅舎，⑩駐車場，⑪埠頭，⑫通路，広場及び公園，⑬運動場及び競技場に区分されている．さらに代表例として，事務室における照明設計基準を表 4.2 に示す．なお表中の推奨照度は 4.3.1(3) 項，UGR 制限値は 4.5.2 項，照度均斉度は 4.3.2 項，平均演色評価数は 4.7.2 項でそれぞれ説明を行う．このほか，日本工業規格には，道路，トンネル，屋内運動場など，屋外運動場など，屋内作業場，屋外作業場などの分野別の照明基準が用意されている．

また (社) 照明学会により，総合的な「屋内照明基準（JIES–008）」が，空間用途別に，「オフィス照明基準（JIEC–001）」，「住宅照明設計技術指針（JIEC–009）」が用意されている．さらに **CIE**（Commission Internationale de l'Eclairage：国際照明委員会）による「ISO8995 ／ CIE S008：Lighting of Interior Work Places」などの国際規格がある．

参考　解説 4.1：人工照明に関する基準

4.2.2 昼光照明に関する基準

昼光照明は開口部を通した昼光の利用になるため，昼光照明に関する基準は開口部に関する基準（7.4 節参照）と同じになる．

4.2 照明に関する基準

表 4.1* 基本的な照明要件（屋内作業）

照度[lx] \ UGR	16	19	22	表示なし
3 000				
2 000	超精密な視作業$^{0.7}$			
1 500	非常に精密な視作業$^{0.7}$			
1 000		精密な視作業$^{0.7}$		
750		やや精密な視作業$^{0.7}$		
500			普通の視作業$^{0.7}_{60}$	
300			やや粗い視作業$_{60}$	
200				粗い視作業・継続的に作業する部屋（最低）$_{60}$
150				作業のために連続的に使用しない所$_{40}$
100				ごく粗い視作業・短い訪問・倉庫$_{40}$
75				

[凡例] 行方向：推奨照度[lx]．視覚条件が通常と異なる場合には，設計照度は 1 段階上下させて設定してもよい．
　　　列方向：UGR 制限値
　　　表内の各視作業項目右上の数値：照度均斉度の最小値．無記入は表示なし
　　　表内の各視作業項目右下の数値：平均演色評価数の推奨最小値．無記入は 80

表 4.2* 照明設計基準（事務所）

照度[lx] \ UGR	16	19	22	表示なし
1 000				
750	設計(作業)$^{0.7}$，製図(作業)$^{0.7}$，設計室，製図室，役員室	事務室		玄関ホール（昼間）
500	集中監視室，制御室	キーボード操作(作業)$^{0.7}$，計算(作業)$^{0.7}$，診察室$_{90}$，印刷室，電子計算機室，守衛室，会議室，集会室，応接室	調理室	
300		宿直室	受付	食堂, 化粧室$_{90}$, エレベータホール$_{60}$
200				喫茶室, オフィスラウンジ, 湯沸室, 書庫, 更衣室, 便所, 洗面所, 電気室$_{60}$, 機械室$_{60}$, 電気・機械室などの配電盤および計器盤$_{60}$
150				階段$_{40}$
100				休憩室, 倉庫$_{60}$, 廊下$_{40}$, エレベータ$_{40}$, 玄関ホール（夜間）$_{60}$, 玄関（車寄せ）$_{60}$
75				
50				屋内非常階段$_{40}$
30				

[凡例] 行方向：推奨照度[lx]．視覚条件が通常と異なる場合には，設計照度は 1 段階上下させて設定してもよい．
　　　列方向：UGR 制限値
　　　表内の各視作業項目右上の数値：照度均斉度の最小値．無記入は表示なし
　　　表内の各視作業項目右下の数値：平均演色評価数の推奨最小値．無記入は 80

4.3 照度・照度分布

4.3.1 照度

(1) 照度と明るさ

照度［単位：lx］とは，単位面積当たり入射する光束（単位時間当たりの光のエネルギー量）で，光によりある面が照らされる程度を示す指標である．目で見る明るさと直接的な関係があるのは輝度であるが，輝度には反射率という視対象の特性値が介在するため，照明設計の立場からは，視対象の性状に左右される輝度を避け，照明の量の指標として照度を用いるのが一般的である．

視対象の反射性状が一定であれば，照度を高めると輝度が高くなるので，視対象は明るく見やすくなる．この場合，照度が等比級数的に増減すると，明るさは等差級数的に増減する（3.2(9) 項参照）．ただし開口部が大きく視野が明るい場合，目の順応輝度が上がるため，室奥などでは必要な照度を満足していても暗く感じる領域が生じることがあるので注意が必要である．

(2) 照度と視力・視作業性

通常の視作業対象で，数キロルクス程度までは，照度の増加に伴って視力が向上するので，視対象が見やすくなる．これは安全で正確な視作業の基盤となり，視作業性や視作業能率を向上させ，肉体的・精神的負担の軽減にも寄与する．よって明視性を重視する場合，視対象およびその周辺に必要十分な照度を与えることが照明の基本となる．

ランドルト環と背景の輝度対比を変化させたときの，背景輝度と視力の関係を図 4.5 に示す．輝度対比が大きくなるほど，背景輝度（ほぼ照度と比例する）が大きなるほど視力が上昇する．また照度と単純作業（多数の中から一定の方向性を持つ円を選び抹消する作業）の作業能率の関係を図 4.6 に示す．照度が増すほど作業能率が上がることを示している．

(3) 推奨照度

人工照明に要する費用，作業種別，使用の頻度などを考慮して適当な見やすさの得られる適正な照度が推奨されている．明視性の確保のために必要な照度は，人工照明発達に応じて水準が変わり，最近は頭打ちだが，1900 年代以降オイルショック以前の 1970 年代までは推奨照度が約 10 年で倍になっていた．

日本では，日本工業規格の照明基準総則（JIS Z 9110）によって，空間用途・

4.3 照度・照度分布

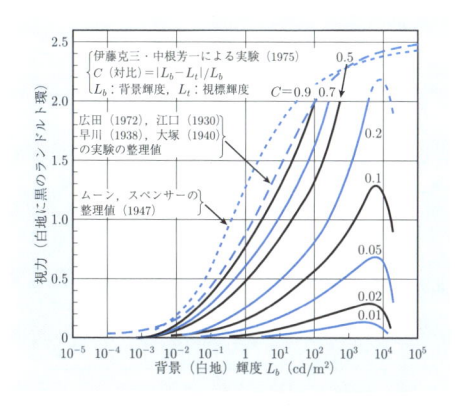

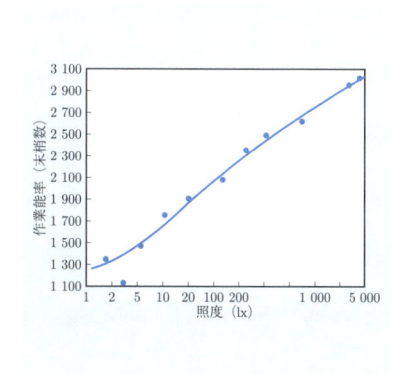

図 4.5* 明るさ，対比と視力

図 4.6* 照度と作業能率

視作業内容別に人工照明の設計基準が定められており，照度については，視作業領域における推奨照度として示されている（表 4.1 参照）．

事務所の照明設計基準を示す表 4.2 では，推奨照度 [lx] を，行方向で区分している．推奨照度は，想定される推奨範囲のほぼ中央値で規定したものであり，設備当初の値ではなく，光源や照明器具の劣化や汚損を見込んだ常時維持すべき値を示している．また視作業面の平均照度であり，特定できない場合には，床上 0.8 m（机上視作業），床上 0.4 m（座業），床・地面（移動等）などを視作業面と仮定する．なお照度段階は，照度の違いを感覚的に認識できる照度比として，ほぼ 1.5 倍間隔で構成されている．

設計照度は，推奨照度をもとに定め，常時維持すべき値としている．ただし設計照度の値は，視覚条件に応じて，推奨照度の値から照度段階で 1 段階上下させてよいことになっている．なお①視作業者の視機能が低いとき，②視作業対象のコントラストが極端に低いとき，③精密な視作業のとき，などには，設計照度を高く設定することが望ましく，①視対象が極端に大きいとき，②視対象のコントラストが高いとき，③視作業時間が極端に短いときなどには，設計照度を低く設定してもよい．

参考 解説 4.2：推奨照度

(4) VDT 作業における照度，その他

キーボードや机上面の照度は 300〜1 000 lx に，VDT（Visual Display Terminal）の表示面の鉛直面照度は 300 lx 以下に設定することが望ましいとされ

表 4.3* 推奨照度比

照明条件（いずれも水平面照度）	推奨照度比
全般照明時の最小照度と平均照度の比（照明学会）	0.6 以上
隣接する室間，室・廊下間の照度の比（ただし，低い側の平均照度が 200 lx 以上の場合はこの限りではない）	1/5 以上 5 以下
補助照明使用時の補助照明単独の最大照度と室内の平均照度（補助照明を含まない）の比	3 以下
人工照明（全般照明）時の最小照度と最大照度の比	1/3 以上
昼光照明（側窓）時の最小照度と最大照度の比	1/10 以上
人工照明・昼光照明併用時の最小照度と最大照度の比	1/6 以上
同一視作業面の最小照度と最大照度の比	1/1.5 以上

ている．その他，TV 会議では顔面で 750 lx，顔の見え方が重要なところでは 150 lx 以上（床面 1.2 m）などが規定されている（JIEC–001）．

(5) 昼光照明における照度

昼光照明においても照度は重要な要件であるが，昼光照明の基準としては，安定性の観点から照度ではなく照度比の形式である昼光率（6.3 節参照）を用いる．

4.3.2　照度分布

照明空間や視作業面における照度の広がりの状態を**照度分布**という．照明設計においては，対象空間の光の状態を表現するために，照度分布図を描くことが一般的に行われている（図 4.7）．

照度分布は，明視性を重視する視作業が同一空間で行われる場合には，完全に均一である必要はないが，目の順応に留意すると，変化はなだらかであることが望ましい．一方，雰囲気を重視する空間では，照度分布は変化があるほうが好ましい場合が多い．照度分布を均斉にするためには，配光や取付間隔に注意して，バランスよく照明器具を配置することが重要である．

照度分布の指標を**照度均斉度**といい，視作業面の範囲の最小照度の平均照度に対する比で示す．日本工業規格の照明基準総則（JIS Z 9110）では，設計，製図，キーボード操作，計算などの視作業を行う場合に，照度均斉度 0.7 以上を推奨値としており，国際的な水準に達している（表 4.2 参照）．ただ世界的に見て日本人の目がグレアに強く，輝度が高く照度均斉度を低くする照明器具でも使用可能であるという事情もあり，照明学会の基準では，オフィスでの全般照明の場合，照度均斉度 0.6 以上を推奨値としている（JIEC–001）．

最小照度と最大照度の比で見た場合，人工照明単独で全般照明の場合は，1/3以上，側窓による昼光照明単独の場合は，窓からの距離の影響が大きいので，1/10以上が望ましい．また室と室，室と廊下など連続する空間の間でも，大きな照度差がないほうが望ましく，同一の室内だけでなく隣室間などでも照度のバランスが要求される．建築空間における推奨照度比の例を表4.3に示す．

4.3.3 空間の照度

一般に照度といえば，水平面照度のことを指すが，空間の照度を示す指標が提案されている．空間のある点であらゆる方向に向けたときに生ずる照度の平均を**平均球面照度**といい，**スカラー照度**とも呼ばれる．垂直に立てた微小な円筒の側表面上の照度の平均を**平均円筒面照度**という．水平面以外の視作業や立体的な動きのあるスポーツ照明のような場合，横方向・下方向からの光も勘案するので，これらの指標は水平面照度よりも優れている面を持つ（図4.8）．

また空間のある点の微小面の表面と裏面の最大照度差を大きさとし，このときの明るい面から暗い面へを方向とするベクトルを**照度ベクトル**といい，ベクトル照度とも呼ばれる．照度ベクトルを用いて空間の光の流れを表現する試みがある．また，この照度ベクトルと平均球面照度との比は，モデリング（4.6(3)項参照）の指標として有効だといわれている．

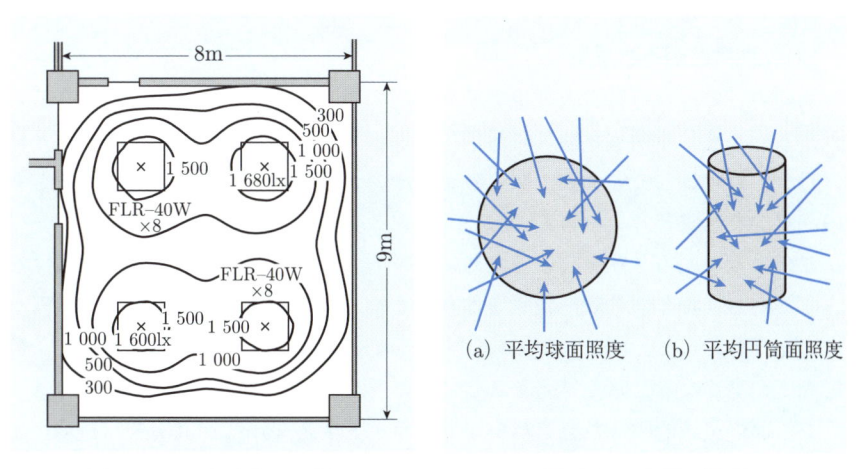

図 4.7* 照度分布図の例

(a) 平均球面照度　(b) 平均円筒面照度

図 4.8* 空間の照度

4.4 輝度・輝度分布

4.4.1 輝度

(1) 輝度とは

輝度［単位：cd/m^2］とは，ある面の視点方向への明るさ・輝きの程度を示す指標で，光束発散面のある方向への単位投影面積当たりの光度と定義される．目で見た明るさ感に直接的なかかわりがあり，視力，見やすさ，グレアなどと結びついている人間の視知覚に最も近い測光量である．

均等拡散面上のある点の輝度は，照度と反射率との積に比例する．このように輝度は視対象の反射率に左右される．照明設計，特に照明設備設計の観点では，視対象は設計対象ではないため，視対象に影響を受け確定値にはならない輝度を設計目標値とすることは難しい面が多い．ただし輝度が重要な照明の要件であることは国際的にも認識されており，コンピューターグラフィクスを用いた輝度分布の表現や輝度を用いた空間の明るさ感の予測法など，照明設計の中に輝度を組み込むことが実用化されつつあり，照明設計の質の向上が図られている．今後インテリアを対象に含め，照度が中心の照明設計を超え，輝度が中心の光環境・視環境設計が体系的に整備されることが望まれる．

なお運転者に対する道路照明の基準では，平均路面輝度（$1〜2\,cd/m^2$）と輝度均斉度を指標とし，歩行者に対する道路照明の基準は水平面・鉛直面照度を指標としている（JIS Z 9111）．

(2) 輝度と明るさ感

人間の目は，順応によって現実の光環境の明るさの大きな変化に対処している．人間が感じる**明るさ感**は視対象の輝度に大きく左右されるが，輝度値とは一対一に対応はしていない．明るさ感はそのとき順応している視野の明るさとの相対的な感覚と考えられる．

このように明るさ感を論じるためには，人間の目の順応状態を考慮せねばならず，ある視野と同じ順応状態を作り出す均一輝度である**順応輝度**という概念が考えられている．同じ輝度の物体でも順応輝度が低いときは明るく見え，順応輝度が高くなると暗く見えることになる．

ある面の主観的明るさを**アパレントブライトネス**（apparent brightness）という．また図 4.9 に小林による輝度と明るさの知覚量の関係を示す．

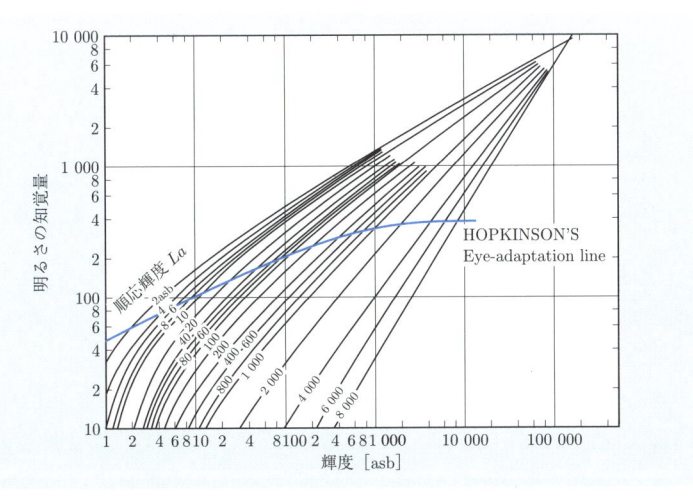

図 4.9* 輝度と明るさの知覚量 $[1\,\mathrm{asb} = (1/\pi)\,\mathrm{cd/m^2}]$

参考 解説 4.3：明るさ感

4.4.2 輝度分布

(1) 輝度の変化

ある視点からの視作業面や視野における輝度の広がりの状態を**輝度分布**という．人間がものを見る場合，注視点はたえず移動しており，目の順応状態は視対象の明るさに応じて変化している．そのため輝度分布の変化が大きいと，順応状態の変化も大きい．また高輝度の部分は一般に誘目性が高いため，順応輝度が安定しない．結果として視対象の見やすさを損ね，目の不快感，疲労を生じさせることになる．よって明視照明の考え方では，輝度分布はある程度均一であることが望ましい．ただし均一の程度が高くなりすぎると，単調で刺激のない視環境になるおそれがある．

視対象より周囲の輝度が低い場合には視力がそれほど低下しないのに対し，周囲のほうが明るいときには著しく視力が低下する．また視野内に輝度の著しく異なる明るい部分があると，目は注視点に順応できず視力が著しく低下する．これの顕著な場合が後述するグレア（4.5 節参照）となる．

表 4.4* 輝度比の目安

条　件	輝度比の目安
視対象と隣接部位の比	1/3 以上 3 以下
視対象と少し離れた部位の比	1/10 以上 10 以下
窓面・照明器具と隣接部位の比	20 以下
窓面・照明器具と視野内全域の比	40 以下

(2) 推奨輝度比

輝度分布の指標として，まず単純な輝度比（これを輝度対比と呼ぶこともあるので注意）の目安を表 4.4 に示す．

ただ実態としての輝度の取り扱いの難しさから，日本では直接的に規定する基準はなく，照明学会の基準では，オフィスにおいて適当な輝度分布を与える推奨反射率を定めるという形式で，間接的に輝度分布を扱っている（JIEC–001）（表 4.5）．空間の上部にある天井や壁などの反射率を明色（天井 60%以上，壁 30〜70%）に仕上げ，拡散光を多くすることが盛り込まれている．

(3) 輝度対比

明るさの対比に関係する指標．明るいほうの面の輝度を L_b，暗いほうの面の輝度を L_d としたとき，**輝度対比 C** は以下のように定義される（4 章の問題 4 参照）．

$$C = \frac{L_b - L_d}{L_b} \quad (ただし，L_b \geq L_d) \tag{4.1}$$

表 4.5* 室内表面の推奨反射率

部　位	オフィスにおける推奨反射率（照明学会）	室内表面の推奨反射率（CIE）
天井面	0.6 以上	0.6〜0.9
壁面	0.3〜0.7	0.3〜0.8
床面	0.1〜0.3	0.1〜0.5
机上面・作業面	0.3〜0.5	0.2〜0.6
什器	0.25〜0.5	—

明灯明視運動

　照明学会の照明知識普及会や電気関係事業者が推進し，1935年に始まった照明に関する国民運動で，児童・生徒の近眼が急増していたという時代背景もあり，明るい電灯ではっきりと見ようという照明の向上普及を旨とする啓発活動である．同時に照明学会では明視スタンド規格などを制定している．高照度環境を追求した米国のベターライト・ベターサイト（better light, better sight）運動を追従したものであり，明視という語はこれが由来となっている．ちなみに前年には，谷崎潤一郎の「陰翳礼讃」，伝統的な日本建築における陰翳を礼讃し，日本において失われた陰翳（[ぼんやりとした] 薄あかり，薄暗がりなど）について美学的見識を述べた随筆が発表されている．

近視予防運動

　仮性近視説を根拠に，身体の強化，目の疲労防止，視作業時の姿勢の保持，適切な採光・照明などを骨子とし，徴兵検査の際に近視者が多く戦力低下を懸念した当時の軍部の主導による官製運動で，1939年の行政通達に集約される．

　仮性近視（専門的に偽近視）とは，近業を続けることによる毛様体筋の緊張が亢進した状態，近視発生の初期段階というのが定義で，仮性近視説とは，偽近視は正視に戻すことは可能，偽近視状態を続けると真性の近視（屈折性近視）に移行するという説で，わが国では長い間定説となっていた．

　近視予防運動は，照明環境の適否に関する一連の因果関係（照度不足 → 近業 → 仮性近視 → 近視 → 視力低下）づけを行い，近視は予防できるという前提で，照明環境と近視を関係づけたものである．結果として，この考え方は戦後の保健教育に残り，照明環境は明るいほど望ましいという常識を作った．

　しかし諸外国では偽近視という概念はなく，近視については，遺伝的な要因を重視する方向で，この仮性近視説を否定する声が強まっている．仮性近視説が否定された場合，先に述べた照明環境と近視・視力低下の関係も否定されることになり，意識の転換が必要となる．ただ近視には直結しなくても，照度不足，明暗の差，グレアなど照明環境に問題があった場合，調節負担による目の疲労は生じるので，仮性近視説に疑問符がつくだけで，適切な照明環境が重要であることには変わりはない．

4.5 グレアとフリッカー

4.5.1 グレアの種類

露出したランプ，明るい窓面など視野内の高輝度の点，面，あるいは極端な輝度対比などにより，順応状態が変化することで引き起こされる視対象の見やすさの低下や目の疲労・不快感などの障害を**グレア**（glare）という．グレア源の輝度，大きさ，視線への近さ，目のなれの状態などがグレアの程度を左右する（図4.10）．グレアによる見やすさの低下は，視作業の内容によっては，結果として安全性に支障がでることがあるので，注意が必要である．

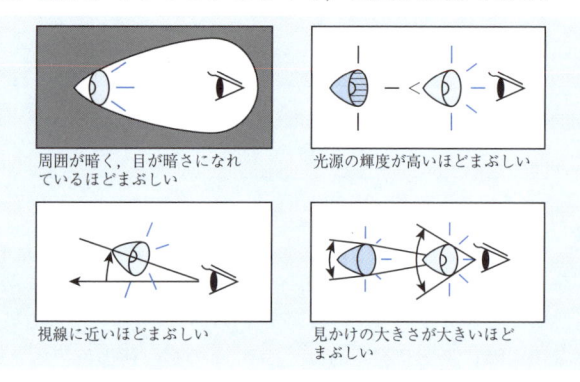

周囲が暗く，目が暗さになれているほどまぶしい　　光源の輝度が高いほどまぶしい

視線に近いほどまぶしい　　見かけの大きさが大きいほどまぶしい

図 4.10*　グレアの程度を左右する条件

機能上の観点からは，見やすさを損なう**減能グレア**と，不快感を引き起こす**不快グレア**と分類できる．一般的に減能グレアのほうが条件は悪いため，不快グレアを抑制すれば，減能グレアが発生することは少ない．よって明視照明では不快グレアの防止を優先する．また位置関係の観点からは，直接目に入る直接グレアと，反射による反射グレアに分類できる．

眼球の虹彩のメラニン色素が少なく淡い色の場合，漏れ光が虹彩から眼球に侵入するため，グレアを感じやすいといわれている．このような東洋人一般の黒い目よりも西洋人一般の青い目のほうがまぶしさに弱いという事情から，欧米ではグレアの低減の必要度が高く，照明設計においては，照度の確保と同等に重要な問題となっている．

(1) 直接グレア

視野内にあり直接目に入るグレアを**直接グレア**という．直接グレアの防止対

策は，前方視軸から 30° 以内の視野内に高輝度光源を露出させないことが基本となる．グレア源が開口部面の場合には，窓装備で開口部面の輝度を下げることが有効となる．一般に照度が高くなるとグレアも大きくなるので，両者のバランスという考え方で設計するか，照明器具自体でグレアを規制する．

(2) 反射グレア

反射性の視対象面またはその近傍に光源の反射映像が映り，その反射光によって生ずるグレアを**反射グレア**といい，視作業対象面内で輝度対比を減じ，視認性を低下させる．また**光幕反射**とは，反射グレアの一形態で，正反射や指向性の強い拡散反射など反射による光が視対象と重なり，あたかも視対象面上に光の幕ができたように見え，視認性を低下させる現象をいう．

反射グレアや光幕反射を減らすためには，①視対象面の反射処理を行う，②視対象面で視線方向に正反射する方向が高輝度にならないよう照明器具の設置位置や方向に配慮する，などの対策がある（図 4.11，図 4.12）．

4.5.2 グレアの評価方法

不快グレアの評価方法は，さまざまな方式が提案されてきたが，照明基準総則においては，屋内照明施設では屋内統一グレア評価値（UGR：Unified Glare Rating）で，屋外スポーツおよび広場照明施設では屋外グレア評価値（GR：Glare Rating）で評価することとしている（JIS Z 9110）．

参考 解説 4.4：屋外グレア評価値（GR）

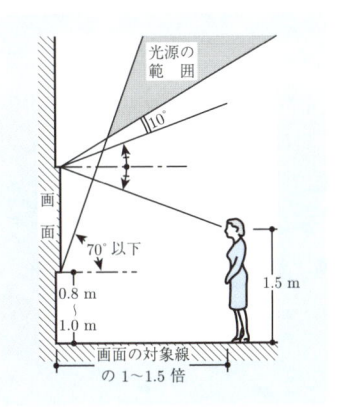

図 4.11* 光幕反射を生じさせない光源の位置　**図 4.12*** 平面展示物に対する光源の設置範囲

(1) 屋内統一グレア評価値（UGR）

屋内統一グレア評価値（**UGR**）とは，CIE が屋内照明施設のために規定した不快グレア評価法に基づく値で，次式となる（4章の問題5参照）．

$$\mathrm{UGR} = 8\log\left[\frac{0.25}{L_b}\sum\frac{L^2\omega}{P^2}\right] \tag{4.2}$$

L_b：背景輝度 $[\mathrm{cd/m^2}]$
L：観測者の視線方向に対する各照明器具の発光部の輝度$[\mathrm{cd/m^2}]$
ω：観測者の視線方向に対する各照明器具の発光部の立体角 $[\mathrm{sr}]$
P：各照明器具の視線からの隔たりに関する Guth のポジションインデックス（図 4.13）

屋内照明施設の UGR 値は，照明基準総則で空間用途・視作業内容別に定められた UGR 制限値を超えないことが望ましい．UGR 値と不快グレアの程度とは表 4.6 のように関係づけられている．

表 4.2 の事務所における照明設計基準においては，UGR 制限値について，列方向で区分している（JIS Z 9110）．

(2) VDT（Visual Display Terminal）画面への映り込みに対する輝度制限

VDT 画面における反射グレアの防止のために，VDT 画面への映り込みを起こす可能性のある照明器具について（図 4.14），垂直から 15°まで傾いた表示画面を通常の視線方向（水平）で使用するところでは，照明器具の鉛直角 65°以上の平均輝度を表 4.7 の値以下とする．なお影響を受けやすい画面や特別な傾斜の画面を用いる場所では，鉛直角 55°以上を適用することが望ましい．

(3) CRF（Contrast Rendering Factor）

CRF とは，ある照明環境の光幕反射による視対象面の輝度対比の減少や視認性の低下の状態の把握のために用いる指標である．

評価対象となる照明環境下で作業者位置からの基準視対象物と背景との輝度対比を C とし，基準照明（完全拡散光）下での基準視対象物と背景の輝度対比を C_0 とすると，CRF は次式となる．

$$\mathrm{CRF} = \frac{C}{C_0} \tag{4.3}$$

CRF は大きいほど対象物が見やすいことを示し，オフィスでは 0.85 以上，学校では 0.70 以上が推奨値となる．

4.5 グレアとフリッカー

表 4.6* UGR 段階とグレアの程度との関係

UGR 段階	グレアの程度
28	ひどすぎると感じ始める
25	不快である
22	不快であると感じ始める
19	気になる
16	気になると感じ始める
13	感じられる
10	感じ始める

表 4.7* VDT を使用する視作業のための照明器具の輝度限界

画面のクラス	画面の特性	照明器具の鉛直角65度以上の平均輝度の限界値
I	一般オフィスに適する.	$2\,000\,\mathrm{cd/m^2}$ 以下
II	すべてではないが,ほとんどのオフィス環境に適する.	
III	特別に制御された光環境を必要とする.	$200\,\mathrm{cd/m^2}$ 以下

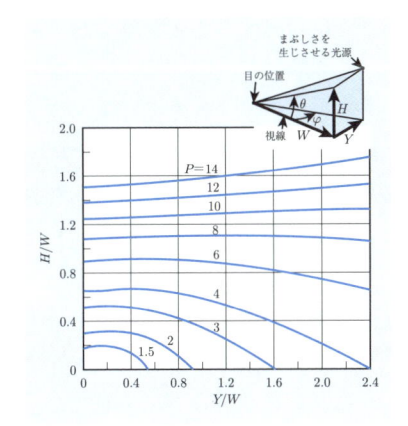

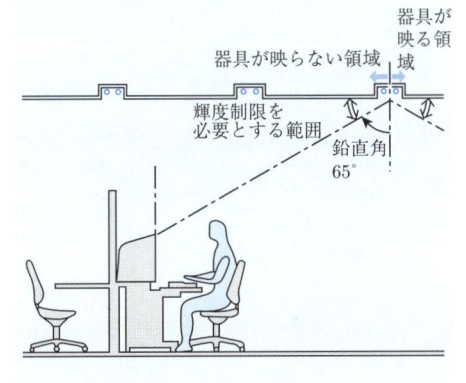

図 4.13* ポジションインデックス P

図 4.14* VDT 画面に映り込む器具の位置

4.5.3 フリッカー

放電ランプでの明滅する光によるちらつきや明るさの変動を**フリッカー**（flicker）という．断続間隔にもよるが，フリッカーは不快感を生じるので，高周波点灯，フリッカーレス回路の使用，三相点灯などを用いて減じる必要がある．

また周期的な点滅により，動きのある物が止まって見えたり，回転速度・方向が実際と異なるように見える効果を**ストロボスコピック**（stroboscopic）**効果**という．回転系の機械が作動していないように見えたりするなど，工場などの作業環境では危険な場合があり，点灯周波数やランプの点灯方法に注意する必要がある．一方，特殊な演出に用いることがある．

4.6 光の方向性と拡散性

　視対象を見るとき，人間の目に入るものは物体表面からの反射光である．そのため形を認識するためには，構成する各面からの反射光の間に何らかの違いがなければならない．面の角度を示す陰，材質感を表す陰などは，視対象の認識のために必要な陰となる．したがって視対象がよく見えるようにするには，視対象の形や色などの表面の反射特性を考えて，それに適した方向性と拡散性を持つ光で照明しなければならない．

　これに対して，視対象面上への手暗がり，身体による影など，支障となる影については，照明器具の見かけの大きさ，設置位置，光の照射方向などに注意し，必要に応じて拡散性の光源で，生じないように対処することが望ましい．

(1) シルエット現象

　明るい窓面などを背景として立体の視対象を見るとき，その視対象の表面が陰になり見えにくくなる現象を**シルエット**（Silhouette [F.]）**現象**という（図 4.15）．この現象を防止するためには，視対象表面の照度を上げるか，背景輝度を小さくする．シルエット現象の防止に必要な顔面照度を表 4.8 に示す．

(2) 材質感の表現

　材質感の表現については，光の方向性と拡散性が主たる要因となる．斜め方向からの方向性の強い光で表面の粗さや凹凸を示す細かな陰をつけることにより，材質感を強調できる．雰囲気の演出のほかに，商品検査などでも有効な手段である．一般に直射日光，白熱電球など方向性の強い光源は，陰影，つやなどで材質感を強調できる．逆に，曇天光，蛍光灯など拡散性の強い光源は，柔らかさを演出できる．

図 4.15 シルエット現象の例

表 4.8* シルエット現象の防止に必要な顔面照度

段　階	顔面照度／背景輝度 $\left(\dfrac{\text{lx}}{\text{cd/m}^2}\right)$
I　シルエットに見えないための下限	0.07
II　目鼻が見えるための下限	0.15
III　ややよい	0.30

4.6 光の方向性と拡散性

| (a) 斜め前上方向からの光 | (b) 下からの光 | (c) 左横からの光 |

図 4.16* モデリング

(3) モデリング

モデリング (modeling) とは，視対象が立体の場合，照明により立体感を出すことをいう（図4.16）．適度なモデリングのためには，視対象に応じて，好ましい方向から適当な強さの主光線を当てることによって得られる適度の陰影が必要である．主光線が強すぎるとどぎつい感じに，弱すぎると平板的になる．

一般に主光線の方向が，①上・前方向からの光の場合には，平凡ではあるが安心感が得られ，②下・後方向からの光の場合には，特徴的な感じになるが，奇異感を生む場合もある．

モデリングの指標としては，鉛直面照度比や照度ベクトルとスカラー照度の比（ベクトルスカラー比）によるものがある．モデリングの評価段階を人物の顔の両側の鉛直面照度の比で説明したものを表4.9に，人の顔のモデリングの評価とベクトルスカラー比の関係を図4.17に示す．

表 4.9* 顔のモデリングの評価尺度となる顔の側面照度比

段階	顔の両側の鉛直面照度の比
I どぎつい	10
II 好ましい	2〜6

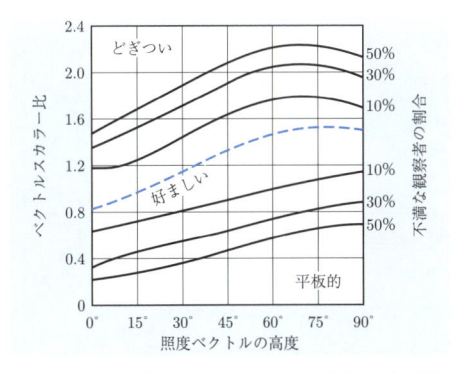

図 4.17* 人の顔のモデリングに対する主観評価

4.7 光色と演色性

4.7.1 光色と色温度

　光源の色の成分は分光分布（5.1.1(4) 参照）で表示できるが，照明の条件として見た場合には詳細すぎるため，光源の色である**光色**で検討する．

　幅広い波長領域の可視放射を有する白色光源の光色は相関色温度で表す．**相関色温度**とは，その色度に近似する色度の光を放つ理想的な温度放射体（完全放射体，黒体，入射するすべての波長の放射を完全に吸収すると仮定された物体）の絶対温度 [K] であり，誤解のない場合には**色温度**とする．色温度は温冷感に影響を与え，色温度の 低 → 中 → 高 という変化に対し，光色は 赤 → 黄 → 白 → 青，光の感じは 暖 → 中 → 冷 と変化する．照明に用いる光色の選択は，気候条件，空間用途，照度の水準，内装の色彩などによって規定され，快適性や美的効果のため通常は自然に見えるように設定する．なお物体の色の見え方は，物体の反射特性も介在するため光色だけでは決まらない．ただ温暖地域では涼しい光色が，寒冷地域では暖かい光色が好まれる傾向がある．

表 4.10* 　光源の色温度と光色の見え方

昼光光源	色温度 (K)	人工光源	光色の見え方
● 25 500 特に澄んだ北西の青空光	─ 20 000		涼しい（青みがかった白）
● 12 300 北天青空光	─ 10 000		
	─ 7 000	● 6 500　昼光色蛍光ランプ	
● 6 250 曇天光	─ 6 000	● 5 800　透明水銀ランプ	
	─ 5 300		
● 5 250 直射日光	─ 5 000	● 5 000　昼白色蛍光ランプ ● 4 200　白色蛍光ランプ ● 3 900　蛍光水銀ランプ ● 3 800　メタルハライドランプ ● 3 500　温白色蛍光ランプ	中間（白）
	─ 4 000		
	─ 3 300		
	─ 3 000	● 3 000　電球色蛍光ランプ ● 2 850　ハロゲン電球 白熱電球	暖かい（赤みがかった白）
	─ 2 000	● 2 050　高圧ナトリウムランプ ● 1 920　ろうそくの炎	
● 1 850 夕日			

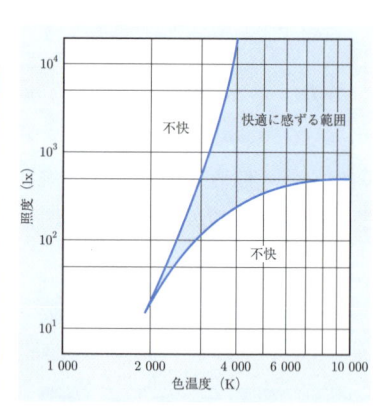

図 4.18* 　光源の色温度と快適な照度

4.7 光色と演色性

主な光源の色温度，および色温度とその光色の見え方との関係を表 4.10 に示す．暖かみのある落ち着いた雰囲気をだすためには色温度の低い光源，すがすがしい雰囲気をだすためには色温度の高い光源を用いる．一方，低照度で相関色温度の高い光源を使用すると陰気な感じ，高照度で色温度の低い光源を使用すると暑苦しい感じになるので注意を要する（図 4.18）．以上の色温度と照度の関係を**クルーゾフ**（Kruithof）**効果**という．明視照明では，昼間の自然光（4 500 K）に近い白色の光の使用が好ましい．同一空間で複数の光色で混光照明を行う場合には，空間の印象に留意する必要がある．

4.7.2 演色性

特定条件下での物体色の見え方に及ぼす光源の性質を**演色性**という．演色性の良否は，主として光源の分光分布と視対象の表面色の関係により決定される．色の再現の忠実性という点から，人工光源の演色性の良否を表す指標を**演色評価数**といい，最高 100 となる数値で表す．演色評価数は，北空昼光のもとでの色の見え方を基準としており，演色評価用色票（平均演色評価数用 8 種類，特殊演色評価数用 7 種類）を用い，基準光源下と評価対象の光源下の色度のずれである色差をもとに数値化している（JIS Z 8726）．中明度・中彩度色を中心とした平均的な評価に用いる**平均演色評価数** R_a と高彩度色を中心とした**特殊演色評価数** R_i（$i = 9 \sim 15$）がある．

表 4.2 の事務所おける照明設計基準（JIS Z 9110）で，平均演色評価数の基準については，各視作業項目後の数値で示す．表示がない場合は 80 とする．一般の照明ではできる限り平均演色評価数 80 以上の光源を使用したほうがよい．一方，保健医療，美容，美術品展示など色の見えを重視する諸室では，90 以上が推奨される（JIS Z 9110）．

白熱電球，ハロゲン電球など温度放射による光源は平均演色評価数は 100 となる．一般に演色性が高い光源はエネルギー効率が低く，エネルギー効率の高い光源は演色性が低い．また演色評価数が同じでも，色温度が変われば色の見え方は変わる．逆に色温度が等しくても，分光分布が異なれば演色性は変わる．同じ光源でも，低照度の場合には，色の見かけの彩度が低下し色の見え方が悪くなる．さらに演色性が高いと明るさ感も高くなることが報告されている．

参考 解説 4.5：演色性

4.8 雰囲気照明の要素

　雰囲気照明は，感性的・精神的なウェイトが高く，基準のような形式では規定しにくく，雰囲気照明においては，明視照明では排除すべき項目も重要な要素になり得る．雰囲気照明によって，新たに場の機能を付与，あるいは補完することで，新たな価値を創出することができる．

(1) 暗さの効用

　第2次大戦後，暗さを駆逐し高照度を追求する方向で照明環境が進んできた．安静，休息，精神集中にはある程度の暗さが必要である．健康という面からも暗さの効用を忘れてはならない．グレア防止など安定した順応状態に保てば，現在より低照度の照明環境でも問題ない．省エネルギーにも効果があり，地球環境問題にも寄与する．まず第2次大戦前の明灯明視運動，近視予防運動（p.61 コラム参照）などから始まり，戦後・高度成長期を通じて形成された照明環境は明るければ明るいほどよいとする常識（誤解）を見直し，防犯に配慮しつつ，高照度になっている照明環境（p.168 コラム参照）を，再考すべきである．

(2) 明暗の変化

　明視照明で要求される照度や輝度の均一性は，平板的になり奥行きのない視環境になる．したがって雰囲気照明の立場から空間の演出として，ダウンライト，ペンダント，ブラケット，フロアスタンドなどで局部的に照度や輝度を高め，室内に明暗の変化をつくることが挙げられる．また人が集まる室における中心領域の照度をダウンライト，ペンダントなどで局部的に高め，明るさによる求心感を構成する手法もある．一方，高輝度光源の輝きときらめきは，活気と華やかさを増す．活動的な雰囲気が必要な空間，光の強い刺激が必要な空間，高級感が必要な空間で，かつグレアが問題にならない場合には有効である．また闇があって光の部分が生きるといえるので，空間の求心感や精神性の創出には，対比による光を強調するため闇の部分が必要になる（図 4.19）．

(3) 自由な照明

　雰囲気照明では，限定的な視作業面は，概念として存在しない．反射光を視作業面で利用する以外に，開放性，方向性，求心性，領域性，連続性，律動性，精神性など場の機能を付与・補完する観点から，間接照明を行い，壁面，カーテンなど建築の部位を適宜照明し，室内に広がり感や明るさ感を与える手法が

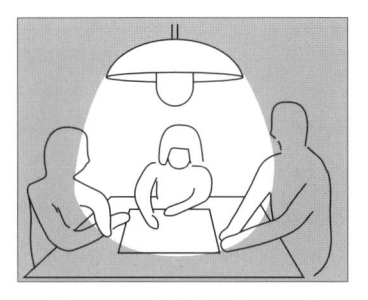

図 4.19　求心感のある照明　　図 4.20　空間のアクセントとなる照明

ある．さらに空間のアクセントづくりのため，直接の視対象ではない美術工芸品，調度品，植物などにスポットライトなどで局部照明を行い対象物を引き立たせる手法，庭の植栽やオブジェなどを照明する手法が挙げられる（図 4.20）．建物に対する投光照明もこれに相当する．

(4) 照明器具・照明光の美的効果

照明器具や照明光自体の表現により美的効果を発揮することもある．機能美を中心とした照明器具自体のデザイン，光のオブジェ化，さらに多数の小型電球，LED，光ファイバーなどで，さまざまな形をかたどる**イルミネーション**（illumination）あるいは電飾という装飾手法などが挙げられる．

(5) 照明光の変化

照明光に何らかの変化を加えることによって，演出効果や非日常性を狙った照明環境づくりが可能になる．演出照明と位置づけることもできる．

①点滅…照明を点滅させることで，場面の暗転や明転を行うことができる．またストロボスコピック効果により，人やものの動きが断片的に切り取られる刺激の強い演出が可能となる．配列した光源で点滅の時間間隔を調整すれば，光点移動という表現も可能となる．

②光量の変化…調光により，光源の光量を変化させ，場面に応じた演出を行うことができる．

③光色の変化…着色光源やフィルターなどの使用により，光色を変化させ，非日常性を演出することができる．LEDの登場により光色の変化に関しては自由度が格段に向上している．

④照射方向の変化…光源や反射用の鏡面を動かすことで，直射光や反射光の照射方向を変化させ，照明光を動かすことができる．

4章の問題

☐ **1** 照明の概念をその目的という観点から大きく2つに分けた場合のそれぞれ該当する用語とその内容を簡単に示せ．

☐ **2** 作業環境では，一般に照度均斉度は高いことが推奨されるが，その理由について簡単に説明せよ．

☐ **3** 適当な輝度分布を与えるために，日本の照明学会では推奨反射率（オフィス）を決めているが，この内容の基本的な考え方について説明せよ．

☐ **4** 隣接する2つの面において，明るいほうの面の輝度が $200\,\mathrm{cd/m^2}$，暗いほうの面の輝度が $100\,\mathrm{cd/m^2}$ のとき，輝度対比の値を求めよ．

☐ **5** 背景輝度が $50\,\mathrm{cd/m^2}$，観測者の視線方向に対する照明器具の発光部の輝度が $10\,000\,\mathrm{cd/m^2}$，同じく照明器具の発光部の立体角 $0.05\,\mathrm{sr}$，照明器具のポジションインデックスが5であるとき，この照明器具の屋内統一グレア評価値（UGR）値を求め，グレアの程度について評価せよ．

☐ **6** シルエット現象が発生する理由を簡単に説明し，逆にこれを有効に利用している例を示せ．

☐ **7** 自宅で使用している蛍光ランプの光色，および平均演色評価数を調べ，その特徴について観察せよ．

☐ **8** 雰囲気照明を重視している周辺の建築空間を調査し，どのような要素が組み込まれているか考察せよ．

5 人工照明

「教師はみずからがなお学んでいないかぎり，決して本当に教えることはできない．ランプはみずからの焔を燃やしつづけないかぎり，他を照らすことはできない．」　　　　　　　　　　　　　　タゴール

　人間は，火の使用によって光と熱をコントロールすることで，文明をスタートさせた．そして油，ろうそくなどを使用し人工照明に工夫を重ねることで，より利便性を高めてきた．特に19世紀末以降は，電気照明によって，生活時間や生活空間を大きく拡大することができたのである．いうまでもなく，人工照明は現在の生活においてはなくてはならない技術になっている．

　光源がなければ光を得ることができないわけで，光源は人工照明に不可欠の要素である．ただ，より機能性を高め，また意匠性を付与するために，一般には照明器具という形式で使用している．さらにシステム化させ照明方式に展開することも行われている．一方，最近の傾向として，省エネルギーの観点から，効率が劣る白熱電球は淘汰される状況にあり，人工照明の光源は，蛍光ランプからLEDへ主役の座が移りつつある．このように技術的な変化が多い分野であり，建築空間の用途に対しては，適切な照明光源，器具，方式を選ばれなければならない．

> **5章で学ぶ概念・キーワード**
> - 人工照明，人工光源
> - 温度放射，ルミネセンス，効率
> - 白熱電球，蛍光ランプ
> - 高輝度放電ランプ，LED
> - 照明器具，配光，照明方式

5.1 人工光源

5.1.1 人工光源の特性

人工照明の光源を**人工光源**といい，通常は電気によるものを指す．図 5.1 に主な人工光源の種類と形状を示す．表 5.1 に主な人工光源の特性を示す．

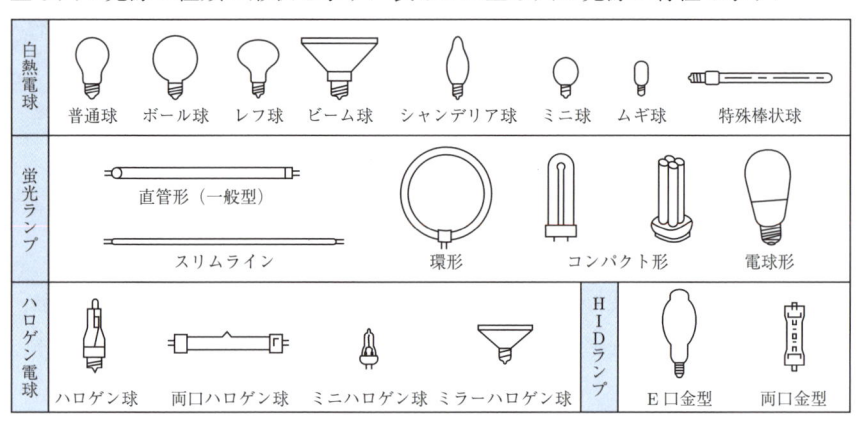

分類	種類
白熱電球	普通球, ボール球, レフ球, ビーム球, シャンデリア球, ミニ球, ムギ球, 特殊棒状球
蛍光ランプ	直管形（一般型）, スリムライン, 環形, コンパクト形, 電球形
ハロゲン電球	ハロゲン球, 両口ハロゲン球, ミニハロゲン球, ミラーハロゲン球
HIDランプ	E口金型, 両口金型

図 5.1* 主な人工光源の形状

表 5.1* 主な人工光源の特性

人工光源の種類		ランプ電力の範囲(W)	代表的なランプの特性			寿命 (h)
			ランプ効率 (lm/W)	色温度 (K)	平均演色評価数(Ra)	
白熱電球		10～100	12～14	2 850	100	1 000～2 000
ハロゲン電球		20～500	16～19	3 000～3 050	100	1 500～2 000
蛍光ランプ（直管形）	一般形	4～220	83～84	3 500～6 500	61	12 000
	三波長形	10～110	96	3 000～6 700	84	12 000
	高演色形	10～110	56～60	3 000～6 500	92～99	10 000～12 000
	Hf 形	16～65	110	3 000～12 000	84	12 000～15 000
蛍光ランプ（電球形）		8～25	61～68	2 800～6 700	84	6 000
水銀ランプ	透明形	40～20 000	51	5 800	23	12 000
	蛍光形	40～2 000	55	4 100	44	12 000
メタルハライドランプ	高効率形	100～2 000	95	3 800	70	9 000
	高演色形	70～2 000	70	4 300	96	6 000
高圧ナトリウムランプ	高効率形	85～940	132	2 100	25	18 000
	高演色形	50～400	58	2 500	85	9 000
LED		0.07～1	20～150 (～250)	多様	60～98 (白色)	40 000 (～50 000)

(1) 発光原理

[1] 温度放射

すべての物体は温度変化に応じた連続スペクトルの放射エネルギーを出しており，これを**温度放射**という．物体の温度が上昇すると最大放射エネルギーを放出する波長が短くなり，かつそのエネルギーの量は増加する．可視光範囲でこの放射エネルギーが認められれば光として感じることになる．ものの燃焼に伴う発光は温度放射によるものである．ただ必ず熱を伴うため発光効率は悪い．

[2] ルミネセンス

温度放射以外の発光を総称して**ルミネセンス**（luminescence）という．ルミネセンスの発光には何らかの刺激が必要で，その刺激の種類により分類される．照明で利用するものは，電界の作用により物質内の電子やイオンが加速されたりして生じるエレクトロルミネセンスが代表的である．機能上の観点から，ルミネセンスは刺激の作用している間だけ発光する**蛍光**と，エネルギーを蓄積して刺激停止後も数分以上発光を持続する**燐光**の2つに大別される．

(2) 効率

光源の全光束をその消費電力で割った値を**効率**といい，投入したエネルギーのうちどの程度光として利用できたかを示す．省エネルギーという観点では重要な指標となる．ランプのみの消費電力を用いた**ランプ効率**とランプに安定器を加えた消費電力を用いた**総合効率**がある．

(3) 動程と寿命

一般に光束は初期状態が最大で徐々に減衰していく．光束などのランプの特性の使用時間に伴うこのような変化を**動程**といい，初期状態に対するある使用時間後の光束の比を**光束維持率**という．

ランプの**寿命**は，ランプが点灯しなくなるまでの時間と光束維持率が基準値（白熱灯では80%，蛍光灯，白色LEDでは70%）まで減衰する時間の短いほうで決めるのが一般的である．古い光源を使用し続けるのは経済的に不利となるので，適当な期間毎に光源の交換が必要となる．交換時期として，光源の平均寿命の70〜80%経過した時点が経済的とされている．図5.2に各種光源の動程曲線を示す．

(4) 分光分布

分光分布とは単位波長当たりの放射量の波長に対する分布のことをいい，ある光の中の色の成分の状態を示す．分光分布によって，人間が認識する光色や

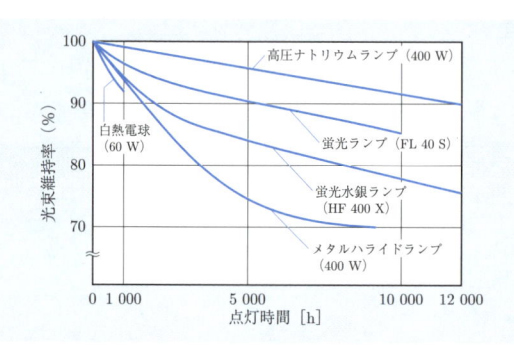

図 5.2* 主な光源の動程と寿命

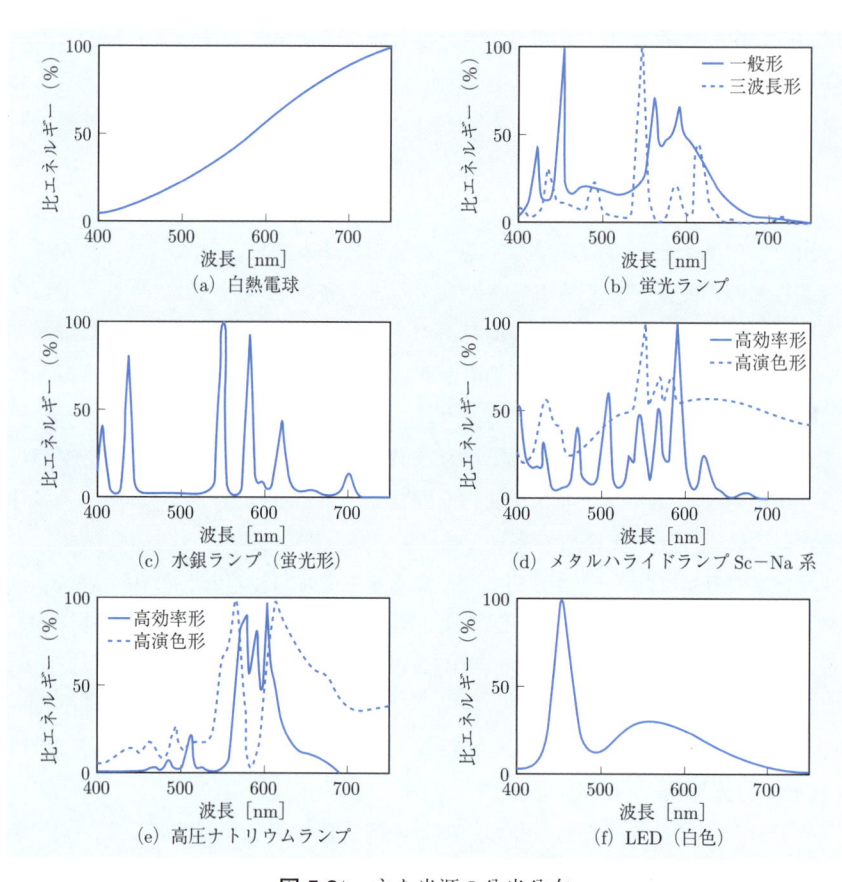

図 5.3* 主な光源の分光分布

色温度（4.7.1 項参照），演色性（4.7.2 項参照）などが規定されることになる．図 5.3 に主な人工光源の分光分布を示す．

5.1.2 白熱電球

(1) 一般白熱電球

[1] 概要

白熱電球とは，バルブ内のフィラメントに電流を流し，電気抵抗により 2 000°C 以上に加熱し，その温度放射による連続スペクトルの白熱発光を利用したランプである（図 5.4）．発光部である**フィラメント**は，通常細いタングステン線を 2 重コイル状で使用する．また一般照明用電球は，アルゴン（86～98％），窒素（2～14％）などの不活性ガスが，フィラメントのタングステンの蒸発を抑制するために**封入ガス**として使用されている．入力電力に対する可視光の変換率は約 10％である．

白熱電球の特徴は，①演色性はよく暖かい光色である，②点灯が簡単・安定器は不要で調光が連続的に可能である，③光束の低下が少なく周囲温度の影響はほとんどない，④輝度が高い，⑤効率が低く熱線（赤外放射）の放射が多い，⑥寿命が蛍光ランプなどに比べて短い，⑦電源電圧変動により寿命や光束が影響を受ける，⑧ガラス球の温度が高い，などである．なお省エネルギーの観点から白熱電球は淘汰されようとしている．

(2) 特別な白熱電球

クリプトン電球は，アルゴンの代わりにクリプトンを封入した電球で，10％程度効率が向上しており，寿命も 2 倍程度となる．ミニクリプトン電球は，器具

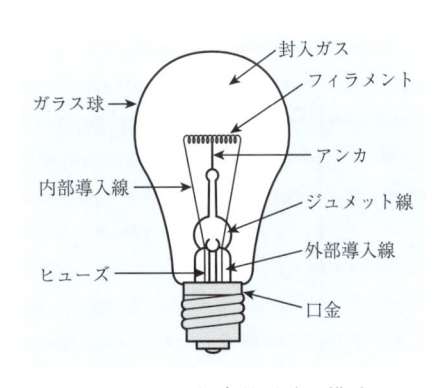

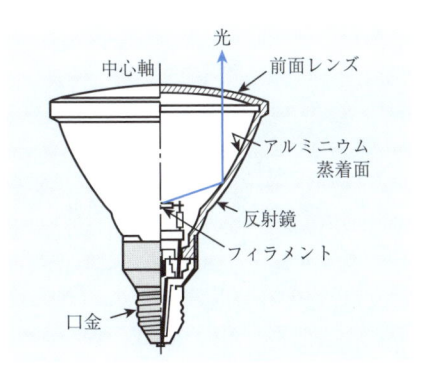

図 5.4* 一般白熱電球の構造　　**図 5.5*** シールドビーム電球の構造

の小型化にも対応可能である．**反射形投光電球**は，バルブの一部にアルミ蒸着の反射鏡を有し，光に指向性を持たせたもので，スポット（集光）形とフラッド（散光）形がある．**シールドビーム電球**（図5.5）は，光学的に厳密に制御された光を発する反射形電球で，前方への熱線防止形もある．自動車前照灯，手術灯，スタジオ照明などに使用される．**ネオジウム電球**は，バルブにブルー系のネオジウムガラスを使用した電球で，光色の黄色味を除去し白色感のある光源で，ダイニング用として使用される．

(3) ハロゲンランプ

ハロゲンランプは，白熱電球の一種で，タングステンのフィラメントの温度放射による光を利用する．ガラス球内に不活性ガスのほかに微量のハロゲン（沃素，臭素など）元素またはハロゲン化合物が封入されている．

点灯中に蒸発したタングステンがこれらのハロゲン物質の媒介によってフィラメントに戻る**ハロゲンサイクル**という作用を利用していることが特徴で，タングステンの蒸発を実質的に防止することになり，フィラメントの損耗とガラス球面内の黒化が少なくなる．そのため白熱電球より光束低下が少なく，寿命が長い．また耐高温の石英硬質ガラスのバルブを使用することで，小型でかつ高輝度を得ることが可能になっている．演色性は高く，光色もよい．

またバルブに透光性赤外反射膜を加工したハロゲン電球も多く利用されている．透光性赤外反射膜はフィラメントから発する可視放射を透過し，赤外放射を反射しフィラメントに戻すことによってフィラメントの加熱に再利用し，ランプ効率を向上させ，熱線を少なくすることに寄与している（図5.6(a)）．赤外放射透過，可視放射反射という赤外放射透過膜処理をした**ダイクロイックミラー**と

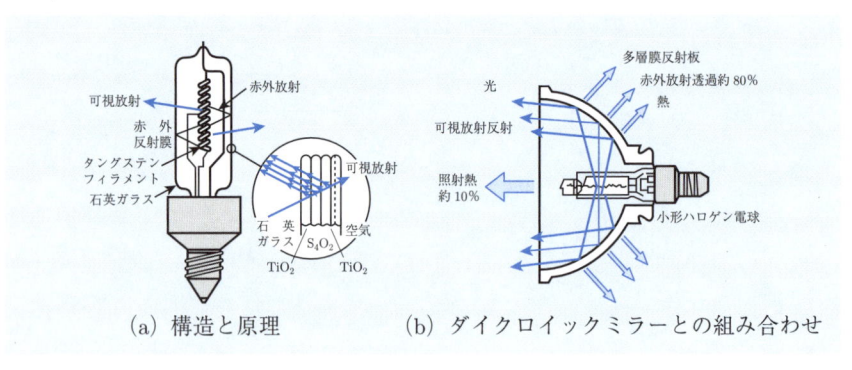

(a) 構造と原理　　(b) ダイクロイックミラーとの組み合わせ

図 5.6* 赤外線反射膜応用ハロゲン電球の構造

組み合わせれば，結果として前方への熱線を約90%カットでき（図5.6(b)），熱を受けることを嫌う物品，商品展示などで利用される．

5.1.3 蛍光ランプ
(1) 概要
蛍光ランプとは，低圧（0.6〜0.8 Pa）の水銀蒸気中の放電によって放射される紫外放射がガラス管内側の蛍光体を励起することにより，変換した可視放射を利用するランプである．一般照明用として広く用いられている．

蛍光ランプの特徴は，①光色の種類が多い，②効率も比較的高い，③寿命は長い，④輝度が低く演色性も比較的よい，⑤周囲温度によって効率が変化する（20°Cが最適），などである．

[1] 発光原理

発光原理は，①電極加熱，②電極から熱電子放出，③熱電子が水銀原子と衝突，④水銀原子中の電子が外側に飛び出しもとの軌道に戻るときに紫外放射を放射，⑤紫外放射が蛍光体に当たり発光，というプロセスになる（図5.7）．

[2] 始動方式

始動方式は，①スターター式（点灯管によるグロースターター，電子スターターなど），②内面や外面の導電性被膜・導体によるラピッドスタート式，③細いガラス管で高電圧による瞬時点灯スリムライン（瞬時点灯）形などがある．

[3] 蛍光管の種類

形状は，直管形，環形，コンパクト形，電球形などさまざまなものが用意さ

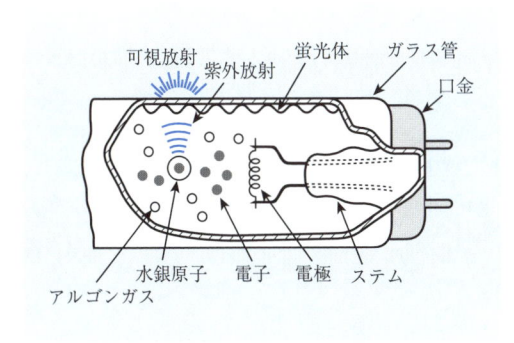

図 5.7*　蛍光ランプの構造と発光原理 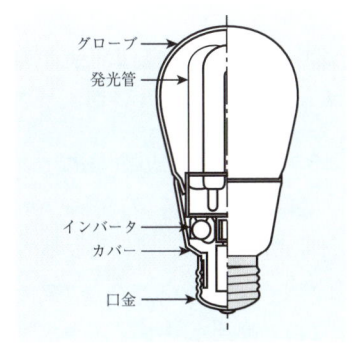　　図 5.8*　電球形蛍光ランプ（A 形）の構造

れており（図5.8），大きさ（W数）も幅広い．光色は豊富で，色温度の高いものから，昼光色，昼白色，白色，温白色，電球色のようにラインアップされている．演色性は比較的高く，普通形，高演色形（3段階）に分類される．

[4] 安定器

蛍光ランプは放電灯であるため安定器が必要となる．**安定器**とは，放電灯の電流を一定に保つことで放電を安定させ，また始動に必要な高電圧を供給する機能を持つ回路装置で，磁気式安定器から電子式安定器（インバーター式）へ移行している．また高周波点灯のほうが効率がよく，調光も可能となる．

(2) 蛍光ランプの技術革新

[1] 蛍光体

希土類蛍光体という赤（610 nm），緑（540 nm），青（450 nm）の狭帯域に効率よく発光する蛍光体の開発により，強い紫外放射を放出でき高温に耐えることが可能になったため，コンパクト形や電球形の蛍光ランプなどが登場した．また希土類蛍光体を組み合わせた**三波長域発光形蛍光ランプ**では，高い効率と演色性が得られている．

[2] 高周波点灯

高周波点灯・インバーター技術の向上により，調光やグレアレス回路などが可能となった．またこの技術により，**高周波点灯形蛍光灯**（Hf 形蛍光灯）が生まれ，電子式の専用安定器と組み合わせて使用することで，高効率・高出力を実現している．定格点灯のほか高出力点灯も可能であり，省エネルギー性が高く，特にHf形32 W（高出力45 W）は従来形40 Wに代わって，施設照明で広く使用されるようになった．さらに**無電極放電**ランプに展開し，電極を持たずアルゴンと水銀を封入したバルブを高周波の電磁場を発生する装置に取り付け，メンテナンスが長期不要となるため，交通照明，橋梁などで用いられている．

5.1.4 高輝度放電（HID：high intensity discharge）ランプ

高輝度放電ランプは，発光部の単位面積当たりの光束が大きく，輝度が高いランプの総称で，建築用としては，高圧水銀ランプ，メタルハライドランプ，高圧ナトリウムランプなどがある（図5.9）．

(1) 高圧水銀ランプ

高圧水銀ランプは，点灯中で$1\sim10$気圧（$10^5\sim10^6$ Pa）程度の水銀蒸気のアーク放電によって放射される可視光を利用するもので，クリアなガラスバル

ブから黄緑味を帯びた光を放射する透明水銀ランプと，外管バルブに蛍光物質を塗布した蛍光水銀ランプがある．屋外照明で広く使用されている．

高圧水銀ランプの特徴は，①高出力で寿命が長い，②光束維持率がよい，③品種が多い，④効率が低い，⑤演色性があまりよくない，⑥始動まで時間を要する，などである．

(2) メタルハライドランプ

メタルハライドランプは，水銀のほかに金属のハロゲン化物を封入し，この蒸気中のアーク放電によって放射する金属特有の光を利用するもので，スポーツ施設，高天井工場，事務所，店舗などで使用されている．

メタルハライドランプの特徴は，①光色がよい，②演色性が比較的優れている，③効率が高い，④寿命・光束維持率がやや落ちる，⑤始動まで時間を要する，などである．一般に効率と演色性は相反する傾向にあり，メタルハライドランプは，効率を重視する高効率形，演色性を重視する高演色形に大別できる．

新しいランプとして，発光管の石英ガラスの代わりに透光性セラミックを用いた**セラミックメタルハライドランプ**がある．省電力かつ長寿命で，調光も可能である．またこれを用いたものとして，1 つのセラミックメタルハライドランプより光を入射させ，反射・伝達により連続光を放つ筒状のライトチューブがある．最長 40 m の照明が可能で，光源と発光部が分離しているのでメンテナンスが容易である．また影やグレアが少なく，発光部からの熱，紫外放射，ノイズが少ないなどの特徴がある．

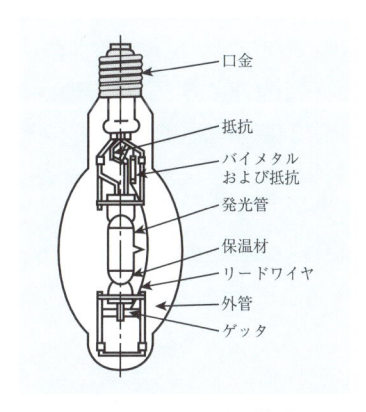

図 5.9* HID ランプの構造例（メタルハライドランプ）

(3) 高圧ナトリウムランプ

高圧ナトリウムランプは，発光管に封入された高圧（1.3×10^4 Pa）のナトリウム蒸気中の放電による光を利用するもので，ナトリウム D 線を中心とした可視放射全域にわたる発光スペクトルが得られる．道路照明など屋外一般照明，高天井工場，スポーツ照明などで使用され，演色性が高いものは店舗やエントラ

ンスホールなどの屋内照明でも使用される．ナトリウムの蒸気圧を高めた演色改善形や高演色形も用意されている．

　高圧ナトリウムランプの特徴は，①光色が暖か味のある黄白色である，②効率が高い，③寿命・光束維持率が優れている，④高演色形を除き演色性がよくない，などである．

5.1.5　新世代の光源

(1)　LED（light emitting diode）ランプ

　LED ランプすなわち発光ダイオードは，電流によるエレクトロルミネセンスを利用したもので，直流低電圧で駆動する（図5.10）．LED ランプの特徴は，①効率が高い，②消費電力は，白熱灯の1/8，蛍光ランプの1/2程度までの高効率化が可能である，③小型，軽量で設計での自由度が高い，④点滅の応答性が高く制御が容易である，⑤演色性は高い，⑥可視放射以外の放射は少なく，照射対象に熱を伝えず，虫も寄ってこない，⑦振動や衝撃に強い，⑧高耐久で超長寿命である，⑨環境に有害な物質（水銀）を含まない，⑩熱に弱く，十分な放熱が必要になる，⑪光の指向性が強く全般拡散光は得にくい，⑫拡散処理をしないと多重影が発生する，⑬品質（光色・光量）にばらつきがあるといわれている，などである．

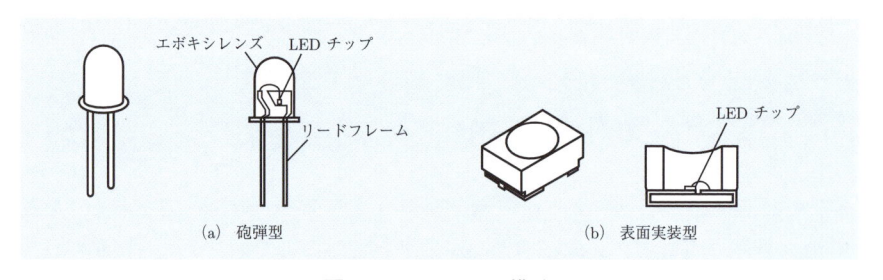

図 5.10*　LED の構造

　赤色，緑色だけの時代には，インジケーターや簡単なディスプレー用に限定されていたが，1990年代の青色の登場により，三原色に相当するものがそろい，広範囲の色の出力が可能になった．そのため表示灯，液晶ディスプレーのバックライト，信号機，自動車テールランプなどの表示用照明，携帯電話フラッシュ，小型ライト，スタンドライトなどの小形照明から，自動車ヘッドライト，道路照明，施設照明，住宅照明などの一般照明への利用が急速に拡大している．

(2) ELランプ

EL（electroluminescent）ランプは，電界の刺激による特殊な蛍光物質の蛍光を利用したもので，発光物質を電極で挟み，電圧をかけて発光させる．薄いシートによる面状発光で，加工の自由度は高い．高輝度化，高効率化，長寿命化の可能性がある．発光物質として，硫化亜鉛などを使用した無機ELと，ジアミン類などを使用した有機ELがある．無機ELは，計器照明，液晶表示パネル，印刷形シートの背面照明に利用されている．有機ELは，ディスプレーなどに利用され，発光面積を大きくすることが可能で，将来は一般照明用への利用も想定されている．

5.1.6 その他の光源

(1) 低圧水銀ランプ

低圧水銀ランプは，低圧（100 Pa以下）の水銀蒸気の放電を利用するもので，紫外放射を多く放射するので，殺菌用ランプとして用いられる．

(2) 低圧ナトリウムランプ

低圧ナトリウムランプは，低圧（0.1〜0.5 Pa）のナトリウム蒸気の放電を利用するもで，D線と呼ばれる橙色の単色光（589.0＋589.6 nm）を放出する．効率は非常に高いが演色性は悪い．トンネルなどの道路照明，光学試験用などに限られている．

(3) キセノンランプ

キセノンランプは，キセノンガスの放電を利用したもので，自然昼光と類似した連続スペクトルを持つ．そのため標準白色光源，映写，印刷製版，写真撮影など，色の再現性を重視する場合の光源として使用される．ただし寿命は短い．

(4) ネオン管

ネオン管は，低圧のネオン，アルゴンなど不活性ガス，水銀，ナトリウムなどの管形の放電ランプの総称で，ネオンサインなどの広告用に用いられる．

5.1.7 混光照明

複数の光源を用いる照明を**混光照明**という．効率，演色性，光色など各光源の特性の短所を補完したり，新たな効果を出すための方法で，適正な光源の組み合わせや配置が求められる．

5.2 照明器具

5.2.1 照明器具の分類

(1) 室内用照明器具

図 5.11 に取り付け形態による照明器具の分類を示す．

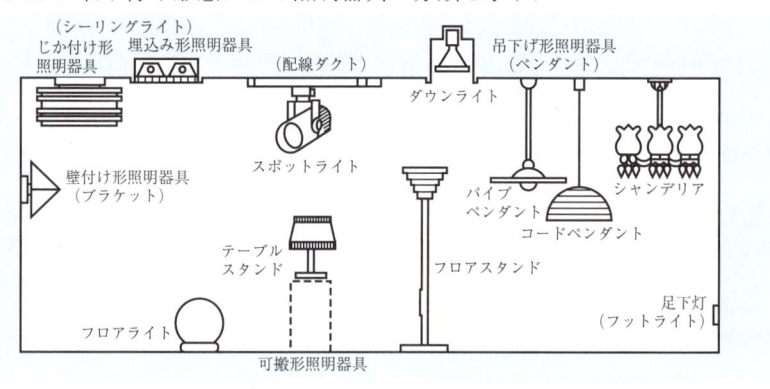

図 5.11* 取り付け形態による照明器具の分類

建築部位の表面に直接取り付ける照明器具を**じか付け形照明器具**，同じく一部を埋め込む照明器具を**埋込み形照明器具**という．特に設置する部位が天井であるものをそれぞれ，**天井じか付け形照明器具**，**天井埋込み形照明器具**といい，総称して**シーリングライト**と呼ぶことがある．これらは通常，部屋全体をむらなく照明する基本照明になる．**スポットライト**は，ある特定の部分を集中的に照らすための小形の投射形照明器具である．**ダウンライト**は，天井に埋込まれた下向き配光を持つ小形の照明器具である．**吊下げ形照明器具**は，天井から吊り下げた照明器具の総称で，**ペンダント**とも呼ばれる．吊り下げの材料により，**パイプペンダント**，**コードペンダント**，**チェーンペンダント**，**ワイヤペンダント**などに分類され，照明器具を上下できる機構を**リーラー**という．**シャンデリア**は，装飾を主目的とした多灯用の照明器具である．

壁付け形照明器具は，建築部位としては壁や柱に取り付ける照明器具であり，**ブラケット**とか**ウォールライト**とも呼ばれる．装飾的な要素が強い．

可搬形照明器具（移動灯器具）は，差込みプラグで電源に接続したまま移動可能な照明器具で，床面に据え置く**フロアライト**，支持のための脚や台を持つスタンドで設置位置に応じた**テーブルスタンド**，**フロアスタンド**などがある．

足元灯は，通路，階段などに使用する足元用の照明器具であり，フットライトとも呼ばれる．

(2) 外構用照明器具

エントランスライト（門柱灯），アプローチライト（通路灯），ポーチライト（玄関灯），ガーデンライト（庭園灯）などがある．

(3) 空調照明器具

空調照明器具は，照明器具からの発生熱を効率よく除去するため，吸込み口，吹出し口と結合させ空気調和のシステムに組み込まれた照明器具で，ランプの周囲温度の適正化が行われ，天井面がすっきり仕上げられる．

(4) 非常用照明器具

非常用照明器具は，災害時に避難経路などを予備電源により即時点灯する照明器具で，予備電源で 30 分間 1 lx（蛍光灯は 2 lx）以上を直接照明で確保すること，停電や停電復帰の際に即時切り替えが可能なことなどの器具性能が建築基準法で規定されている．

誘導灯は，避難の方向を表示した発光する標識で，即時，非常電源（消防設備用の予備電源）に切り替わること，20 分間点灯を持続すること，避難口，避難口への通路の表示などの器具性能が消防法で規定されている．

|参考| 解説 5.1：非常用照明 □

(5) 作業用照明器具

作業用照明器具は，作業現場で使用する照明器具で，作業現場での移動用・手元用の照明である作業灯と，防爆照明器具，防塵照明器具，防水照明器具などの特殊照明器具がある．

(6) 投光照明用器具

投光照明用器具は，反射鏡やレンズの使用により，ある範囲の方向に強い光（ビーム光）をつくりだし，特定の対象を集中的に投射する照明器具で，建築物のライトアップ，広告照明などに使用する．

(7) 道路照明器具

道路照明器具は，交通の安全，犯罪の防止，円滑な通行の補助を主目的とした照明器具で，地域の活性化，商業活動の振興，都市景観の整備などの目的を併せ持っている．

5.2.2 配光

光源・照明器具の各方向に対する光度の分布を**配光**といい，これを図化したものを**配光曲線**という．この配光の特性により照明器具を分類できる．

(1) 国際分類

照明器具の全光束を100%とし，上向光束と下向光束の比率によって分類したものが，一般的に用いられている．CIEの国際分類によって，次の5形式に分かれている．

①**直接照明**…光源から出る光がほとんど直接的に照明に利用されるもので，最も効率がよいが，指向性が強く陰影ができやすく室内の明暗の差が大きくなる．
②**半直接照明**…やや指向性を弱めたもので天井面の暗さの程度は軽減される．
③**全般拡散照明**…光源を半透明のグローブなどで包んだ照明であり，強い影やまぶしさが少なく室内の明るさの分布は均一になる．
④**半間接照明**…天井での反射を多く利用する照明である．
⑤**間接照明**…天井からの反射光のみで照明する方式で，光が拡散されて影がなく柔らかいまぶしさの少ない空間がつくれるが，照明の効率は悪くなり維持費が大きくなる．

なおCIEの国際分類にはないものの，上向・下向の光束の配分が全般拡散照明と同等で側方への光束は少ない形式として，**直接間接照明**を分類軸に加える場合もある．以上の配光による照明器具の分類を図5.12に示す．

直接照明形 → 間接照明形 に対して，①上向光束は 0 → 100%，②下向光束は 100 → 0%，③照明率は 大 → 小，④室内反射率の影響は 小 → 大，⑤設備費は 小 → 大，⑥保守費は 小 → 大，となる．

分類	直接	半直接	全般拡散	半間接	間接
配光曲線	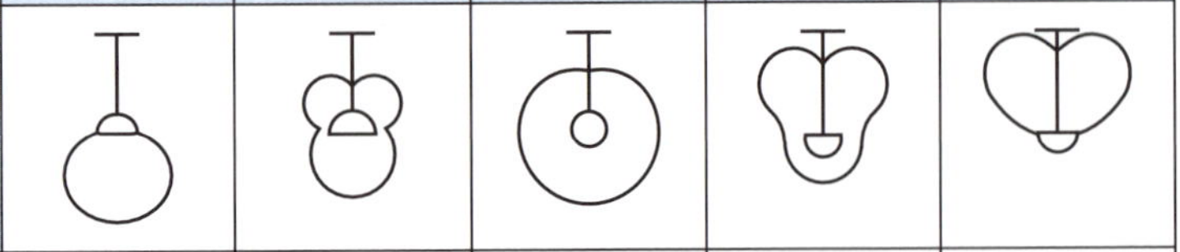				
上向光束	0〜10 %	10〜40	40〜60	60〜90	90〜100
下向光束	100〜90 %	90〜60	60〜40	40〜10	10〜0

図 5.12*　配光による照明器具の分類

(2) BZ 分類

照明器具より下向きに出る配光に注目した，英国照明学会による 10 分類を BZ（British zonal）分類という．配光が数式で表現されているので，数値的処理に都合がよく，照明器具のカタログにも記載されることがある．BZ 分類の配光の式を表 5.2，それぞれの配光曲線を図 5.13 に示す．

表 5.2* 配光の BZ 分類

BZ 分類	配光の式
BZ1	$\cos^4 \theta$
BZ2	$\cos^3 \theta$
BZ3	$\cos^2 \theta$
BZ4	$\cos^{1.5} \theta$
BZ5	$\cos \theta$
BZ6	$1 + 2\cos \theta$
BZ7	$2 + \cos \theta$
BZ8	constant
BZ9	$1 + \sin \theta$
BZ10	$\sin \theta$

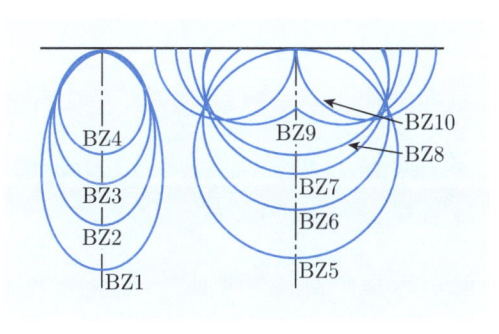

図 5.13* BZ 分類配光曲線

5.2.3 照明器具の関連事項

(1) 光学的部品

照明器具には，配光特性を制御するための構成部品がある．まずランプを包み覆うものとして，反射光を利用するための**反射がさ**，光源の直視防止のための**シェード**，光を均一に拡散させるための**グローブ**などがある．次にランプの前面を覆うものとして，乳白や透明プリズム状などの**透光性カバー**がある．またある角度からのランプの直視防止のため細長い板状部品を幾何学的に組んだ**ルーバー**，不要な光を弱めるための**バッフル**などがある．さらにレンズを同心円状の細い帯に分割しそれぞれをプリズムに置き換え全体を薄くした**フレネルレンズ**（次ページ図 5.14），鏡面反射を利用しランプからの光を集光する**指向性反射がさ**など高度な光学的設計を行ったものもある．

(2) 照明制御

照明の制御は，スイッチによるランプの点滅から始まり，リモコンの導入や自動制御に展開し，ランプの発散光束を変化させる**調光**やランプの光色を変化

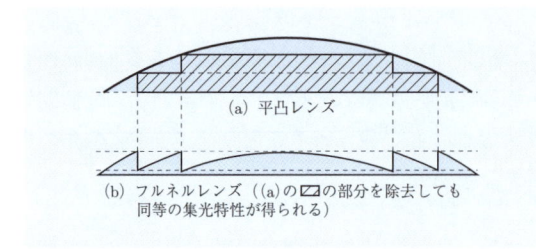

図 5.14 フレネルレンズの構造と原理

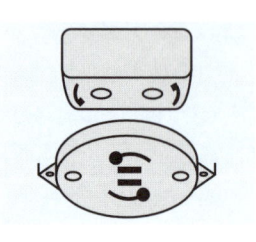

図 5.15 引掛シーリング・引掛ローゼット

させる調色などの機能が付加されてきた．

　自動制御は，人体からの放射熱に反応し人の存在の有無を検知する**人感センサー**，周囲の明暗の状態に反応し，照明の点消灯や調光を制御するための**照度センサー**，点消灯時間の制御を行う**タイマー**などが用いられ，それらを組み合わせシステム化することで，省エネルギーや空間の使用状況に対応したより高度な制御が可能になっている．

(3) 受口

　受口にはいくつかの種類がある．ランプねじ込みための受金からなる部品を**ソケット**といい，通常の 100 V 用 (40〜100 W) 電球用は E26 という規格である．ソケットが取付台になったものを**ランプレセプタクル**という．引掛式で電源接続と器具吊り下げを行う天井に取り付ける部品を，**引掛シーリング**，**引掛ローゼット**という（図 5.15）．また小容量器具の取り付けと電力供給を目的とした部材を**ライティングダクト**または**配線ダクト**という（図 5.11 参照）．

5.2.4　照明器具の検討事項

(1) 落下防止

　照明器具の取り付け強度が十分でない場合，照明器具の落下や天井・壁面の破損や湾曲など，場合によっては重大な事故の可能性があるため，十分な注意を払う必要がある．軽い照明器具の場合は補強するか，補強材の部分に取り付ける．また重い照明器具の場合は吊りボルトなどを使用する．さらにシャンデリア，スポットライト，特殊照明装置などかなり重量がある照明器具の取り付け状態は安全確実なものでなければならない．

(2) 熱・火災対策

　蛍光ランプは，周囲温度が 20°C のときに最も明るいという温度特性を有し

ている.よって安定器の周囲温度は 40°C 以下,安定器内蔵の照明器具の場合,周囲温度を 30°C 以下とする.高輝度放電ランプや LED も周囲温度を 40° 以下とする.

次に光源の寿命の低下だけでなく,光源の発生熱による火災の危険性があるため,天井埋込み形の照明器具は,器具からの放熱を妨げないように天井裏を断熱材などで覆わないようにする.特にダウンライトのような埋込み形のものは高温となった場合に火災を起こす可能性があり,このような場合には,S 形ダウンライトを使用することが望ましい.またその地域の電力会社の周波数と照明器具の仕様が適合していない場合には,発熱したり障害が生じたりするので,蛍光灯,水銀灯などは,周波数に合った照明器具を使用しなければならない.さらに光天井照明などで,透光性カバーがアクリル系の材料の場合,使用面積によっては,建築基準法による内装制限の対象となる.

(3) 振動・騒音の防止

照明器具の安定器からの振動が天井や照明器具を共振させ,騒音が発生することがある.部品を強固に取り付け,照明器具と天井の間,照明器具と安定器の間あるいは取付ボルト部などに,防振ゴムやフェルトなどの防振材を挿入して,振動の伝播を抑え,騒音の防止に努める必要がある.特に静けさが要求される場合には,インバーター安定器を使用する.

(4) 保守管理

ランプの劣化や照明器具・室内表面の汚損による反射率の低下により,保守率は減少し照明の状態も悪化するので,無駄なエネルギーを使うことになる.これらの劣化は徐々に進行するので,定期的に保守点検や清掃を行う必要がある.またランプには寿命があり,交換は時期が来れば必ず発生する.よって清掃やランプ交換が容易な照明器具を採用することが望ましい.

(5) 経済性

経済性の観点から,単位期間・単位照度当たりの照明費(長期使用を想定した場合の照明にかかわる費用 = 固定費 + 電力費 + 維持費)を計算し,比較検討する方法が一般的である.

(6) 省エネルギー

経済性という観点だけではなく,電力削減や地球環境問題という面からも省エネルギーは重要である.詳細は 9.4 節で記述する.

5.3 照明方式

5.3.1 主照明と補助照明

(1) 主照明

主照明とは，明視照明・雰囲気照明を問わず，空間全体を照らす照明の方式である．その中でも特に，基本的な生活行動や安全な移動という最低限の機能を果たし空間全体を照らす照明の方式を**基本照明**あるいは**ベース照明**という．

(2) 補助照明

補助照明とは，何らかの目的のために主照明を補助し，空間のある部分を照らす照明の方式である．照明の目的によって，次のように異なる名称で呼ばれることがある．**作業照明**とは，視作業を能率よく行うために，視作業域を部分的に照らす照明の方式である．**重点照明**とは，特定の視対象を重点的に照らす照明の方式である．**演出照明**あるいは**装飾照明**とは，空間の演出や装飾を目的とした照明で，主照明を併用しない場合がある．

5.3.2 明視照明における照明方式

明視照明における照明方式は，照明器具の配置形式によって，全般照明，局部的全般照明，局部照明，タスク・アンビエント照明に分類される．図 5.16 に配置による照明方式の例を示す．

(1) 全般照明

空間全体を均一に照らし，かつ視作業域に必要照度を確保する照明の方式を**全般照明**という．同種の作業が行われる場合に適しており，視対象や視作業域が変わっても，照明条件はほとんど変化しない利点があるが，高照度が必要な場合は不経済となり，照明発生熱も増加する．全体照明という場合もある．

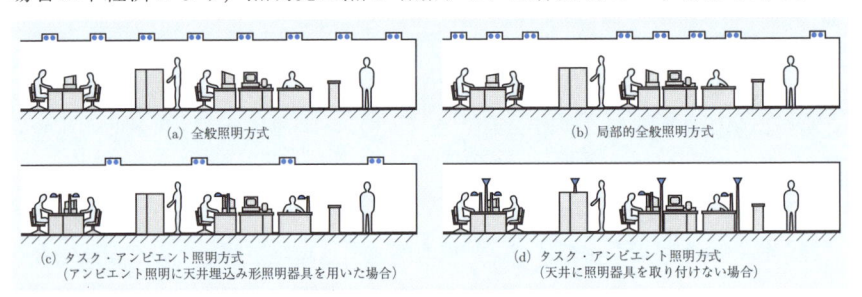

図 5.16* 照明器具の配置による照明方式の例

(a) 全般照明方式
(b) 局部的全般照明方式
(c) タスク・アンビエント照明方式（アンビエント照明に天井埋込み形照明器具を用いた場合）
(d) タスク・アンビエント照明方式（天井に照明器具を取り付けない場合）

(2) 局部照明

視作業域や限定された場所のみに必要照度を確保する照明の方式を**局部照明**という．経済的で作業に集中しやすいという利点があるが，室内の明暗対比が大きい，グレアが生じやすい，目が疲労しやすい，などの問題がある．部分照明という場合もある．

(3) 局部的全般照明

視作業域をその周辺の周域よりも高照度で照明する照明の方式を**局部的全般照明**といい，全般照明と局部照明の中間的な照明の方式となっている．

(4) タスク・アンビエント照明

タスク・アンビエント照明とは，タスク（視作業域）用の作業照明と，アンビエント（周域）用の基本照明というそれぞれの専用の照明を組み合わせた照明の方式をいい，視作業性が高くかつ快適な照明環境を実現することを目的としている．アンビエント用の照明だけでは視作業域の必要照度を確保できないという点で，全般照明と局部照明の併用という概念とは異なる．

タスク・アンビエント照明の特徴としては，個別の制御や調整が可能になり，OA機器の操作にもグレアが少なく，高齢者など個人差への対応が容易になるなど視作業に関する機能が向上する．またタスクライトからの熱が室内の温度上昇をもたらす場合もあるが，アンビエントの照度を作業面照度より低く設定でき，在席者の領域に照明を限定できることなどで省エネルギーに寄与する．

一方，光環境の雰囲気として，アンビエント照明の照度レベルが低いと雰囲気が暗くなることがある．特にOA用のルーバーを用いた場合などには，天井面の輝度が下がるため，光環境上は全く問題がないにもかかわらず，全般照明などと比べて天井面が暗いという不満が生じることがある．

5.3.3 建築化照明

建築の部位と一体になった照明を総称して**建築化照明**という（図5.17）．

天井に照明器具を埋め込む形の方式としては，ダウンライトを用いる**ダウンライト照明**，長い溝に埋め込む**トロファー照明**，円形や四角形のくぼみに埋め込む**コファー照明**などがあり，基本照明としても用いられる．

間接光を用い，光を拡散させる形の方式は，光の分布が制御でき，影がなく柔らかいまぶしさの少ない空間をつくることができ，空間を広くあるいは高く

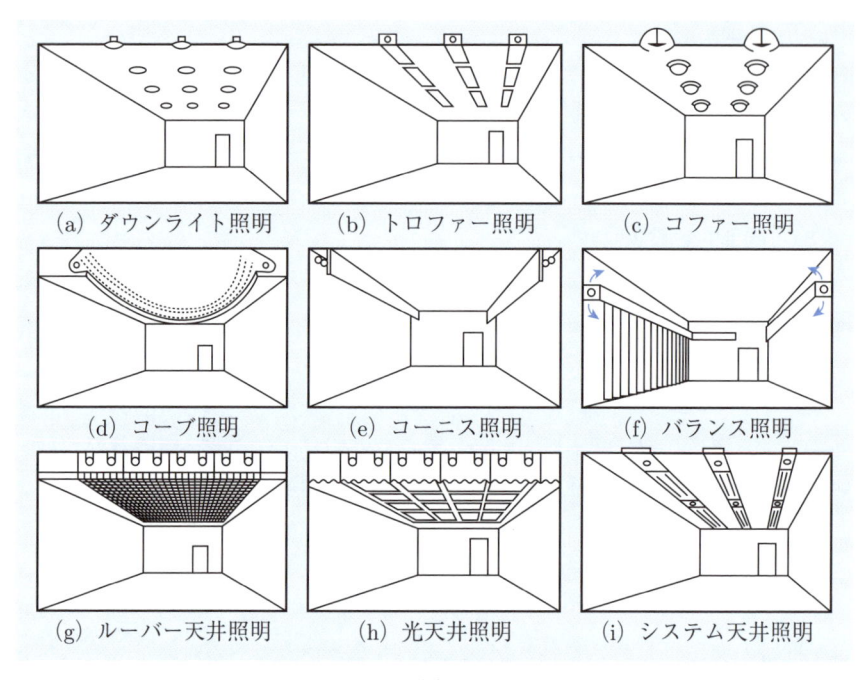

(a) ダウンライト照明	(b) トロファー照明	(c) コファー照明
(d) コーブ照明	(e) コーニス照明	(f) バランス照明
(g) ルーバー天井照明	(h) 光天井照明	(i) システム天井照明

図 5.17*　建築化照明の例

感じさせる効果がある．間接光を用いる方式として，天井の隅や壁の最上部に光源を隠し天井面を照射する**コーブ照明**，壁の最上部に遮光帯を設け，隠した光源で上部から壁面を照射する**コーニス照明**，壁面の上部の遮光帯で光源を隠し，上下から光で，天井，壁，窓面のカーテンを照射する**バランス照明**などがある．なお，コーニス照明にダウンライトによるものも加えて，上部から壁面を照射する手法を総称して**ウォールウォッシャー**という．

　天井面をルーバーで仕上げ，奥に照明を配置する方式を**ルーバー天井照明**といい，直下は明るくグレアの少ない空間が得られるが，天井高が必要となり，保守管理性に多少の難がある．

　面光源を用いるものとしては，建築の天井面を透光性カバーにし，奥に光源を配置した照明の方式を**光天井照明**といい，同じく透光面を壁，床に設けた照明の方式を，それぞれ**光壁照明**，**光床照明**という．均一性が高く，透光パネルに拡散性がある場合には，影が少なくむらのない空間となる．また同じく擬似窓に仕上げたものを**光窓照明**という．いずれも汚損には注意が必要となる．

システム天井照明は，照明器具と給排気口，スピーカー，スプリンクラーなどを一体化したユニットで，システム化・モデュール化された照明の方式で，配置の自由度があるなど機能性が高く，保守管理性や施工性もよい．

5.3.4 人工照明と昼光照明の併用

昼光照明だけでは不都合がある場合，それを補完するために常時使用する照明を**常時補助人工照明**という．プサリ（PSALI）とも呼ばれ，当初は，窓外が明るければバランスさせるために人工照明による照度をより上げるというものであった．図5.18にこの考えに基づく補助人工照明の推奨照度を示す．ただ省エネルギーに逆行するものと受け取られ，現在は，昼光照明だけでは照度が不足する場合に人工照明で補助するという考え方が主流になっている（図5.19）．

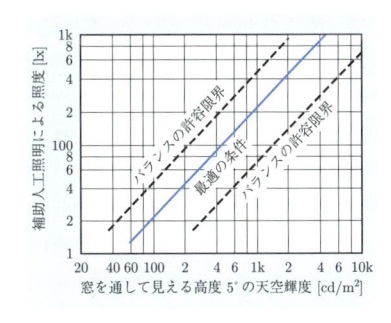

図 5.18* 窓面輝度とバランスする補助人工照明による照度

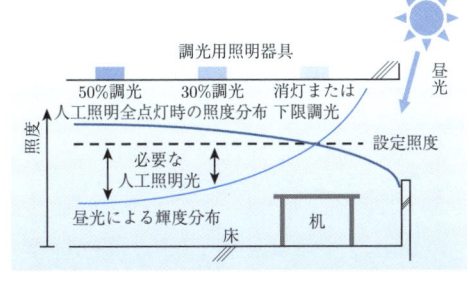

図 5.19* 昼光照明時の人工照明による補助の考え方

5.3.5 住宅における照明方式

一室一灯照明方式とは，室の中心の単独の照明器具だけで照明するもので，小さな室向きであり，きめ細かな光環境の設定はできない．従来，日本では，この方式，特に蛍光灯のシーリングライトで室全体を均一に照らす方式が一般的であり，このことが住宅の光環境を平板にし質を低下させた面がある．一方，**多灯分散照明方式**は，1つの室で複数の照明器具を使用する方式をいい，低電力の光源を用い生活場面に応じた点消灯や調光を行うことで，適切な明暗のメリハリをつけ，光環境の質の向上と省エネルギーを両立させようとするものである．また1つの照明器具に調光調色など複数の機能を組み込んだ**一灯多機能照明方式**は，一灯で明視照明と雰囲気照明が可能な方式になっている．

5.4 人工光源・照明器具の変遷

(1) 人工光源の変遷

　人類は50万年前以前に原人が，火の使用による光と熱のコントロールを始めた．これはほかの動物との決定的な違いで，火の使用は人類の文明のスタートだと位置づけられる．木の枝や枯れ草などの木材，時には獣脂や樹脂を燃焼させることで火を利用する方法は，当初の形は焚火で，それが可搬性や使用性を高め，松明や篝火に展開していった．

　その後，**オイルランプ**として，貝殻，石器などに動物油や植物油を溜め，灯芯を浸し火を灯すようになった．器の材料は，土器，陶器，金属器と進化し，古代ギリシャ時代（紀元前15世紀頃）には陶器製のランプが使用されている．日本では，飛鳥時代以降，灯台，灯篭，行灯の形で使用された．ただ空気供給不足による不完全燃焼から灯芯が炭化し，黒煙の発生や火が消えたりするため，オイルランプは頻繁に芯を切る必要があった．この問題点を解消するために，火屋による煙突効果により上昇気流を発生させ空気の供給促進を図る，油壺の製作により油の供給を改善する，円筒形状に灯芯を巻く巻芯により空気供給の改善を図る，など様々な改良が行われた．これらの改良技術を集大成したのが，アルガン（Aime Argand）によるアルガンランプ（1784年，図5.20）で，巻芯を用いたバーナーを開発しランプに適用し，油の不完全燃焼防止と強火による明るさの向上が図られている．日本では，田中久重が，菜種油の加圧により安定した光を得る仕組みを取り入れた無尽灯（1840年，図5.21）を製作している．本格的に石油ランプが使用されるのは，シリマン（Benjamin Silliman）によるランプ改良，および灯油の本格的供給が始まる1850年代からで，日本での普及は1880年代である．

　蝋燭は，紀元前3世紀には現在に近いものが存在しており，欧米では19世紀まで室内の主たる照明として使用されていた．ミツバチの巣が原料の蜜蝋が最高級で，一般には牛や羊の獣脂蝋を使用していたが悪臭があり，その後マッコウクジラなどの鯨蝋が中心となる．19世紀以降は石油からのパラフィン蝋になっている．日本では，奈良時代（6世紀）に中国から輸入された蜜蝋が最初で，室町時代以降，ウルシ樹液やハゼの実からの木蝋が中心となる．江戸時代にハゼの栽培が盛んになり和蝋燭の製造が行われた．蝋燭は，燭台や吊燭台（シャンデリア）に立てて使用する形で，日本では，安土桃山時代以降，雪洞や堤灯の中

5.4 人工光源・照明器具の変遷

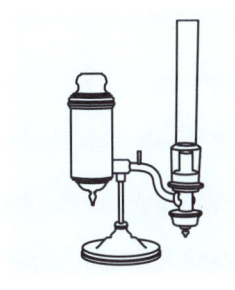

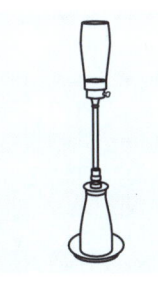

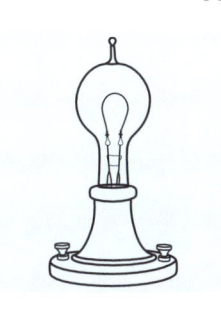

図 5.20 アルガンランプ　　**図 5.21** 無尽灯　　**図 5.22** 実用炭素電球

に入れる形で使用されている．灯具としては，マリアテレサ（Maria Theresa）のオーストリア皇帝即位時（1740年）に，アームなど金属部分をクリスタルガラスで覆うガラス技術を結集して製作されたシャンデリアが有名である．

ガス灯は，マードック（William Murdock）による発明（1792年）で，19世紀の欧米の街路照明で使用された．日本でも横浜で初のガス灯（1872年）が登場している．

(2) 電気照明

アーク灯は，デービー（Humphrey Davy）の発明（1808年）によるものであり，日本では工部大学校で初めて点灯(1878年)されたが，光が強すぎ寿命が短く，炭素蒸気発生の問題があり，街路灯などの使用に留まっている．

スワン（Joseph W. Swan）の炭素電球（1878年）などを経て，エジソン（Thomas A. Edison）が点灯時間を画期的に伸ばした**実用炭素電球**（1879年，図 5.22）を発明している．その後フィラメントや封入ガスなどの改良が順次加わり，人工照明光源としての主役の地位を不動のものにしていく．日本での白熱電球は，上野駅での点灯（1884年）が最初で，藤岡市助により日本最初の白熱電球（1890年）が製作されている．日本での電灯普及は1910年代になってからで，P-1シェードという器具が普及している．

白熱電球以外の光源については，水銀ランプ（1901年），ネオン管（1907年），低圧ナトリウムランプ（1932年）と続き，米国のインマン（George Inman）らにより蛍光ランプ（1938年）が発明され，日本では，法隆寺金堂の壁画模写（1940年）に初めて使用された．その後，キセノンランプ（1944年），メタルハライドランプ（1961年），高圧ナトリウムランプ（1963年），LED（1960年代，青色LEDは1993年）と続いている．

第5章 人工照明

北欧 | **ドイツ** | **フランス** | **イタリア** | **イギリス** | **アメリカ**

ドイツ
- 新古典主義：19世紀初頭
  - バロック、ロココへの反動
- 歴史主義の行きづまり

ゼツェッション：1890年代
- 伝統からの分離
- 直線装飾
- Otto Wagner

Peter Behrens (1868–1940)
- AEG 顧問デザイナー
- ドイツ工作連盟設立、
- 工業デザインの父

表現主義など：1910年代

モダニズム（近代主義）：1920年代
Walter Gropius (1883–1969) 国際建築
バウハウス：1919–33
- 造形学校、中世ギルド方式、革新性
- L. Mies van der Rohe (1868–1969) シカゴに移住

ナチズム：1933–45

フランス
アールヌーボー：1890～1900年代
- 過去の様式を脱却
- 自然モチーフ、曲線
- Emile Gallé (1846–1904)
- ガラスの天才作家
- Victor Horta
- Hector Guimard
- Antoni Gaudí

パリ万国博覧会：1900
- 電気スタンド (Daum 兄弟)

Le Corbusier (1887–1965)
- エスプリヌーボー
- 近代建築の五原則

イタリア
産業革命以降の工業化
機械化生産

イタリアンモダン：1950年代
- 工業デザインを国策
- 合理的、急進的
- Achille Castiglioni
- Vico Magistretti
- Richard Sapper
- Mario Bellini

ファシズム：1923–43 ラショナリズム（合理主義）
Giuseppe Terragni

ネオラディカリズム：1970年代
- 幻想的、非合理的
- ポストモダン：1980年代
- Ettore Sottsass
- Michele de Lucchi

イギリス
John Ruskin (1819–1900)
- 手工芸の復活を主張
- アーツアンドクラフト運動：1850年代
- William Morris (1834–96)
- 芸術と社会の融合

白熱電球
Joseph Swan：1878

アメリカ
Thomas Edison：1879
- 中央電所：1882

シカゴ派：1880～90年代
- 鉄骨造の高層建築
- Louis Sullivan

Frank Lloyd Wright (1867–1959)
- 有機的建築、自然との共存

アールデコ：1920～1930年代

蛍光灯
J.Inman：1935

アメリカンモダン：1960年代
- ダウンライト、スポットライトなどによる照明手法
- システム的

北欧
スカンジナビアンモダン：1920年代〜
- 芸術・工芸・産業の合体
- 自然素材、調和
- Kaare Klint
- Poul Henningsen
- Arne Jacobsen
- Hans J. Wegner
- Verner Panton

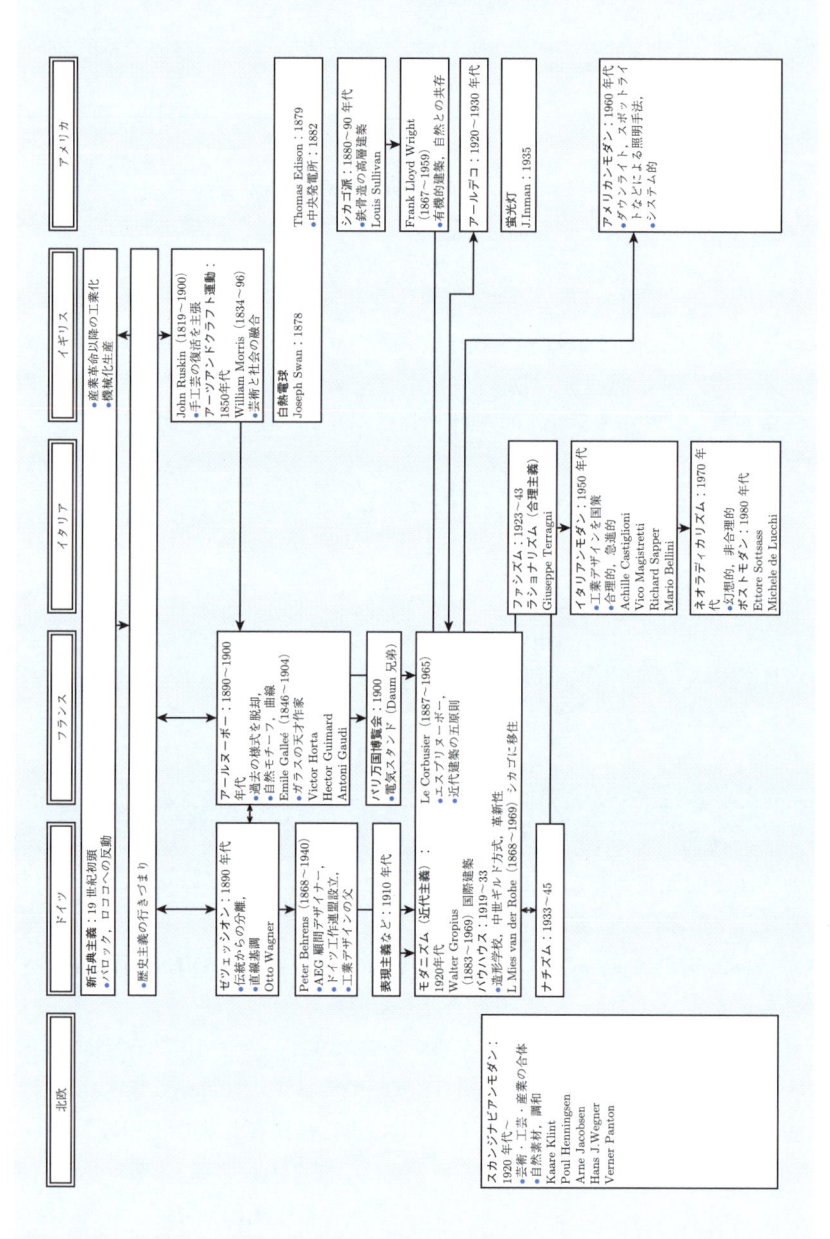

図5.23 人工照明器具デザインの潮流

(3) モダニズム

図 5.23 に近代から現代に至る人工照明器具のデザインの潮流を示す.

19 世紀に入り産業革命以降の工業化が進展し機械化生産が進む中，イギリスでは，1850 年代にラスキン（John Ruskin）やモリス（William Morris）により，機械による工業製品に反対し手工作の復活を主張し，芸術と社会の融合を目指したアーツアンドクラフツ（Arts & Crafts）運動が起きる．近代デザイン思想の原点と位置づけられるこの運動はその後各国に波及することになる．

まずフランスでは，過去の様式を脱却し，新しい芸術・装飾様式の創造を目指すアールヌーボー（Art Nouveau）（1890〜1900 年代）の動きが登場する．植物をモチーフにした有機的曲線をデザインの基調としており，その時代の照明器具として，ガラス工芸の天才作家ガレ（Emile Galle）が，溶融したガラス種を重ね合わせる技法によりカメオガラスのランプ（1900 年頃，図 5.24）を製作している．ティファニー（Louis C. Tiffany）も百合のライト（1900 年頃）などの照明器具を作っている.

続いてドイツでは，伝統からの分離を目指した芸術の革新運動として 1890 年代にゼツェッシオン（Sezession）が起こる．それを揺籃として，芸術と産業と職人技術の一体化を目指し，装飾を悪とするドイツ工作連盟（1907 年）が発足する．ゼツェッシオンを経てドイツ工作連盟の中心人物であったベーレンス（Peter Behrens）が AEG の顧問デザイナーに就任し，建築においては，近代建築の出発点と呼ばれる AEG タービン工場（1910 年）の設計を行い，照明器具では機能的なアークランプ（1908 年）などを製作している．後に近代建築の巨匠と称せられるグロピウス（Walter Gropius），コルビュジエ（Le Corbusier），ミースファンデルローエ（L. Mies van der Rohe）らが，ベーレンスの事務所に所属しており，特にグロピウスが初代校長となったバウハウス（Bauhaus）（1919〜1933 年）は，アーツアンドクラフト運動とドイツ工作連盟の理念を継承した中世ギルド方式造形学校で，芸術と技術の新しい統一という理念と実践のもと，伝統と既成概念を打破し機能主義を確立した．ナチス台頭により閉校を余儀なくされるが，その間金属工房を担当したヴァーゲンフェルト（Wilhelm Wagenfeld）がテーブルランプ（図 5.25）を製作（1924 年）している．

アメリカでは，有機的建築を提唱したライト（Frank Lloyd Wright）が建築と同時に照明器具や家具を設計している．名称も基本的に建築と同一で，

ミッドウェイ (1913), タリアセン (1938) などが代表的な照明器具である.

(4) スカンジナビアンモダン

北欧では, 1920年代から芸術, 工芸, 産業の合体を目指す近代主義運動が起こり, バウハウスの影響も受けながら, 風土・自然素材を生かし洗練・調和を主眼とする**スカンジナビアンモダン**と呼ばれる独自のデザインを目指すことになる. 照明器具は, クリント家の手作業によるランプ (1900年頃) から始まり, これはレクリント (1943年) に至っている. 一方, 柔らかな間接照明を目指したヘニングセン (Poul Henningsen) の光の黄金分割と称せられたランプが, パリ万博 (1925年) で金賞を受賞し, 第2次大戦後, アーティチョーク (1955年), 不朽の名作である PH5 (1958年, 図 5.26) など PH ランプシリーズが発表される. その他, ヤコブセン (Jacob Jacobsen) によるラクソ L–1 (1937年), ヴェグナー (Hans J. Wegner) によるヴェグナーペンダント (1965年), ヤコブセン (Arne Jacobsen) による AJ ランプ (1971年, 図 5.27) などが代表的作品として挙げられる.

(5) イタリアンモダン

第2次大戦後, イタリアではインダストリアルデザインを経済・社会の中心にする国策がとられ, 大戦前の合理主義運動 (ラショナリズム) を継承した**イタリアンモダン**と呼ばれる合理的・急進的なデザインを目指すことになる. その正統派リーダーが工業デザイナーのカスティリオーニ (Achille Castiglioni) で, アルコ (1962年, 図 5.28), タッチア (1962年), トイオ (1962年), フリスビ (1978年) などが代表作として挙げられる. そのほかマジストレッティ (Vico Magistretti) によるエクリッセ (1966年), アトロ (1977年), サッパー (Richard Sapper) によるティッチオ (1970年), ベリーニ (Mario Bellini) によるアリア (1974年), エクリプス (1986年) などが代表的作品である. その後ネオラディカリズムを経て, 1980年代には機能性よりも個性的なデザイン・装飾を重視するポストモダンが登場している.

(6) その他の照明器具デザイン

第2次大戦後の照明器具デザインの潮流としては, スカンジナビアンモダンとイタリアンモダンに加えて, 1960年代以降のダウンライト, スポットライトなどシステム的照明手法が中心の**アメリカンモダン**を加える場合がある.

一方, 個々の作品では, カーワーダイン (George Carwardine) のアングルポイズ

5.4 人工光源・照明器具の変遷

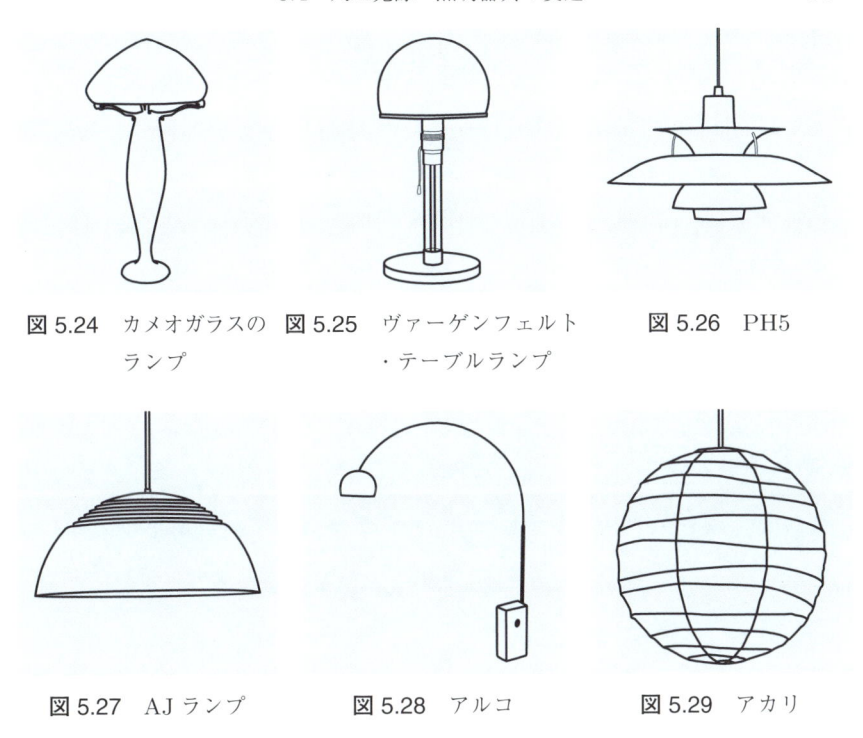

図 5.24 カメオガラスの ランプ

図 5.25 ヴァーゲンフェルト ・テーブルランプ

図 5.26 PH5

図 5.27 AJ ランプ

図 5.28 アルコ

図 5.29 アカリ

(1934年),ノグチ (Isamu Noguchi) のアカリ (1958年,図 5.29) などが代表的で,さらに光の詩人と呼ばれるマウラー (Ingo Maurer) が登場し,バルブ (1966年),ヤヤホ (1984年) などを製作している.

日本では近藤昭作の竹 (1970年),倉俣史朗の K シリーズ (1972年),黒川雅之のコブラ (1973年),ドマーニ (1977年),伊部京子の阿波 (1982年) などが代表的作品である.

(7) 照明空間デザイン

第 2 次大戦後,建築照明や環境照明などコンサルティングを含めた照明空間デザインを扱うデザイナーが登場する.その先駆者として,シーグラムビル (1958年),キンベル美術館 (1972年) の照明設計を手がけたケリー (Richard Kelly) がおり,グランルーブル (1989年),ライヒスターク (1999年) の照明設計を手がけたエンゲル (Claude Engle) やグラウンドゼロの追悼の光 (2002年〜) をデザインしたマランツ (Paul Marantz) らが続いている.

5章の問題

- **1** 光源の効率と演色性の一般的な関係について説明せよ．
- **2** 白熱電球の使用が制限されようとしている理由について説明せよ．
- **3** 光源としての LED の特徴について説明せよ．
- **4** 配光による分類として直接照明形および間接照明形の照明器具の特性について，説明せよ．
- **5** 周辺の建築空間において，建築化照明が使われている事例を調査し，その効果について考察せよ．
- **6** ヘニングセンのデザインによる PH ランプの特徴について説明せよ．

> ### ☕ PH ランプの特徴
>
> PH5 を代表とする PH ランプは，ヘニングセン（Poul Henningsen）の理想の光の徹底的追求によりデザインされたもので，特徴としては，
> ① グレアフリー（光源が直接見えないことで，瞳孔が閉じず親和的印象を生み，だんらんの場で使用できる），
> ② 対数螺旋（支点から引いた線とその点で接線のなす角が一定で，シェードに利用することにより，シェードのどの部分でも入射角が同じになり，良質な光の拡散を生む），
> ③ 光色の補正（反射板や器具内部に赤および青の塗装をすることで，まぶしいとされる緑を抑え，赤および青による黄昏時の光色を出し，夜は黄昏の延長という時間的連続感に配慮している），
> ④ 黄金分割（美的感覚を生むといわれる黄金比率を器具の寸法の随所に適用している），
> などが挙げられる．

6 昼光照明

「いつでも大空が，自然の果てしないものが私を引きつけ，喜びをもってながめる機会を私に与えてくれる．」　　ポール・セザンヌ

　一般に採光といわれている概念は，専門用語としては昼光照明という．技術の進歩で我々の身の回りに人工照明光が増えたといっても，光量としては，太陽と空からの光である昼光が占める割合は現在でも圧倒的である．人類の歴史でいうと，つい最近まで，昼光が人間の生活を決定的に支配していたのである．昼光照明の主たる光源は，開口部から見える天空で，これは太陽を源とする大気で拡散された光である．天候に左右され変動が大きくまた方向性が強く影との対比が大きいなどの理由で，太陽からの直射日光は，昼光照明の光源として扱わない場合が多い．よって開口部の設計のための指標としては天空の利用率ともいえる昼光率を用いる．

---

6 章で学ぶ概念・キーワード

- 昼光照明，昼光光源
- 太陽照度定数
- 直射日光，天空光，昼光
- 直射日光照度，大気透過率
- 全天空照度，昼光率

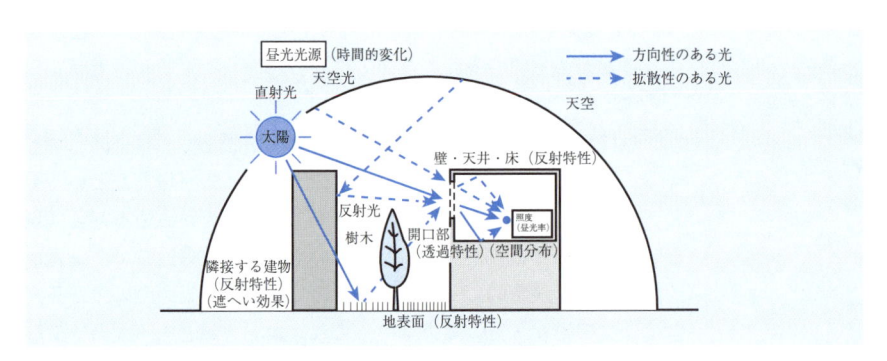

6.1 昼光照明の特性

(1) 昼光照明の要素

基本的には太陽を源とする光を光源とする照明を**昼光照明**といい，一般的には**採光**とも呼ばれる．昼光照明のための光源を**昼光光源**という．開口部（窓）を通して入る直射光や天空光のほか，開口部外の建物，植栽，地面などからの反射光も昼光光源と見なす（図 6.1）．図式的には外界の状況を切り取った開口部面を昼光光源と考える．

図 6.1*　昼光照明の要素

ただし太陽からの直射日光については，①気象条件に左右され変動が大きく安定的に得ることができないこと，②方向性が強い光で照射されている部分と影の部分との対比が強いこと，③光量が多すぎる場合があることなど，明視照明の観点から問題があるとの理由から計算上取り扱わず，昼光による照明のための昼光光源としては天空光のみを考えることが多い．ただ直射日光の光量は天空光の光量よりもはるかに大きく，近年は，昼光をより積極的に採り入れて省エネルギーや快適性を向上させるために，ライトシェルフ，ライトダクト，ライトガイドなどの日照導入装置を用いて，直射日光を積極的に活用することが試みられている．

(2) 昼光照明の意義

科学技術の進歩で我々の身の回りに人工光が増えたといっても，光量的には昼光の占める割合は現在でも圧倒的に多い．人類の歴史では，ごく最近まで昼光が人間の生活を決定的に支配していたのである．

居住生活という面で，人工照明で使用されるエネルギーは，暖房や冷房と並

んで大きな割合を占めている．CO_2 削減など地球環境問題を考慮すると，すべての分野でエネルギー消費の抑制が求められている．その意味では，昼光を利用した昼光照明は，人工照明と併用した場合でも，エネルギーの効率的利用に寄与することが大いに期待される．

一方，開口部に問題があり，光環境・視環境面での性能の確保が十分でなかった場合，スラム化などを引き起こし，その建築の物理的寿命に至る前の建て替えということが起こる可能性がある．このように社会的寿命が短くなることは，省資源・循環型社会の流れに完全に逆行することになる．また災害時などの非常時には，人工照明を十分に使用できなくなる可能性があり，そのような生活状況下では，基本的な照明は開口部からの昼光に大きく頼らざるを得ない．よって居住環境の確保という観点から，昼光照明を無視し，人工照明に全面的に依存するということはできない．

(3) 昼光照明についての工夫

欧米では，大きな開口部を如何に確保するか建築技術の大きな課題であった（7.5 節参照）．一方，日本では，通風を主眼とした開放性の高い建築様式（図 1.5 参照）のため，大きな開口部は確保できたが，気候的に雨量が多く，また夏季の日射を避けるため，軒の出を深くとる必要があった．このことは昼光照明にとっては不利になるため，日本の伝統的な建築においては，昼光照明について反射光をうまく利用するさまざまな工夫が見られる（図 6.2）．

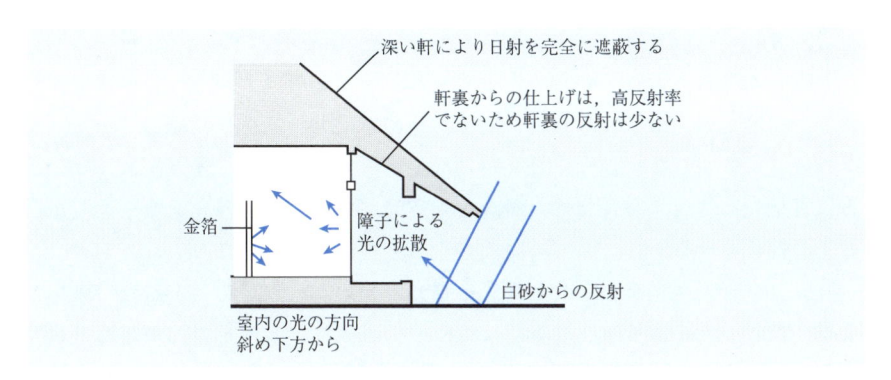

図 6.2* 日本の伝統的な建築における昼光照明の工夫

6.2 昼光光源

6.2.1 昼光

(1) 太陽照度定数・太陽定数

地球との距離が平均的な距離にある太陽からの直射日光による大気上端における法線照度を**太陽照度定数**という．直射日光定数ともいわれる．太陽照度定数 E_{vo} は，現在のところ，

$$E_{vo} = 134\,\text{klx}$$

と見積られている．直射日光による大気上端における実際の法線照度である**大気外法線照度** E_o は，太陽と地球の距離が一定ではないために，若干変動するが，実用的には，

$$E_o = E_{vo}$$

とする場合が多い．

同じく平均的な距離にある太陽からの大気上端における法線面への太陽放射エネルギーを**太陽定数**といい，太陽定数 J_o は，次のようになる．

$$J_o = 1.37\,\text{kW/m}^2$$

参考 解説 6.1：太陽照度定数・太陽定数 □

(2) 太陽光の分類

光の観点での太陽放射を**太陽光**といい，大気に入射する太陽光のうち大気中で散乱されずに地表面に達するものを**直射日光**という．

太陽光のうち，大気中の空気粒子や水蒸気などで散乱されたものを**青空光**という．短波長の光ほど散乱されやすく，その結果として青空になる．一方，太陽の位置が分からないような曇天時に地上に達する散乱光を**曇天光**という．さらに青空光と曇天光を合わせた概念を**天空光**といい，直射日光を除く天空からの光の総称となる．

直射日光と天空光を合わせた概念を**昼光**といい，太陽を源とする光の総称となる．なお昼光による照明計算時には，直射日光と天空光が周囲の建物や地面などで反射する**地物反射光**を昼光の一部とする場合もある．

6.2.2 直射日光

直射日光は大気を通過するとき散乱や吸収により減衰するため，地表では弱

6.2 昼光光源

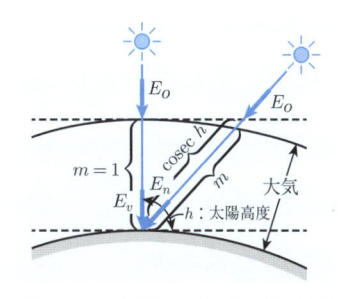

図 6.3* 直射日光照度の説明図

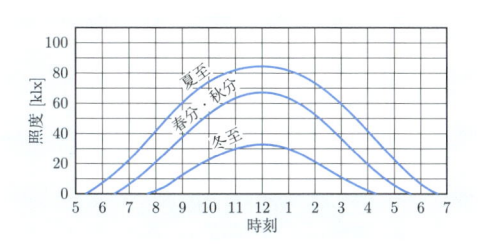

図 6.4* 水平面の直射日光照度（北緯 35°，大気透過率 0.7）

くなる．直射日光が大気を垂直に通過する場合の透過の程度を**大気透過率**といい，大気の透明度の指標となる．大気透過率は概ね 0.6〜0.7 の値となり，夏季より冬季のほうが大きくなる傾向にある．

大気透過率を P，太陽高度を h とすると，地表における太陽方向に対する法線面の**直射日光照度** E_n [lx] は（図 6.3），

$$E_n = E_o P^{\operatorname{cosec} h} \tag{6.1}$$

となる．この式をブーゲ（Bouguer）**の式**という（6 章の問題 1 参照）．また直射日光による地表における水平面照度 E_h [lx] は，次式となる．

$$E_h = E_o P^{\operatorname{cosec} h} \sin h \tag{6.2}$$

北緯 35° での水平面における季節毎の水平面の直射日光照度を図 6.4 に示す．さらに直射日光による太陽の方向に垂直な鉛直面照度 E_v [lx] は，次式となる．

$$E_v = E_o P^{\operatorname{cosec} h} \cos h \tag{6.3}$$

参考 解説 6.2：(6.3) 式の導出 □

なお天頂における太陽の輝度は，地表からで 1.65×10^9 cd/m^2 程度となる．一方，大気中で散乱されずに地表面に達する太陽放射を**直達日射**といい，地表における太陽方向に対する法線面の**直達日射量** J_{dn} [W/m^2] は，次式となる．

$$J_{dn} = J_o P^{\operatorname{cosec} h} \tag{6.4}$$

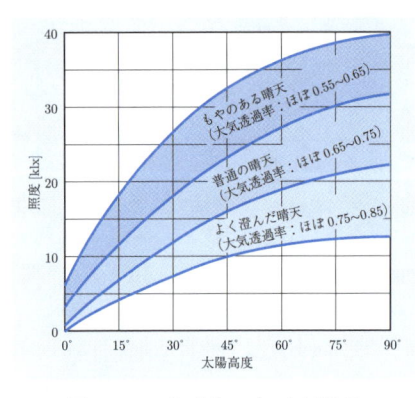

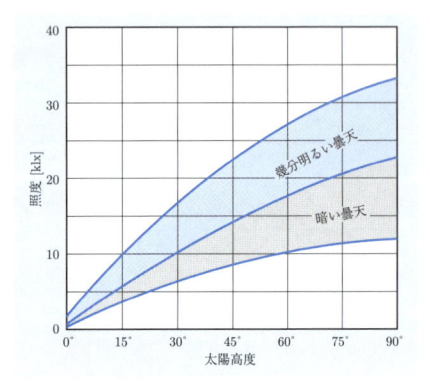

図 6.5* 晴天時の全天空照度   図 6.6* 曇天時の全天空照度

6.2.3 天空光

(1) 全天空照度

全天空照度とは，直射日光を除き全天空からくる光による屋外水平面照度のことをいう．太陽高度の関数としていろいろな提案がある．図 6.5 に晴天時，図 6.6 に曇天時の北緯 35° における全天空照度を示す．よく澄んだ晴天時よりも曇天時のほうで全天空照度が大きい場合がある．

(2) 青空光

直射日光や青空光が主となる**晴天空**の輝度分布は均一ではなく，太陽周辺で最も高く，天球上で太陽と直角になる位置周辺で最も低くなる．国際的な標準として，**CIE 標準晴天空**が用意されている（図 6.7）．

青空光による水平面照度 E_{sh} [lx] を求めるための，天空を等輝度拡散面と仮定した**ベルラーゲ**（Berlage）**の式**がある．太陽高度を h として，次式となる．

$$E_{sh} = \frac{1}{2} E_o \sin h \frac{1 - P^{\operatorname{cosec} h}}{1 - 1.4 \ln P} \tag{6.5}$$

同じく大気中で散乱したり雲で反射して地表面に達する空全体からの太陽放射を**天空日射**といい，晴天時の水平面の**天空日射量** J_{sh} [W/m^2] は，

$$J_{sh} = \frac{1}{2} J_o \sin h \frac{1 - P^{\operatorname{cosec} h}}{1 - 1.4 \ln P} \tag{6.6}$$

となる．なお水平面における直射日光照度と全天空照度の和を**全天照度**あるいは**グローバル照度**という．また同じく水平面における直達日射量と天空日射量

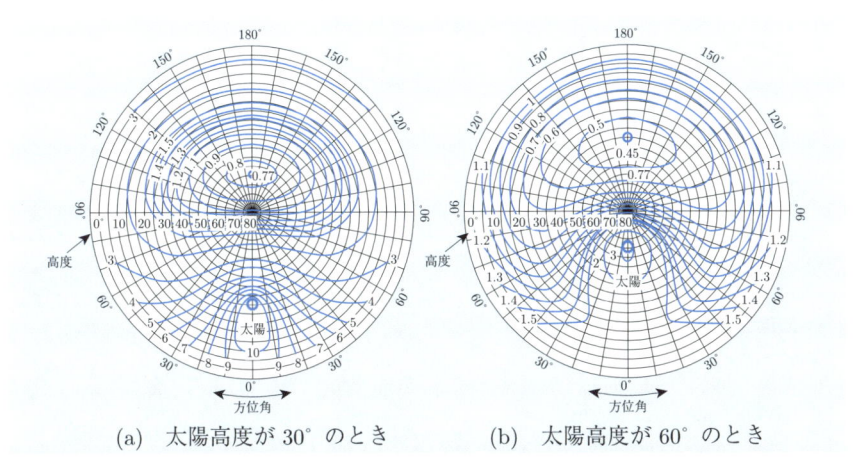

(a) 太陽高度が 30° のとき　　(b) 太陽高度が 60° のとき

図 6.7* CIE 標準晴天時の輝度分布（図中の値は天頂輝度に対する比率）

の和を**全天日射量**あるいは**グローバル日射量**という．空気が澄んだ状態で大気透過率が大きいと，直射日光照度と直達日射量は大きくなり，全天空照度と天空日射量は小さくなる．

(3) 曇天光

天空のある部分の見かけの輝度を**天空輝度**という．全天が雲で覆われ直射日光もなく青空も見えない**曇天空**の場合の天空輝度は，概ね方位に無関係で高度だけで決まる．CIE では，昼光照明計算の標準化を目的として，曇天空を標準化した **CIE 標準曇天空**を設定している（図 6.8）．CIE 標準曇天空の式は，高度 h の天空輝度を L_h，天頂の天空輝度である**天頂輝度**を L_z とすれば，

$$\frac{L_h}{L_z} = \frac{1 + 2\sin h}{3} \tag{6.7}$$

となる（6 章の問題 4 参照）．また，この場合の全天空照度 E_s は，次式となる．

$$E_s = \frac{7}{9}\pi L_z \tag{6.8}$$

簡便な採光計算においては，全天空均一な輝度を持つと仮定することが多く，その場合の均一輝度を L_m とすると，

$$E_s = \pi L_m \tag{6.9}$$

となり，次式の関係になる．

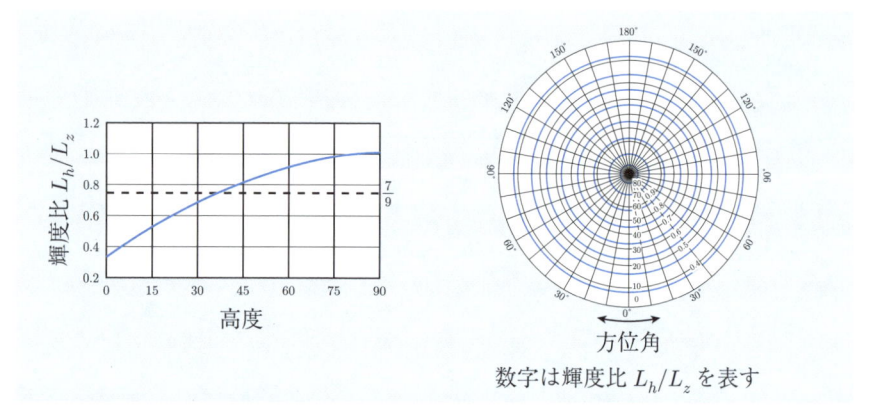

図 6.8* CIE 標準曇天時の輝度分布

$$L_m = \frac{7}{9} L_z \tag{6.10}$$

なお，うす曇りや晴れたり曇ったりというような，晴天空と曇天空の中間的状態を**中間天空**と呼ぶ．日本での出現頻度は，概ね晴天空が 5%，中間天空が 70%，曇天空が 25% となっている．

(4) 設計用全天空照度

基準昼光率（6.3 節参照）を決めるため，全天空照度の出現率（図 6.9）などから標準的な値を定めている．これを**設計用全天空照度**と呼び，室内の標準状態に対応する値は，普通の日として 15 000 lx，必要最低照度に対応する値は，暗い日として 5 000 lx が設定されている．その他，明るい日 30 000 lx，非常に暗い日 2 000 lx などが用意されている．

昼光を照明に利用しようとする時間を**採光昼間**といい，この時間以外では一応昼光を期待しないことになる．一般に太陽高度 10° 以上の時間をとる（図 6.10）．

6.2.4 昼光の色の特性

昼光の色温度については，表 4.10 に示す（4.7.1 項参照）．ある程度の変動はあるが，直射日光は太陽高度が高いほど相関色温度は高く，代表値として，太陽位置が天頂では 5 250 K，地平線上では 1 850 K となっている．CIE の標準光源では，正午の直射日光を 4 870 K としていた．日出後と日没前は 2 000～2 500 K，朝と夕は 3 000～4 000 K と考えてよい．一方，天空光については，方

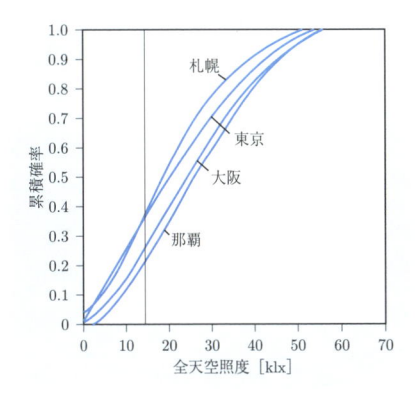

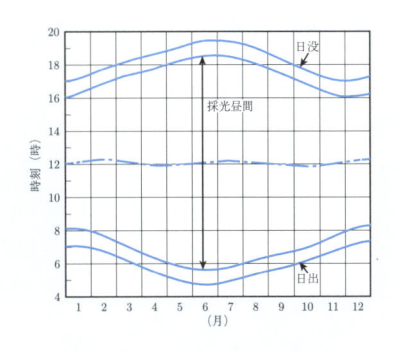

図 6.9*　全天空照度の出現率（累積確率）　　図 6.10*　採光昼間（北緯 35°）

位や天候に左右されかなりの変動幅があるが，代表値として，特に澄んだ北西の青空光 22 500 K，北の青空光 12 300 K，曇天光 6 250 K などがある．太陽の直射日光よりも相関色温度は高い．なお紫外線を含む平均的昼光を模したものとして相関色温度 6 500 K の**標準光源 D_{65}** が設定されている．

　昼光光源の分光分布の一般的な傾向をモデル化したものを図 6.11 に示す．可視領域では，直射日光の分布は比較的均等だが，青空光は短波長成分，夕日は長波長成分が多い．なお演色性の基準となる自然昼光の状態は，日出 3 時間後から日没 3 時間前の北空による**北空昼光**とされている．

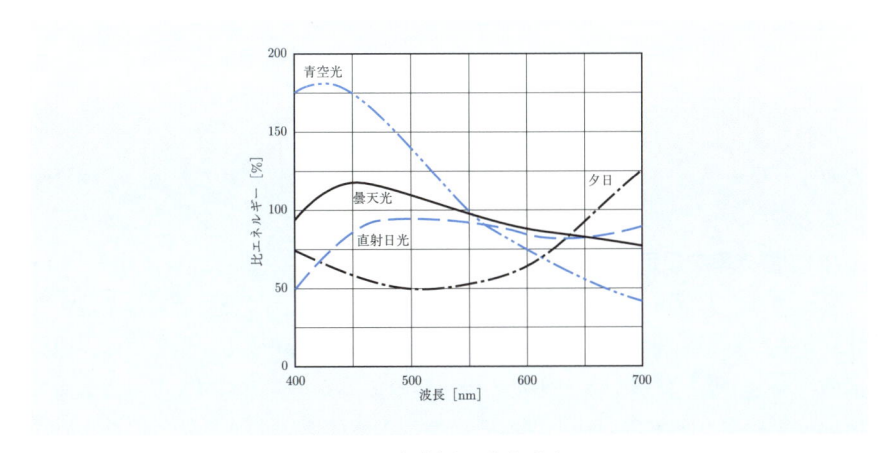

図 6.11*　昼光光源の分光分布モデル

6.3 昼光率

(1) 昼光率の定義

昼光による照度は，時刻，天候などによる変動が多く，物理的に安定性に欠け，また人間の目の順応輝度が外部の条件で変化する．よって開口部の大きさや位置の決定など昼光設計の基準や明るさの目安の検討のためには，直射日光を除いた昼光光源としての天空の利用率の指標である**昼光率**を用いる（図6.12）．昼光率は主に開口部などから天空が望める量により決定される．

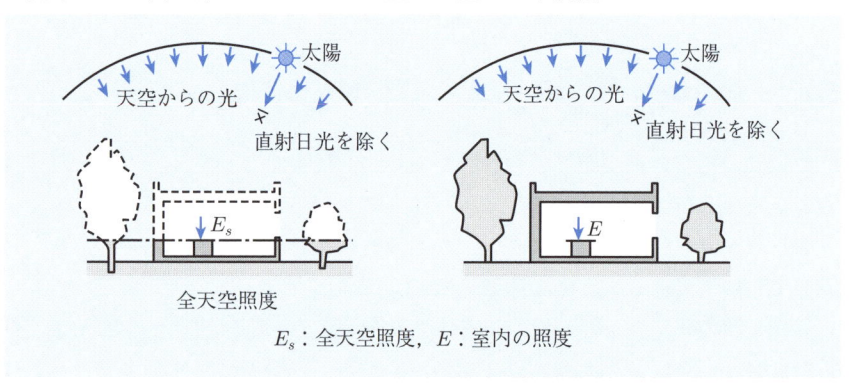

E_s：全天空照度，E：室内の照度

図 6.12* 全天空照度と昼光率

昼光率 D は，全天空照度 E_s [lx] に対する室内のある点の照度 E [lx] の比で表し，次式となる（6章の問題8参照）．

$$D = \frac{E}{E_s} \tag{6.11}$$

直射日光を除いた条件のもとでは，昼光による室内のある点の照度は，全天空照度と昼光率の積で求められる．ただし絶対量に違いがあるため，直射日光がある場合の昼光環境の検討には，昼光率は適していない．

(2) 昼光率を規定する条件

昼光率は，天空輝度分布が均一との仮定のもとでは，外部の光環境条件の変化にかかわらず，開口部や内装の条件により一意的に決まる．昼光率は，開口部の大きさ，形，位置などが主たる規定要因となるが，透過率などガラス面の状態，反射率など室内の仕上げもその値に影響する．よって昼光率を高めるためには，①開口部を大きくする，②複数個設置する，③高い位置に設ける，

④開口部の透過率を上げる,⑤内装の反射率を上げる,などが挙げられる.ただし実際の天空の輝度分布は変動するため,同一の開口部であっても昼光率は若干変動することになる.

(3) 基準昼光率

平均的な外部の昼光環境のもとで,昼光のみで適切な視作業性を確保する場合の下限値を**基準昼光率**といい,日本建築学会で規定されている(AIJES–L001).基準昼光率は,全天空照度を設計用全天空照度の普通の日の 15 000 lx として,日本工業規格の旧照度基準(JIS Z 9110:1979)に対応させて定めたものであり,開口部の設計のための指標として用いる.表 6.1 に基準昼光率を示す.

(4) 天空率

屋内,屋外にかかわらず,見かけの天空部分の立体角投射率を**天空率**という.開放感などの指標となる.天空が均一輝度で,建具や窓材料がない素通しの単純開口部の場合,天空率と直接昼光率(p.138 参照)の値は一致する.

表 6.1* 基準昼光率

段階	基準昼光率 (%)	視作業・行動のタイプ (例)	室空間の種別例	全天空照度が 15 000 lx の場合の照度 [lx]
1	5	長時間の精密な視作業 (精密製図,精密工作)	設計・製図室 (天窓・頂側光による場合)	750
2	3	精密な視作業 (一般製図,タイプ)	公式競技用体育館 工場制御室	450
3	2	長時間の普通な視作業 (読書,診察)	事務室一般 診察室 駅・空港コンコース	300
4	1.5	普通の視作業 (板書,会議)	教室一般,学校 体育館 病院検査室	230
5	1	短時間の普通の視作業 または軽度の視作業 (短時間の読書)	絵画展示美術館[1] 病院待合室 住宅の居間・台所[2]	150
6	0.75	短時間の軽度の視作業 (包帯交換)	病院病室 事務所の廊下・階段	110
7	0.5	ごく短時間の軽度の視作業 (接客,休憩,荷造り)	住宅の応接室・玄関・便所[2] 倉庫	75
8	0.3	短時間出入りする際の方向づけ (通常の歩行)	住宅の廊下・階段[2] 病棟廊下	45
9	0.2	停電の際などの非常用	体育館観客席 美術館 収蔵庫	30

注) [1] 展示された絵画面上
 [2] 室空間の中央床面上

6章の問題

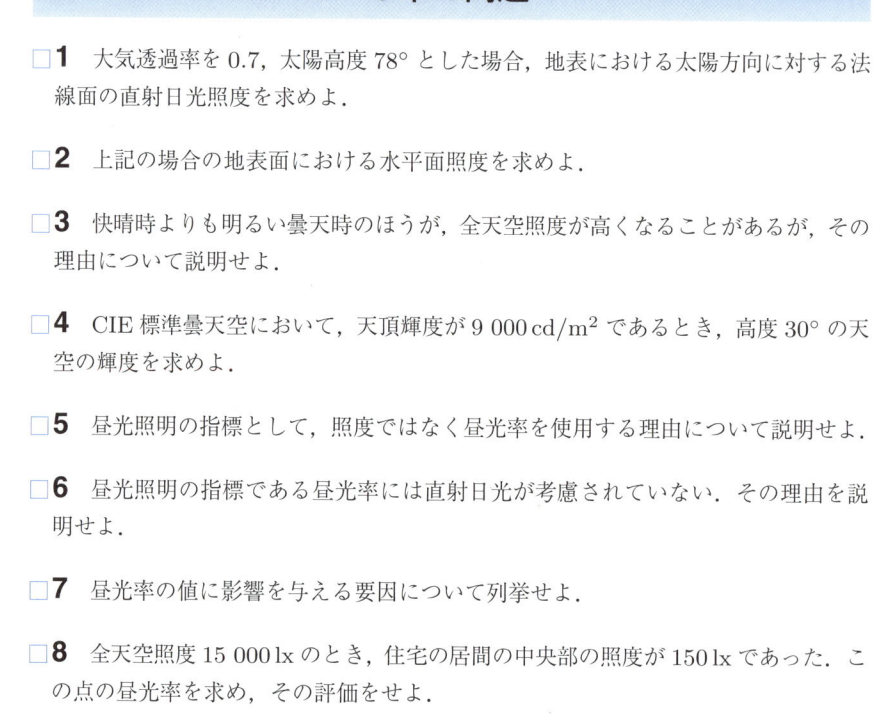

☐**1** 大気透過率を 0.7，太陽高度 78° とした場合，地表における太陽方向に対する法線面の直射日光照度を求めよ．

☐**2** 上記の場合の地表面における水平面照度を求めよ．

☐**3** 快晴時よりも明るい曇天時のほうが，全天空照度が高くなることがあるが，その理由について説明せよ．

☐**4** CIE 標準曇天空において，天頂輝度が $9\,000\,\mathrm{cd/m^2}$ であるとき，高度 30° の天空の輝度を求めよ．

☐**5** 昼光照明の指標として，照度ではなく昼光率を使用する理由について説明せよ．

☐**6** 昼光照明の指標である昼光率には直射日光が考慮されていない．その理由を説明せよ．

☐**7** 昼光率の値に影響を与える要因について列挙せよ．

☐**8** 全天空照度 $15\,000\,\mathrm{lx}$ のとき，住宅の居間の中央部の照度が $150\,\mathrm{lx}$ であった．この点の昼光率を求め，その評価をせよ．

☐**9** 設計用全天空照度として $15\,000\,\mathrm{lx}$ を用いている理由について説明せよ．

> 💭 **賢明な光学者**
>
> 一般に物理学の単位は人名由来による大文字からなるもの（N, Pa, J, W, K, Hz, C, A, V, F, H, G など）が多い．一方，測光量の単位は頭文字が非人名由来の小文字（lm, lx, cd）で構成されている．これは測光量の単位に関する議論が，第 1 次・第 2 次大戦をはさみ行われ，各国間の政治的対立が表面化する中，国威にかかわるような特定の国の特定の個人名を単位の名称に設定しなかった（できなかった）ことを表している．そのため無用な対立を避けたという点で，光学者はある意味賢明であったといわれている．

7 開口部

「よろい戸を開けてくれ．光を，もっと光を！」　　　　ゲーテ

　開口部，すなわち窓の機能には，採光，通風というような物理的な機能だけでなく，眺望，開放感，やすらぎなどの享受という心理面での健康に関する機能がある．いいかえれば，光，音，熱，空気といった物理的要素だけでなく，心理的・社会的な要素を含めて，建築物の外部から人間の居住環境に必要なものを採り入れるという機能全般を開口部が負担しているのである．そのような意味で，建築部位の中で開口部は多様性が高い部位であるといえる．光環境・視環境の観点や通風面では透過性が重要であるが，一方，騒音や断熱という観点からは，逆に弱点になりかねない．一般に建築設計にあっては，このようなトレードオフの関係にあるものをいかにバランスよくまとめていくかが重要となるが，この問題が端的に現れるのが開口部といっても差し支えない．

> **7章で学ぶ概念・キーワード**
> - 開口部，窓，開放感
> - 採入性，排出性，透過性，遮断性
> - 側窓，天窓，頂測窓
> - 窓材料，窓装備，窓装置

7.1 開口部の要件

7.1.1 開口部の機能・性能
(1) 透過性・遮断性

外壁，屋根など外界と接する建築の部位面で，光を採入することを目的として切り抜かれた部分を**開口部**といい，いわゆる**窓**と同義になる．

表 7.1 開口部の機能・性能

	透過性		遮断性
	採入性	排出性	
光	日照，採光（昼光照明）		紫外線，漏光
視覚	外部情報，眺望，開放		外部視線
音	自然音		外部騒音，生活騒音
熱	冬季日射，採暖，採涼	室内発熱	夏季日射，暑さ，寒さ
空気	通風，新鮮外気	室内汚染物質	強風，隙間風，外気汚染物質
水	水蒸気	水蒸気	雨，雪
火災	消火，救助	排煙，避難	延焼，類焼
生物	動線	動線	害虫，犯罪者，飛来物
その他			電磁波，放射線，飛来物

開口部の機能や性能は，**採入性**と**排出性**を合わせた**透過性**，および**遮断性**から構成される（表 7.1）．開口部の物理的な機能や性能としては，透過性として，光透過性，通気性など，一方，遮断性として，断熱性，気密性，防水性などが要求され，透過性と遮断性は相反する面がある．日照や採光量を増加させるために開口部の面積を単純に増大させることは，暖冷房エネルギー使用量や外部騒音の侵入の増大を招いたり，さらにはプライバシー確保が困難となるなどの課題があることに留意すべきである．開口部の設計の際には，このようなトレードオフの関係やバランスを十分考慮する必要がある．

(2) 機能・性能の変化

開口部の機能には，採光（昼光照明），通風という物理的な機能だけでなく，眺望，外部情報，開放感などの享受という心理面に関する機能がある．すなわち光，音，熱，空気という物理的要素だけでなく，心理的な要素を含めて，建築物の外部から居住環境に必要なものを採入する機能も開口部が有しているのである．さらに採光は人工照明設備によって，通風は機械換気設備によって代

替されていることを考えると，開口部の機能および求められる性能は，心理的機能・性能という2次的側面のほうに比重が移っているといえる．

7.1.2 開口部設計の要点

表 7.1 に示したように，開口部には多くの機能があり，設計における要件も多岐にわたる．また建築立面への意匠効果も大きく，開口部の設計には総合的な観点が要求される．ここでは光環境・視環境からの必要事項を示す．

光環境・視環境に関する外部環境要素の採入という観点からは，開口部の機能を昼光照明とそれ以外に大別することができる．

(1) 昼光照明

光環境の観点では，開口部は天空を切り取ることになるため，昼光光源と位置づけられる．昼光率の確保などが設計目標になる（6章参照）．

(2) 心理的性能・機能

開口部が担保すべき心理的機能・性能は多様であるが，まず眺望を含めた外部情報の享受の適否については，外部の状態により左右される．よって，外部情報の内容によって，視覚的に採入か遮断かを判断することになる．

人間が空間の状態から受ける視知覚的な広さの感じと定義される**開放感**については，いくつかの量的な要因で，ある程度説明が可能であり，コンピューターグラフィクスや模型などで視覚的に判断できる．また開口部によってもたらされる空間的印象の多くは開放感と連動しているという理由から，開口部の心理的機能の代表性が高いと考えられる．ただし開放感を直接説明する指標や基準値は確定していない．

開放感に影響を及ぼす要因としては，開口部の大きさ，室容積，室内の明るさなどであり，いずれの要因もその増加によって開放感も上昇する．室内の明るさを左右する開口部の採光性能や内装の反射率，さらに窓外空地や天空の状態なども結果的に室内の開放感に影響を与える．窓外空地が広い場合は開口部の採光性能に寄与するが，狭い場合は採光性能を阻害するだけでなく，心理的圧迫感をもたらし開放感を減じることになる．

開口部の設計にあたっては，開口部の大きさと室容積のバランス，開口部の位置や数，内装の反射率，窓外空地の状況などの面から，その空間用途や使用者に必要な開放感の確保を検討する必要がある．

7.2 開口部の分類

開口部は，大きく側窓，天窓とに分類される．図 7.1 に開口部の分類を示す．

(1) 側窓

壁面の採光のための窓を**側窓**という．図 7.2 に側窓の例を示す．

[1] 名称

窓の位置が視線より上にある側窓を**高窓**という．窓の位置が天井面より高い位置にある側窓を**頂側窓**という．

採光窓を設ける壁面が 1 面のときを**片側採光**，採光窓を設ける壁面が 2 面のときを**二面採光**，採光窓を設ける壁面が 3 面以上のときを**多面採光**という．また二面採光の 2 面が相対するときを**両側採光**という．

[2] 特徴

側窓は簡単な構造のため雨仕舞に問題は少なく，開閉操作や保守管理が容易である．透明窓の場合，視界が得られるが近隣建物の影響を受けやすい．また室内の照度分布の性状は，一般に高い位置にあるものほど均一になる．

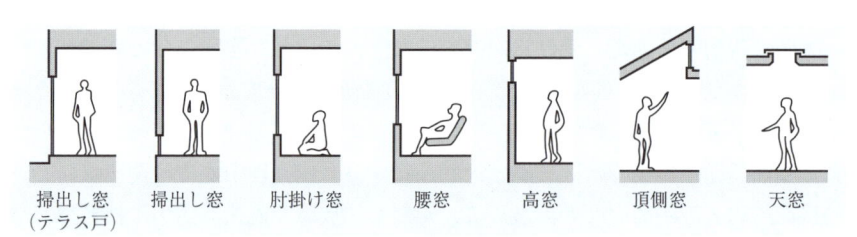

掃出し窓（テラス戸）　掃出し窓　肘掛け窓　腰窓　高窓　頂側窓　天窓

図 7.1*　開口部の分類

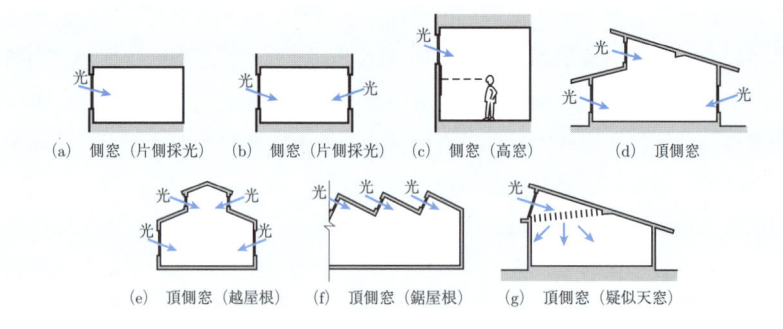

(a) 側窓（片側採光）　(b) 側窓（片側採光）　(c) 側窓（高窓）　(d) 頂側窓

(e) 頂側窓（越屋根）　(f) 頂側窓（鋸屋根）　(g) 頂側窓（疑似天窓）

図 7.2*　側窓の例

個別には，片側採光は，モデリングはよいが照度分布の均一性の確保が難しく，室奥が照度不足になりやすい．照度分布の推奨値としては，最低照度と最高照度の比を 1/10 以上としており，奥行きが長い空間では照明器具を使う必要がある．両側採光は，照度分布は改善されるが，主光線が 2 方向になり落ち着きが失われる．高窓・頂側窓は，照度分布は良好であり，採光面が北側の場合，グレアの少ない安定した光が得られ，室内の壁面を明るくしたい場合などに有利になる．ただし視界が得られず，開閉操作や保守管理もやや煩雑になる．

[3] 方位との関係

南側採光は，光量は大きいが，直射日光の影響が大きく採光的にはやや不安定である．北側採光は，光量は小さいが，直射日光が入らないため安定した明るさや色の見え方を得やすく，アトリエ，製図室，展示室などに適している．東西側採光は，直射日光が室奥まで差込むため，一般に採光上は不利である．

(2) 天窓

屋根天井面からの採光のための窓を**天窓**という．図 7.3 に天窓の例を示す．

天窓の特徴としては，採光面での効率が高く光量が多いことが挙げられ，建築基準法では，天窓は同一面積の側窓の 3 倍の効果があるとしている．また照度分布を均一にしやすく，近隣建物の影響も受けにくい．ただし直射日光が入った場合は，グレアや輝度分布の不均一を生み，照度自体が不安定になる．一方，視界が得られず，開放感に欠ける．また熱的には不利で，構造的には雨仕舞に難点があり，開閉操作や保守管理が煩雑になりやすい．

(3) その他

地表面，水面など下方からの反射光を側窓や下向きの窓を通して利用する**底光採光**という手法がある．

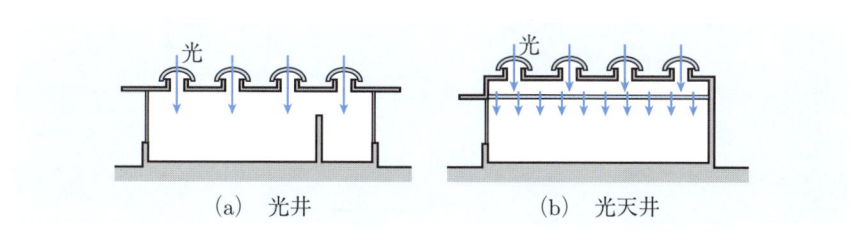

図 7.3* 天窓の例

7.3 窓材料・窓装備・窓装置

開口部の採入性，排出性，遮断性については，開口部周りの窓材料，窓装備，窓装置の種類・素材によって大きく左右される．そのため開口部の設計においては，それらの採光特性をはじめ，光の制御性，強度，保守管理性などを十分検討する必要がある．

(1) 窓材料

開口部面を構成している材料を**窓材料**という．窓材料の主たるものはガラスであり，その種類は多い．採光特性，遮音特性，断熱特性など多岐にわたり要求されるが，透過性状に注目すると，透明，半透明，半拡散，拡散，指向性に分けられる．透視を避けたい程度に応じて，拡散性を上げることになる．

光の性状としては，窓材料が透明から拡散になるに従って，室内の照度分布

透過性状	光の透過の仕方	室内から外部の見え方	室内のおおよその照度分布	窓材料・窓装備・窓装置
透明	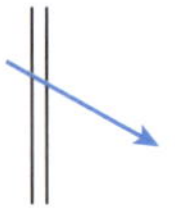	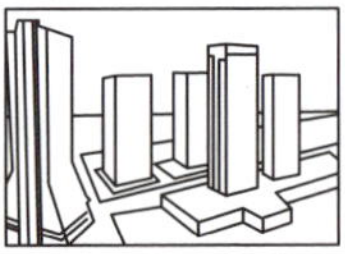	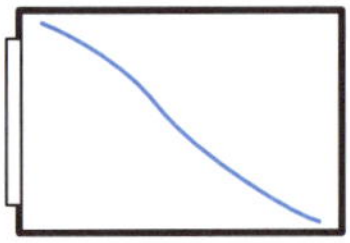	窓材料なし，透明ガラス，みがき網入ガラス，透明アクリライト，透明吸熱ガラス，透明二重ガラスなど
半透明	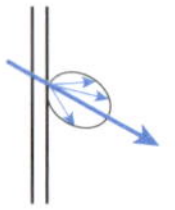	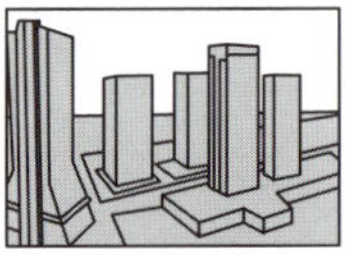	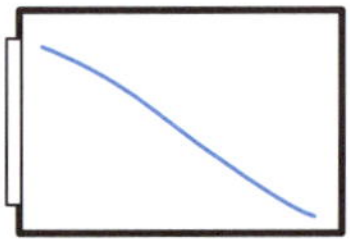	型板ガラスの一部，普通網入ガラス，レース，カーテン，すだれなど
半拡散	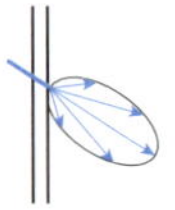	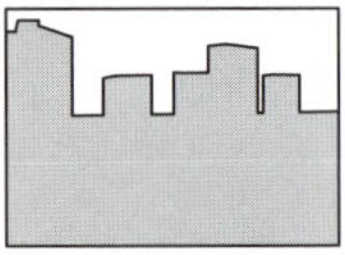	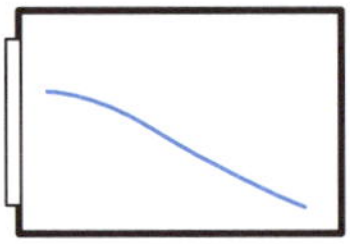	型板ガラスの一部，くもりガラス，すりガラス，ガラスブロック，異形ガラスなど
拡散	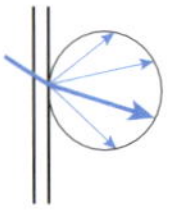		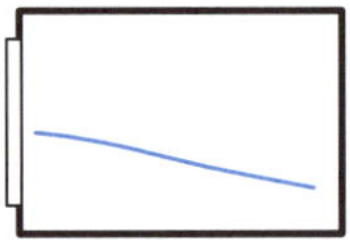	乳白色ガラス，乳白色プラスチック，カーテン，障子紙など
指向性	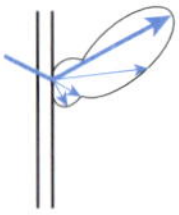	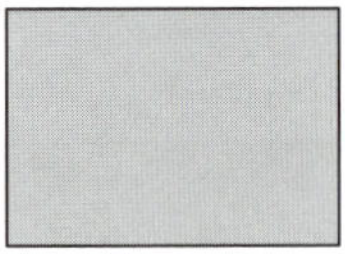	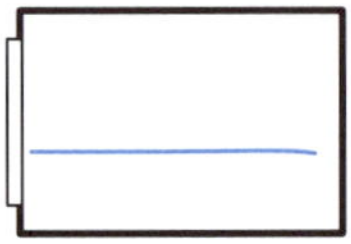	指向性ガラスブロック，デッキガラス，プリズムガラス，ガラスチューブ，ルーバー，ベネシアンブラインド，よろい戸など

図 7.4* 窓材料・窓装備・窓装置と採光特性

7.3 窓材料・窓装備・窓装置　　119

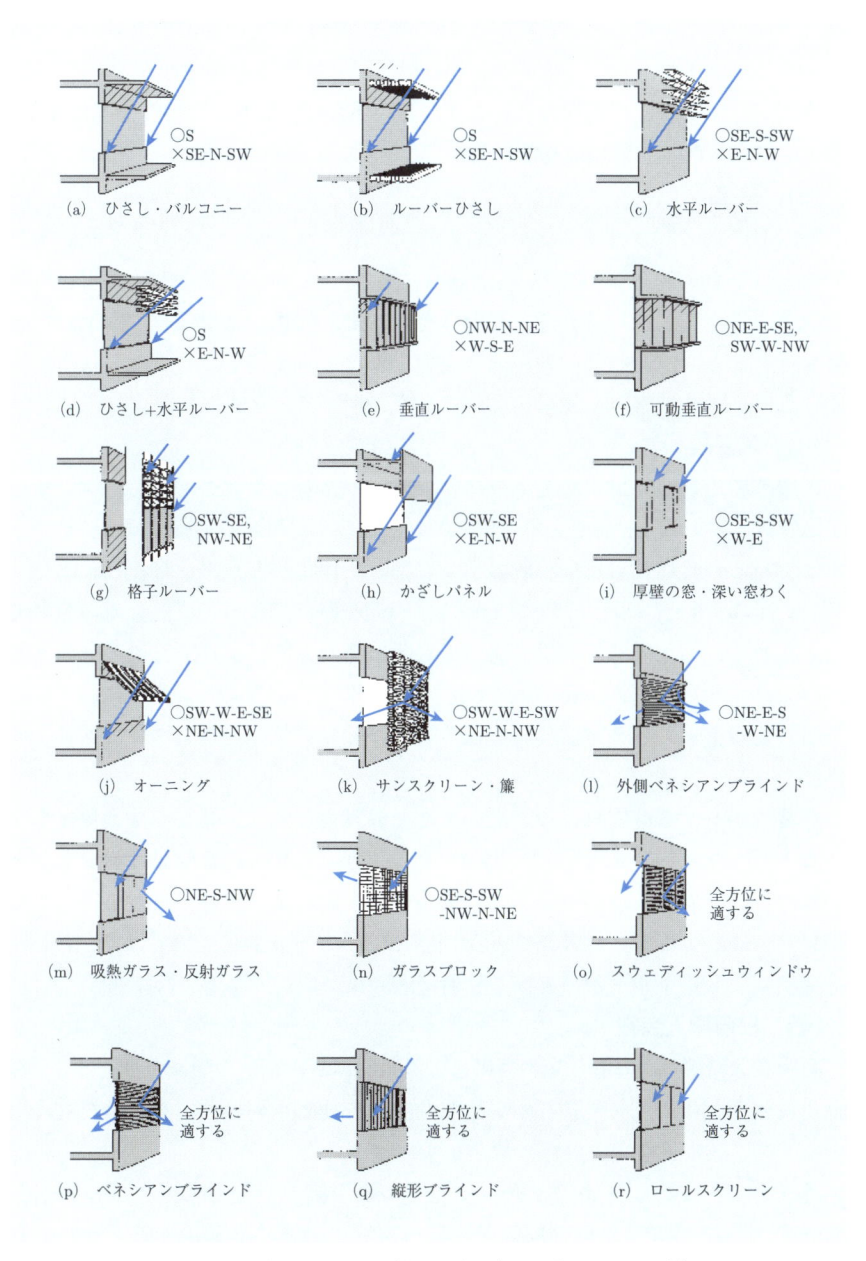

(a) ひさし・バルコニー　○S　×SE-N-SW
(b) ルーバーひさし　○S　×SE-N-SW
(c) 水平ルーバー　○SE-S-SW　×E-N-W
(d) ひさし+水平ルーバー　○S　×E-N-W
(e) 垂直ルーバー　○NW-N-NE　×W-S-E
(f) 可動垂直ルーバー　○NE-E-SE, SW-W-NW
(g) 格子ルーバー　○SW-SE, NW-NE
(h) かざしパネル　○SW-SE　×E-N-W
(i) 厚壁の窓・深い窓わく　○SE-S-SW　×W-E
(j) オーニング　○SW-W-E-SE　×NE-N-NW
(k) サンスクリーン・簾　○SW-W-E-SW　×NE-N-NW
(l) 外側ベネシアンブラインド　○NE-E-S-W-NE
(m) 吸熱ガラス・反射ガラス　○NE-S-NW
(n) ガラスブロック　○SE-S-SW-NW-N-NE
(o) スウェディッシュウィンドウ　全方位に適する
(p) ベネシアンブラインド　全方位に適する
(q) 縦形ブラインド　全方位に適する
(r) ロールスクリーン　全方位に適する

図7.5* 窓装置・窓装備の分類（○：適，×：不適）

はより均一になっていく．窓材料として透明性の材料を使用したときは，必要に応じてブラインド，カーテンなどの併用により拡散性を持たせるようにする．ガラスブロックなど指向性の材料を使用した場合は，天井の反射光を利用する．図7.4に窓材料・窓装備と採光特性を示す．

(2) 窓装備

開口部周辺に取り付ける建築部材の中で，取り外しができるものを**窓装備**といい，ベネシアンブラインド，ロールスクリーン，カーテンなど広く用いられている．外界の状態に応じて，直射日光，光量，配光，透視性などの制御・調整を行うことで，開口部の補完的な機能を果たすことになる．またこれらの機能における特性は素材や使用状況によって大きく左右される．

(3) 窓装置

開口部周辺に取り付ける建築部材の中で，取り外しを前提にしていないものを**窓装置**といい，日射遮蔽を主な機能としたものを**日射遮蔽装置**や日除けということもある．特に日射遮蔽装置の中で建築と一体化したものを総称して**ブリーズソレイユ**（brise-soleil [F.]）という．季節や時刻によって直射日光の照射方向が変わるため，同じ窓装置であっても開口部の方位によって日射遮蔽の性能の得失は大きく左右される．また劣化，汚損，取り付け強度，風などに対する配慮が必要である．各種窓装備・窓装置およびその方位の適否について図7.5に示す．

窓装置が有する直射日光の遮蔽の角度を**保護角**という．等しい保護角を有するひさし，フィン，ルーバーを比較すると，直射日光の遮蔽効果は同様だがその他の特性は異なる（図7.6）．また適当な軒の出によって冬の日射を採入し夏の日射を遮蔽することが可能である（図7.7(a)）．テラスについては，ひさしとそで壁により格子ルーバーと同じ日射遮蔽効果が期待できる（図7.7(b)）．

(4) 日照導入装置

日照導入装置は，直射日光の利用による照明エネルギーの削減を目的とし，都市の高密度化により採光条件が悪化した空間や地下空間の利用などのために用いる．図7.8に日照導入装置の例を示す．

ライトコート，ライトウェルは，建物の上下階を貫通させ，上部に入射した光を下部まで導くための部位で，自然換気や排煙にも利用する．それぞれ**光庭，光井**とも呼ばれる．**ライトシェルフ**は，開口部面外部に設けたひさしの

7.3 窓材料・窓装備・窓装置　　　121

上面で反射させた直射光を室内の天井部の反射で室内に導入する方式をいう．**ライトダクト**は，側壁や屋根に設置し，内部を反射鏡など反射率の高い材料で仕上げたダクトにより直射日光などを導入する方式をいう．**ライトガイド**は，同じく鏡を組み合わせた方式をいう．**太陽追尾採光**は，太陽を自動的に追尾し直射日光を集める方式をいう．**光ファイバー**は，集光された光を伝送する場合に使用し，空間が確保できなくても，伝送可能である．

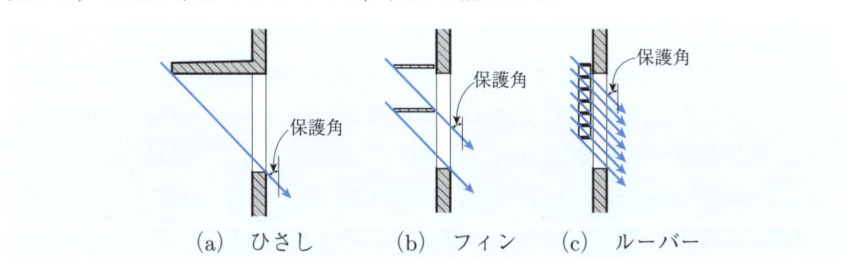

(a) ひさし　　(b) フィン　　(c) ルーバー

図 7.6*　ひさし，フィン，ルーバーの比較

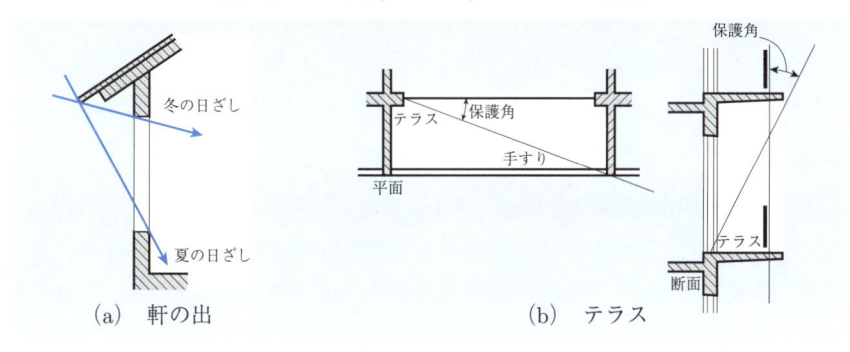

(a) 軒の出　　(b) テラス

図 7.7*　日射遮蔽の方法

(a) ライトシェルフ　　(b) ライトダクト

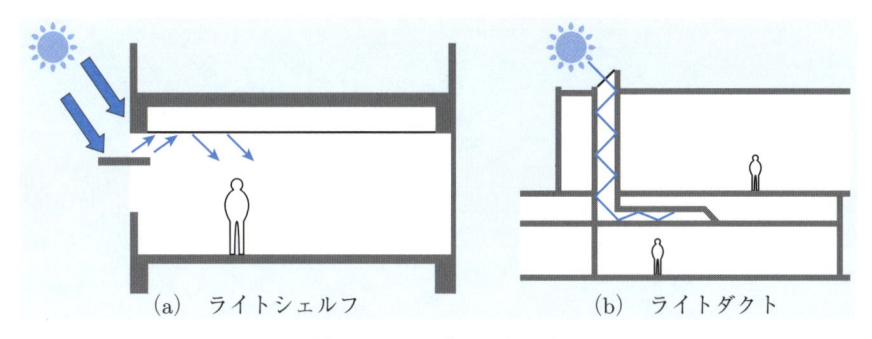

図 7.8　日照導入装置の例

7.4 開口部に関する基準

(1) 採光規定（建築基準法第 28 条 1 項，同施行令第 19 条）

建築基準法の採光規定では，住宅の居室など居住の場，学校の教室など養育の場，病院の病室など療養の場における開口部についての基準を設け，建築物が最低限確保しなければならない採光量についての義務づけを行っている．

採光を必要とする主な室の種類と開口部の大きさを表 7.2 に示す．まず，この規定の基本的な内容としては，採光上有効な開口部面積がその居室の床面積に所定の割合を乗じた面積よりも大きいことが求められる．この割合を**開口率**といい，開口部面積の床面積に対する比率に相当する．ただし採光上有効な開口部面積は実開口部面積ではなく，用途地域や開口部の上下方向の位置など設置状況による採光の性能を勘案した，最大 3 倍から最小 0 倍までの，採光補正係数という倍率を乗じた値となる．**採光補正係数**の算定式を表 7.3 に示し，説明図を図 7.9 に示す．さらに天窓の場合は 3 を，縁側に面する場合は 0.7 を乗じる．なお 2 つの室が襖，障子などで仕切られている場合には，2 室を 1 室と見なせることになっており，マンションなどではよく適用されている．

参考 解説 7.1：建築基準法の採光規定 □

(2) 住宅の品質確保の促進等に関する法律

光の量の確保における最低基準を示した建築基準法の採光規定に対し，住宅室内での採光にかかわる性能のほか，光の質などを含めた開口部の総合的効果を勘案することを目的として，住宅の品質確保の促進等に関する法律における日

表 7.2 採光が必要な居室と開口部の大きさ（抜粋）

居室の種類		割合
住宅	居 室	1/7
幼稚園，小・中学校，高等学校	教 室	1/5
保育所	保育室	1/5
大学・専修学校	教 室	1/10
病院・診療所	病 室	1/7

表 7.3 採光補正係数の算定式

	算定式
住居系地域	$\dfrac{6d}{h} - 1.4$
工業系地域	$\dfrac{8d}{h} - 1$
商業系地域	$\dfrac{10d}{h} - 1$

d：開口部の直上部分から隣地境界線までの水平距離
h：開口部の直上部分から開口部中心までの垂直距離

7.4 開口部に関する基準

本住宅性能表示基準・評価方法基準では，単純開口率での評価を採用している．

単純開口率は，評価対象住戸の居室の総開口部面積の，居室の総床面積に対する比率（単位％）で表す．加えて各方位別の開口部面積の総開口部面積に対する比率である**方位別開口比**（単位％）を表示事項として採用し，住宅が保持している室内への直射日光の導入可能量を評価する形式をとっている．

参考 解説 7.2：住宅の品質の確保の促進などに関する法律　☐

(3) 日本建築学会環境基準

日本建築学会環境基準の室内光・視環境に関する窓・開口部の設計・維持管理規準・同解説（AIJES–L001）は，室内における快適な光環境・視環境の形成・普及を目的として，外部環境からの効用という総合的な観点から，建築の計画，施工，運用に当たっての，窓・開口部の設計や維持管理および昼光率の測定法や計算法に関する標準的な技術的規準を定めたものである．

図 7.10 は，住宅居室における開口率と採光に対する満足度および不満度の関係を示す．開口率の増加に伴って，満足度は上がり不満度は下がっており，開口部が大きいほど室内の開放性に寄与するといえる．したがって開口部の設計の際には，建築基準法などで最低基準として規定されている開口率より大きな開口率を確保することが望ましい．

参考 解説 7.3：日本建築学会環境基準　☐

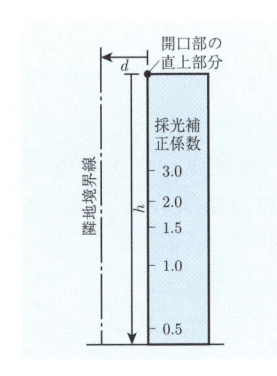

図 7.9　採光補正係数の説明図

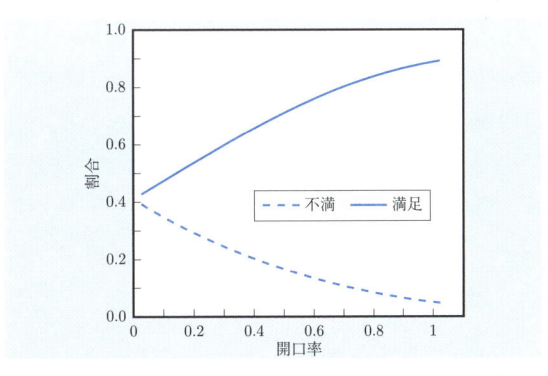

図 7.10*　住宅居室の開口率と採光に対する満足度・不満度の関係

7.5　開口部の変遷

(1)　西洋における開口部

　西洋の建築は，建築構造が石やレンガの組積造が主であるため，壁には耐力が必要となる．基本的に壁は外界と遮断する部位で，開口部は孔状の小さなものが原型となっている．そのことが英語の window という語にも現れ，語源は，
$$\text{window} = \text{wind}（風）+ \text{ow}（\text{eye}：目）$$
で，風の目という意味である．

　開口部の最初の姿としては，エジプト時代に，天井の高い部分と低い部分の差を利用した高窓が見られ，荘厳な印象を生むということで，この形式が後世キリスト教教会堂のクリアストーリーとして展開される．また，より合わせた葦を窓辺にぶらさげる形式の日よけが同時代に登場する．ギリシャ時代には，大理石などを薄板にして開口部にはめ込むことが考案され，ローマ時代になると**アーチ窓**が登場する．圧縮力を利用し開口を保つアーチ構造は，方形窓のまぐさに代わって開口部を拡大することが可能となり，組積造における開口部の基本構造を一変させ，ヴォールト，ドームなどに発展した．また半円アーチの出現により，窓が頭部と基部に分けられ，形に多様な展開が生まれた．

　中世になると，窓の頭部の先が尖った**尖頭窓**に展開していく．また窓の頭部の装飾が，窓が2連・3連となるに従って，形も複雑になり意匠的にも洗練されていく．丸窓の一つの形態である**バラ窓**，着色ガラスの小片を鉛の桟でつないだ**ステンドグラス**，および尖頭リブ・ヴォールトやフライングバットレスという構造技術によって成立した**クリアストーリー**という高窓の登場によりゴシック教会堂の内部が荘厳化した．窓ガラスの製造は中世初期（7世紀）にドイツが中心地となり，近世にかけて大幅に進歩する．

　近世になると，窓ガラスの普及とともに，採光と通風の両立という点で開閉方式が重要になってくる．ケースメントウィンドウと呼ばれる縦滑り出し窓が生まれ，ハンギングウィンドウと呼ばれる縦長の上げ下げ窓が登場する．バルコニーなどに出入りする形のフレンチウィンドウ，外側に外開きシャッターを持つジョージアンサッシュウィンドウが生まれる．18世紀になるとアーチ窓と矩形窓を柱で結合したヴェネツィアンウィンドウ，**ベイウィンドウ**と呼ばれる張り出し窓や**ドーマーウィンドウ**と呼ばれる屋根面の採光窓などが生まれた．また18世紀には，ベネチアの水面の反射光を遮るための横型ブラインドが，ベネシアンブラインドとして本格的に使用されるようになる．

(2) 日本における開口部

日本の建築は，伝統的に壁は非耐力の軸組木造で，夏の高湿度対策として通風を主眼とした開放的で外界と協調する様式となり，大きな開口部をとることが可能になっている．日本語の「まど」の語源は，

　　　まど＝間＋戸

と，間の戸という意味であり，前項の西洋の窓の語源や中国の窓の語源，

　　　窗（窓の本字）＝穴＋囱（連子窓）

を考えると，開口部は，西洋や中国では開けるものであるのに対し，日本では塞ぐものになっており，開口部の意味は本質的に異なるといえる．

日本における開口部として登場するのは，戸と呼ばれる建具からで，飛鳥時代（6世紀）に登場した板唐戸と呼ばれる軸によって回転する厚板の両開き戸である．その後，板戸を外側に跳ね上げたり取り外したりして開閉する機構の蔀戸が平安時代（9世紀半ば）に寝殿造りの中に導入された．簾は奈良時代以前から存在しており，平安時代には御簾と呼ばれ，寝殿造り内部の間仕切りや蔀戸を開放したときの風や視線制御のために用いられた．襖は，寝殿造りの確立とともに導入されたもので，書院造（桃山時代以降）では襖絵が盛んになる．遣戸は，平安時代（10世紀末）に，上に鴨居，下に敷居を持つ引戸として登場し，書院造りで多用され，室町時代から桃山時代にかけて蔀戸にとって変わることになる．また外装用の遣戸の一つで舞良戸と呼ばれる板戸が，平安時代末期（12世紀）に登場している．その後，光の透過性を持たせた明り障子が，鎌倉時代（13世紀）に普及し，蔀戸，遣戸（舞良戸）の内側に建てて使用された．さらに室町時代に，上半分を明り障子，下半分を板戸とした簡略形の腰高障子が出現している．舞良戸は採光部が半分になるため，開口部に明り障子を立て採光を確保し，障子紙の防水のために外側に雨戸を立てると

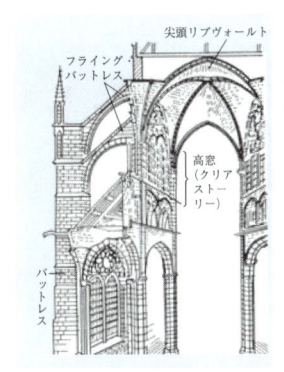

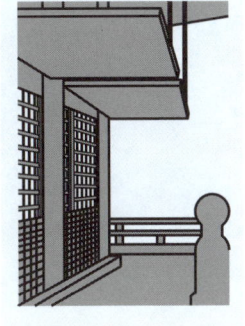

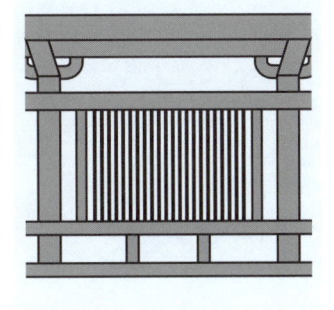

図 7.11* ゴシック寺院の窓　　図 7.12* 蔀戸　　図 7.13 連子窓

いう構法が桃山時代から江戸時代初頭（17世紀初）に登場することになる．

　窓については，飛鳥時代（7世紀）に，細い角材から成る組子を竪に並べた**連子窓**（れんじまど）が登場し，平安時代には観閲用の窓として貴族の住宅のみに使用が認められた．鎌倉時代後半に伝来した禅宗様（唐様）の建築に使用された**火灯窓**（かとうまど）（火頭窓，華灯窓，華頭窓）など窓縁の頭部が曲線の窓が続く．また書院造りの主室などの床脇に設けた装飾的な**書院窓**も生まれる．さらに**格子窓**が民家では室町時代の町屋で採用され，桃山時代に一般化した．その後，武家の外壁に用いられた竪格子の**武者窓**，武者窓よりも格が劣る**与力窓**，民家に見られる竪格子の**虫籠窓**（むしこまど）（蒸子窓），連子幅の空隙を開閉できる**無双窓**（むそうまど）（夢想窓）が登場する．江戸時代には，箱形の格子付出窓で門灯，街灯を兼ねた**聖窓**（ひじりまど）（火尻窓）が生まれている．ガラス窓は江戸時代（18世紀末）の雪見障子などに取り入れられ，明治時代に普及している．幕末・明治期からの洋風建築は当初両開き窓であったが上げ下げ窓に変わることになる．ビルでは第2次大戦までは上げ下げ窓が主流で，その後引き違い窓になり，空調技術の普及によって，はめ殺し窓に変化していった．スチールサッシは大正時代に普及し，アルミサッシは，1931年森五ビル（村野藤吾）に用いられ，1960年代に普及することになる．

　日本では茶室の窓が独特な位置づけを持つ．草庵風茶室の登場とともに，微妙な明暗の分布を演出し，侘びに必要な緊張感を与える窓の効果が意識され始めた．一方，大徳寺孤篷庵忘筌では，屋外の景色を枠取りする**ピクチュアウィンドウ**の例が見られるなど比較的設計の自由度は高かった．色紙窓，墨蹟窓（花明窓），有楽窓，下地窓，突上窓，風炉先窓など茶室由来の窓も多い．

(3) 近代・現代における開口部

　近代建築以降の開口部については，鉄骨造，鉄筋コンクリート造など構造技術

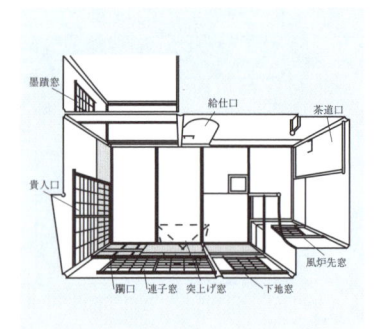

図 7.14*　茶室の開口部

図 7.15*　クリスタル・パレス

7.5 開口部の変遷

や窓ガラスの生産技術の進展によって，大面積の開口部を可能にしている．その時代を切り開いたものが，構造部材として鉄骨を使用しガラス張りの大空間を登場させたクリスタル・パレス（1851年）である．その後，ミラノ・ガレリア（1967年）のアーケード，ボンマルシェ百貨店（1876年）のガラス張りの屋根などにとり入れられ日常生活空間になっていく．その流れは，ローマ時代の天窓のある公的な広間が語源のガラス張りの大空間である**アトリウム**に展開し，室内に庭園を持ち込んだフォード財団ビル（1968年）や覆われた外部といわれるケンブリッジ大学歴史学図書館（1968年）などに受け継がれる．さらにガーデングローブコミュニティ教会（1980年）では，壁と屋根が全面開口部となり窓という概念は消滅している．

また開口部の大きさや形が構造体に依存しなくなり，開口部に高い自由度が備わったという点も重要である．**カーテンウォール**はカーソンピーリースコット百貨店（1899年）で原型が採用され，ファグス靴工場（1913年）で完成形となり，広い窓が連続的に並ぶことを可能にした．サヴォア邸（1931年）は，ピロティ，屋上庭園，自由な平面，水平連続窓，自由な立面という近代建築の5原則を体現して，従来の組積造の束縛からの開放を表現している．同時に開口部の構造体からの独立は，建築空間の開口部からの独立も意味していた．開口部の採光や通風に依存していた室の大きさや配置が，照明・空調技術の進展によって，奥行きを取り，天井を低くし，中庭をなくすなど自由度が増えたのである．第2次大戦後は，本格的なカーテンウォールの登場により，全面ガラス張りの壁を持つシーグラムビル（1958年）などの建築が生まれ，開口部と空間の関係も変化を見せている．一方ファンズワース邸（1950年）などガラスの大胆な使用を行った建築が，開口部のあり方にインパクトを与えた．

開口部における新しい材料の導入や演出による新しい空間の獲得という潮流も見逃せない．オルタ自邸（1898年）の独創的な窓形態，ドイツ工作連盟展示館（1914年）やガラスの家（1931年）のガラスブロック，ランシーの教会（1923年）の琺瑯プレキャストブロック，ジョンソン・ワックス本社ビル（1939年）のガラスチューブ，MITのチャペル（1956年）やキンベル美術館（1972年）のトップライト，ハーバード大学稀覯本図書館（1963年）のオニックス，テンペリアウキオ教会（1969年）のハイサイドライト，ミネアポリス連邦銀行（1973年）のハーフミラー，アラブ世界研究所（1987年）のダイヤフラム，光の教会（1989年）の祭壇のスリットなどが挙げられる．

7章の問題

☐**1** 昼光照明という面から，天窓の特徴について説明せよ．

☐**2** 各自の自宅の開口部について，窓材料，窓装備，窓装置の観点から，採光特性を調査し，使われている部材が妥当なものかどうかを評価せよ．

☐**3** 北緯35°の地点において，真南に面する高さ1.8mの掃出し窓（テラス戸）の上端の位置に窓と同じ幅のひさしを取り付けるものとする．夏至日の南中時には開口部面にはまったく日射が入らず，冬至日の南中時には，なるべく奥まで日射が入るようにした場合のひさしの出の長さを求めよ．

☐**4** 同面積の場合，天窓が側窓よりも光量の面で採光上は有利である．その理由について説明せよ．

☐**5** 直射日光を照明に利用するシステムについて説明せよ．

☐**6** 諸外国と比べたときの，伝統的建築における日本の開口部の特徴について説明せよ．

🛈 銀行の営業時間

　銀行の営業時間は，銀行法施行規則の第16条により「銀行の営業時間は，午前九時から午後三時までとする」と定められている．2項にただし書きがあるものの，しばらく前までは，すべての銀行が横並びで午後3時営業終了になっており，日本の経済活動の制約条件の一つになっていた．この条項は，1872年（明治5年）に制定された国立銀行条例の第66条「此條令ヲ遵奉スル銀行ノ営業時間ハ其本店支店共定式（又ハ臨時）休暇日除クノ外毎日午前第九時ヨリ午後第三時マテタルヘシ」に由来するものである．当時はまだ，電気照明は存在しておらず，視作業が採光に頼る面は大きかった．残務処理の時間確保という問題もあったとしても，視覚面で業務可能かという問題が大きく作用していたはずである．光環境による拘束条件が忘れられ，窓口を締めた後の現金や帳簿の整理に時間が必要という理由づけだけが残ったのである．

8 照明計算

「暗いと不平を言うよりも，あなたが進んで明かりをつけなさい．」
マザー・テレサ

　光環境・視環境について，人工照明および昼光照明の観点から技術的な検討を行うためには，照度や昼光率など定量的な指標を用いて示すことが必要である．そのためには，照度を導出するプロセスである照明計算を理解することが不可欠の知識となる．具体的には，照明計画・設計の中で最も重要な測光量である照度の計算，および昼光照明の指標となる昼光率の計算などは，照明技術という観点では，最も基本的で重要な事項となる．また精度の高い計算法だけでなく，実用的な照明計算で多用されることの多い光束法の内容の理解を深めることも忘れてはならない．

> **8章で学ぶ概念・キーワード**
> - 照度，直接照度，間接照度
> - 配光，配光曲線
> - 点光源，線光源，面光源
> - 昼光率，直接昼光率，間接昼光率
> - 光束法，照明率，保守率

8.1 照度計算

8.1.1 照度計算の方法

(1) 直接照度と間接照度

ある点の照度 E [lx] は，光源やその他に由来するそれぞれの照度 E_n [lx] の和になる．よって次式が成り立つ．

$$E = \sum_n E_n \tag{8.1}$$

直接照度とは，光源や照明器具からの**直接光**のみによって得られる照度を指し，**間接照度**とは，直接光が，壁面，天井面など周囲で反射した**反射光**によって得られる照度をいう（図8.1）．直接照度あるいは間接照度の範囲に限定した場合でも，(8.1)式は成立する．ある点の照度 E_t [lx] は，次式のように，直接照度 E_d [lx] と間接照度 E_r [lx] の和になる．これを**全照度**ともいう．

$$E_t = E_d + E_r \tag{8.2}$$

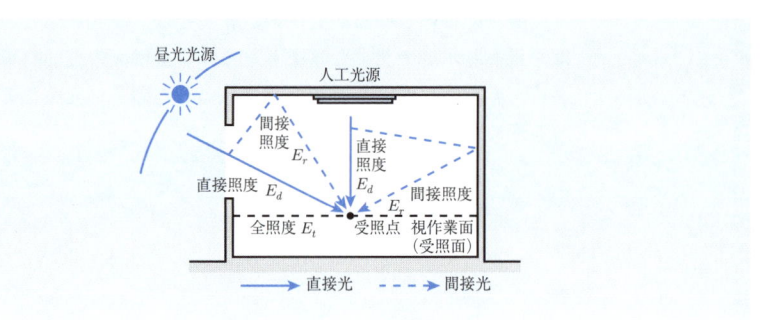

図 8.1* 直接照度と間接照度

(2) 逐点法

特定の受照点において，直接照度と間接照度とに分けて計算し，全照度を得る方法を**逐点法**という．手順としては，8.1.2項以降で示すように，光源や照明器具の配光を知り，直接照度を計算しこれに間接照度を加えて全照度を得ることになる．8.2節で示す昼光率の計算の場合も，直接昼光率を計算しこれに間接昼光率を加えるという同様の手続きをとる．任意の点の照度計算が可能だが，平

均照度や照度分布を求める場合には多点の計算が必要となる.

間接照度については，物体間の光の反射の繰り返しによる**相互反射**を室内表面を面要素に分割し適用することで，室内表面の間接照度の分布を求める方法がある．逐点法的であり，全照度，直接照度，輝度も同時に求められるが，一般に数値計算が必要となる.

このように精度の高い計算には労力を要するため，実務的な計算に対して，8.3節に示す光束法と呼ばれる略算法が用意されている.

8.1.2 配光

光源からの光度の方向分布を**配光**といい，鉛直角 θ と水平角 φ の方向の光度 $I(\theta, \varphi)$ [cd] で表す（図 8.2(a)）．配光を図示したものを**配光曲線**という（図 8.2(b)）．一般に配光は，鉛直軸に対称になることが多く，この場合，配光曲線は鉛直面上で光源を原点とする極座標で表される．これを**鉛直配光曲線**という.

配光が $I(\theta, \varphi)$ である光源の全光束 Φ [lm] は，次式となる.

$$\Phi = \int_0^{2\pi} \int_0^{\pi} I(\theta, \varphi) \sin\theta \, d\theta \, d\varphi \tag{8.3}$$

参考 解説 8.1：(8.3) 式の導出 □

鉛直軸に対称な配光を持つ光源では，次式となる.

(a) 鉛直角と水平角　　(b) 配光曲線の例

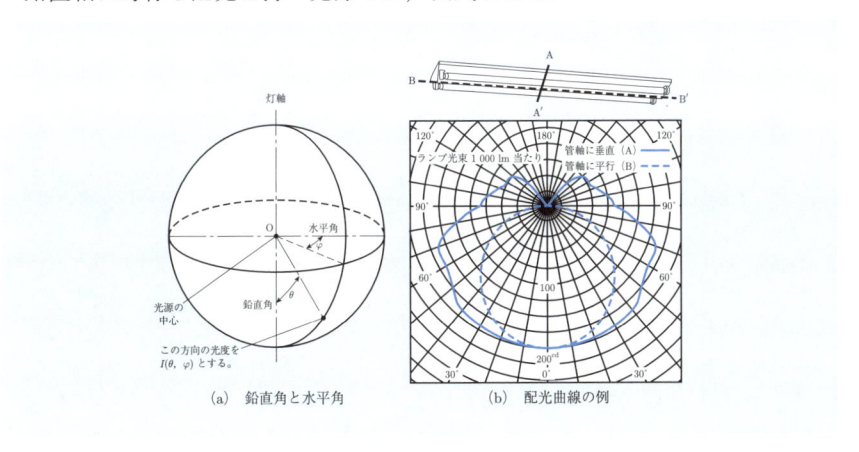

図 8.2* 配光の表示

$$\Phi = 2\pi \int_0^\pi I(\theta) \sin\theta d\theta \tag{8.4}$$

幾何学的小光源の鉛直配光曲線の例を図 8.3 に示す（8 章の問題 1 参照）．

8.1.3　点光源による直接照度の計算

照度の逆二乗法則および照度の余弦法則（3.5.2 項参照）より，光度 I [cd] の点光源から距離 r [m] で，光の進行方向に垂直な面と i の角度をなす面上の照度 E_i [lx] は，次式となる．

$$E_i = \frac{I}{r^2} \cos i \tag{8.5}$$

配光を考慮すると，一般式は，次式となる．

$$E = \frac{I(\theta, \varphi)}{r^2} \cos i \tag{8.6}$$

配光,光束 \ 光源	平面板 （上側発光せず）	円　筒 （上下端は発光せず）	球　面	半球面 （上側発光せず）
光源の軸のとり方				
鉛直配光曲線				
$I(\theta)$	$I(0)\cos\theta$	$I(\pi/2)\sin\theta$	$I(\pi/2)=I(0)$	$I(\pi/2)\cdot(1+\cos\theta)$
$I(\pi/2)$	0	$2rhL$	$\pi r^2 L$	$\pi r^2 L/2$
$I(0)$	SL	0	$\pi r^2 L$	$\pi r^2 L$
全光束 Φ	$\pi I(0)$	$\pi^2 I(\pi/2)$	$4\pi I(0)$	$2\pi I(0)$
下半光束	Φ	$\Phi/2$	$\Phi/2$	$3\Phi/4$
上半光束	0	$\Phi/2$	$\Phi/2$	$\Phi/4$

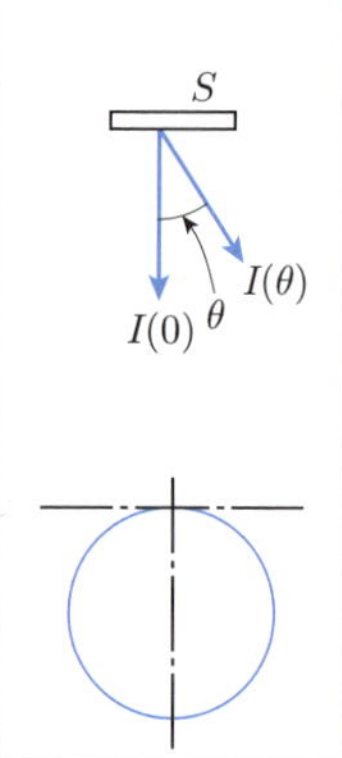

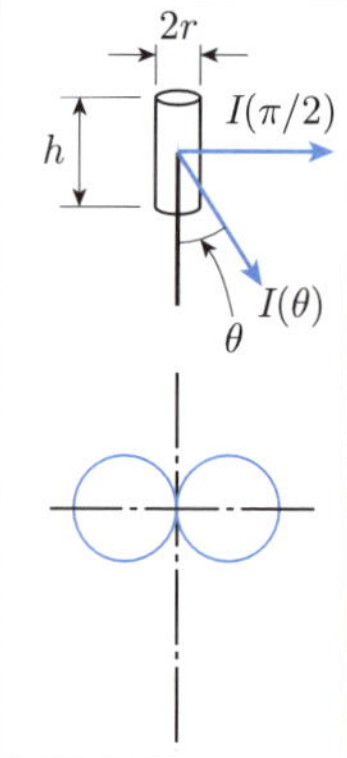

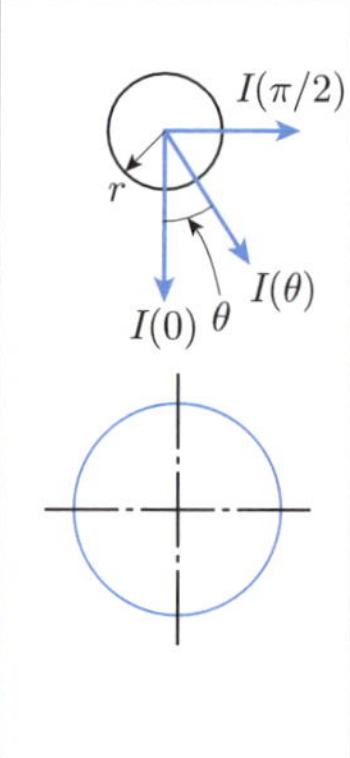

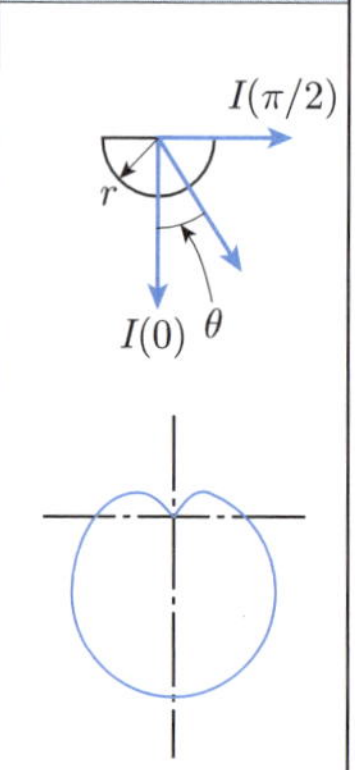

図 8.3* 幾何学的小光源の配光と光束

(8.6) 式は，光源の大きさが r に比して 1/10，実用上は 1/5 以下ならば近似的に用いることができる．1/5 で誤差 1%程度となる．

法線照度 E_n [lx]，水平面照度 E_h [lx]，鉛直面照度 E_v [lx] と，この方向と α の角をなす方向の照度 $E_{v\alpha}$ [lx] には，以下の関係がある（図 8.4）．

$$E_h = E_n \cos i \tag{8.7}$$

$$E_v = E_n \sin i \tag{8.8}$$

$$E_{v\alpha} = E_n \sin i \cos \alpha \tag{8.9}$$

参考 解説 8.2：点光源による直接照度 □

8.1.4 線光源による直接照度の計算

受照点が光源端を含む線光源に垂直な平面上にある場合，長さ l [m] の**線光源**による**法線照度** E_n [lx] は，垂直方向への単位長さ当たり光度を I [cd]，光源受照点の距離を p [m] とすると，次式となる（図 8.5）．

$$E_n = \frac{I}{2}\left(\frac{l}{p^2 + l^2} + \frac{1}{p}\tan^{-1}\frac{l}{p}\right) \tag{8.10}$$

また光源に平行な方向の照度 E_{vy} [lx] については，次式となる．

$$E_{vy} = \frac{I}{2} \cdot \frac{l^2}{p(p^2 + l^2)} \tag{8.11}$$

受照点が光源端を含む線光源に垂直な平面上にない場合は，この計算条件に当てはまるように光源を分割し，それぞれの照度の和または差をとる．

参考 解説 8.3：線光源による直接照度 □

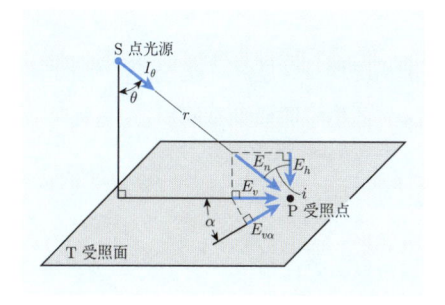

図 8.4* 点光源による直接照度

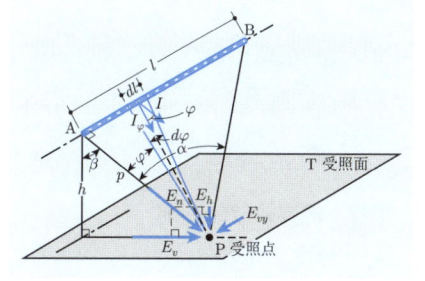

図 8.5* 線光源による直接照度

8.1.5 面光源による直接照度の計算

(1) 基本式

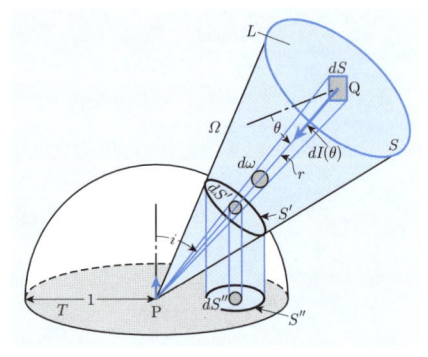

面光源 S 全体による受照点 P の直接照度 E_d [lx] は，面光源 S と受照点 P の距離を r [m]，それらを結ぶ線分が面光源 S，受照面 T の法線となす角をそれぞれ θ, i，面光源の θ 方向の輝度を $L(\theta)$ [cd/m^2] とすると，次式となる（図 8.6）．

図 8.6* 面光源と立体角投射の法則

$$E_d = \int_S \frac{L(\theta)\cos\theta\cos i}{r^2} dS \tag{8.12}$$

参考 解説 8.4：(8.12) 式の導出 □

面光源 S が均等拡散面でかつ均一の輝度であれば L が定数となり，次式となる．

$$E_d = L\int_S \frac{\cos\theta\cos i}{r^2} dS \tag{8.13}$$

(2) 立体角投射の法則

面光源 S の立体角投射率 C は，**立体角投射の法則**から次式となる．

$$C = \int_S \frac{\cos\theta\cos i}{\pi r^2} dS \tag{8.14}$$

参考 解説 8.5：(8.14) 式の導出 □

これを (8.13) 式に代入すると，均等拡散面で均一輝度 L [cd/m^2] の面光源 S による直接照度 E_d [lx] は，次式となる（8章の問題2参照）．

$$E_d = \pi L C \tag{8.15}$$

(3) 境界積分の法則

均一輝度 L [cd/m^2] を持つ任意の N 多角形の立体角投射率 C は，**境界積分の法則**により，次式となる（図 8.7）．

$$C = \frac{1}{2\pi}\sum_{i=1}^{N}\beta_i \cos\delta_i \tag{8.16}$$

β_i：線分 PQ_{i-1} と線分 PQ_i がなす角（$i=1,\cdots,N$），ただし Q_0 と Q_N は同一点

δ_i：三角形 $Q_{i-1} PQ_i$ と受照面がなす角（$i=1,\cdots,N$）

よって受照点 P の照度 E [lx] は，次式となる．

$$E = \frac{L}{2}\sum_{i=1}^{N}\beta_i \cos\delta_i \tag{8.17}$$

参考 解説 8.6：境界積分の法則 □

8.1.6 光束伝達計算法による間接照度の計算

室内表面を均等拡散反射面と仮定し，適当数の面要素に分割する．ある面要素 S_i [m²] に入射する全光束を，光源からの直接成分と**相互反射**による間接成分に分けると，間接成分は別の面要素 S_j [m²] に由来する光束の和になるため，次の光束伝達相互反射式が成立する．

$$\Phi_i = \Phi_{di} + \sum_{j=1}^{N}\rho_j F_{ji}\Phi_j \tag{8.18}$$

Φ_i, Φ_j：面要素 S_i，面要素 S_j 各々に入射する全光束 [lm]

Φ_{di}：光源から面要素 S_i に直接入射する光束 [lm]

ρ_j：面要素 S_j の反射率

F_{ji}：固有光束分布係数（形状率：面要素 S_j から出る光束のうち面要素 S_i に入射する光束の比率（図 8.8）

ただし，

$$F_{ji} = \frac{1}{S_j}\int_{S_i}\int_{S_j}\frac{\cos\theta_i \cos\theta_j}{\pi r_{ij}^2}dS_j dS_i \tag{8.19}$$

N：室内面の分割数，θ_i，θ_j，r_{ij}（図 8.8 参照）

この基本式による N 個の Φ_i，Φ_j [lm] を未知数とする連立方程式を構成し，数値計算等で解を求める．面要素 S_i [m²] の全照度 E_i [lx]，直接照度 E_{di} [lx]，

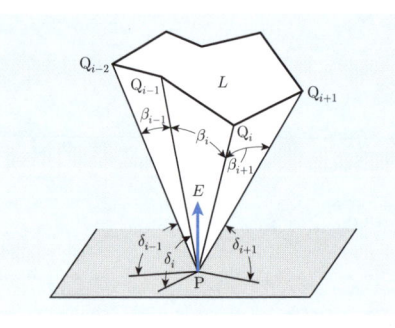

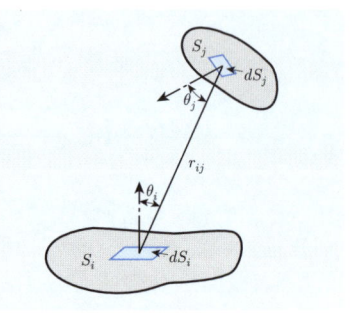

図 8.7* 境界積分の法則   **図 8.8*** 固有光束分布係数

間接照度 E_{ri} [lx]，輝度 L_i [cd/m^2] は，以下の式のようになる．

$$E_i = \frac{\Phi_i}{S_i} \tag{8.20}$$

$$E_{di} = \frac{\Phi_{di}}{S_i} \tag{8.21}$$

$$E_{ri} = E_i - E_{di} = \frac{\Phi_i - \Phi_{di}}{S_i} \tag{8.22}$$

$$L_i = \frac{\rho}{\pi} E_i \tag{8.23}$$

8.1.7　間接照度の簡易計算

一般に間接照度の計算は労力を要する（8.1.6 項参照）ため，実用的な間接照度計算式が用意されている．

(1)　室内面平均値の式

間接照度 E_r [lx] は，次式の室内面平均値の式で表せる（8 章の問題 4 参照）．

$$E_r = \frac{\rho_m \Phi_d}{S(1 - \rho_m)} \tag{8.24}$$

Φ_d：室内にはじめに入射する光束 [lm]
S：室内全表面積 [m^2]，　ρ_m：室内の平均反射率

平均的な扱いをしてるので，見積りとしては粗く，下向光束が多い直接照明などの場合，天井面は大きく見積ることがあるので注意が必要である．

参考　解説 8.7：室内面平均値の式

(2) 視作業面切断の式

図 8.9 に示すように室を視作業面で切断し，上向きの仮想面 I，下向きの仮想面 II に等価な反射面を考え，その間の相互反射から仮想面 I（視作業面）の間接照度を求める．視作業面の間接照度 E_r [lx] は，仮想面 I の等価反射率を ρ_1，仮想面 II の等価反射率を ρ_2 とすると，次式の視作業面切断の式で表せる（8 章の問題 4 参照）．

$$E_r = \frac{(\rho_1 \Phi_1 + \Phi_2)\rho_2}{A(1 - \rho_1 \rho_2)} \tag{8.25}$$

ただし，

$$\rho_1 = \frac{A\rho_{m1}}{S_1 - (S_1 - A)\rho_{m1}} \tag{8.26}$$

$$\rho_2 = \frac{A\rho_{m2}}{S_2 - (S_2 - A)\rho_{m2}} \tag{8.27}$$

Φ_1：視作業面の下部にはじめに入射する下向光束 [lm]
Φ_2：視作業面の上部にはじめに入射する上向光束 [lm]
A：視作業面面積 [m^2]
ρ_{m1}：視作業面の下部の平均反射率
ρ_{m2}：視作業面の上部の平均反射率
S_1：視作業面の下部の室内表面積 [m^2]
S_2：視作業面の上部の室内表面積 [m^2]

参考 解説 8.8：視作業面切断の式

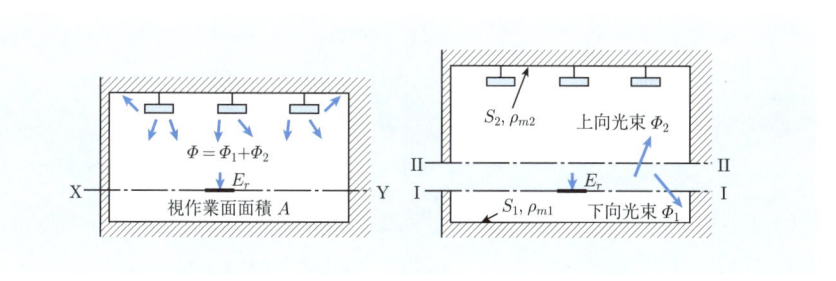

図 8.9* 視作業面切断による間接照度の計算

8.2 昼光照明計算

8.2.1 直接昼光率と間接昼光率

昼光率 D は，全天空照度 E_s [lx] に対する室内のある点の照度 E [lx] の比で表し，次式となる（6.3(1) 項参照）．

$$D = \frac{E}{E_s} \tag{8.28}$$

照度と同様，次式に示すように，ある点の昼光率 D は，光源やその他の部分に由来するそれぞれの昼光率 D_n の和になる．これを**全昼光率**ともいう．

$$D = \sum_n D_n \tag{8.29}$$

昼光率は，直接昼光率と間接昼光率に分けられる．**直接昼光率**は，昼光率の成分のうち，開口部からの直接光によるもので，**間接昼光率**は，天井，壁などの表面からの反射光によるものである．ただし周囲の建物，植栽，地面からの地物反射光など，室内に対して1次的な光源と考えられるものは直接昼光率に含める．天空光による直接照度 E_d [lx] および間接照度 E_r [lx] として，直接昼光率 D_d，間接昼光率 D_r および昼光率 D は，次式となる．

開口率 = 開口部面積/床面積 = 1/3

図中の3次元グラフの数値は反射率(%)

(a) 直接昼光率の分布　　(b) 間接昼光率の分布

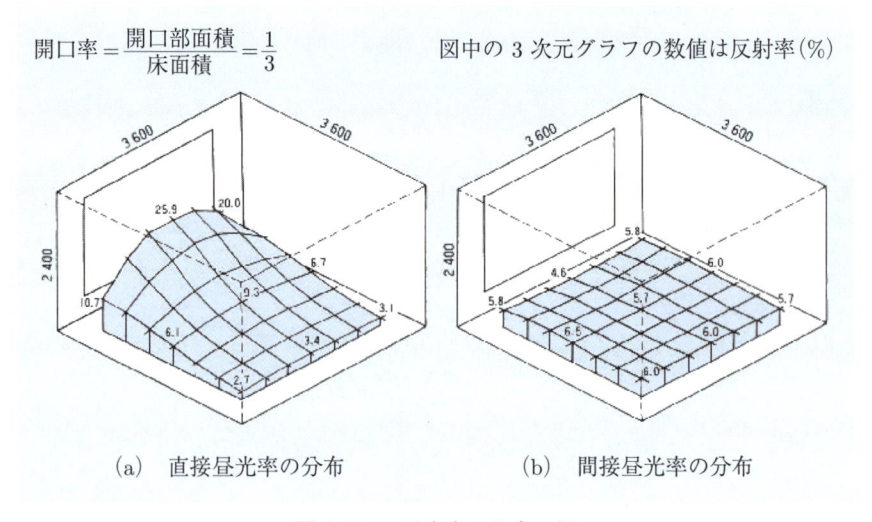

図 8.10*　昼光率の分布の例

$$D_d = \frac{E_d}{E_s} \tag{8.30}$$

$$D_r = \frac{E_r}{E_s} \tag{8.31}$$

$$D = D_d + D_r = \frac{E_d}{E_s} + \frac{E_r}{E_s} \tag{8.32}$$

なお一般に昼光率は水平面で取り扱うことが多いが，水平面以外でも，(8.30)〜(8.32) 式は成立する．

直接昼光率および間接昼光率の分布の例を図 8.10 に示す．

8.2.2 直接昼光率の計算
(1) 基本式

(8.15) 式より，均一輝度 L_n [cd/m^2] で立体角投射率 C_n の面光源が複数あるときの直接照度は，次式となる．

$$E_d = \pi \sum_n (L_n C_n) \tag{8.33}$$

一方，全天空照度 E_s [lx] は，天空輝度 L_s [cd/m^2] を均一と考えると，(8.15)

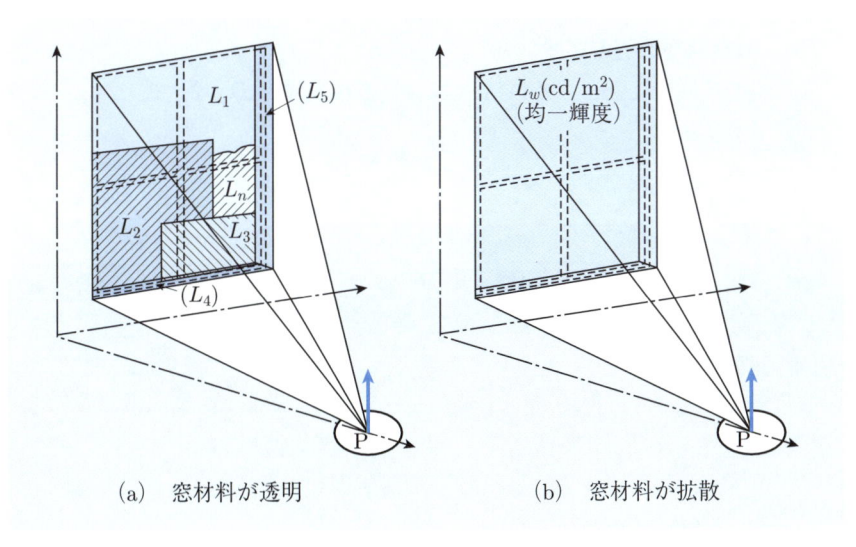

(a) 窓材料が透明　　　　　　(b) 窓材料が拡散

図 8.11*　開口部内の輝度

式で立体角投射率 $C=1$ となるので，次式となる

$$E_s = \pi L_s \tag{8.34}$$

よって天空も含めて開口部を通して見える各部分が，天空部分も含めて均等拡散面で均一輝度の面光源と見なせる場合，(8.33) 式の E_d [lx] は開口部を通して見える全体による直接照度となり，全天空照度 E_s [lx]，天空輝度 L_s とすると，直接昼光率 D_d は，次式となる．

$$D_d = \frac{E_d}{E_s} = \frac{\pi \sum L_n C_n}{\pi L_s} = \sum_{n=1}^{N} \left(\frac{L_n}{L_s}\right) C_n \tag{8.35}$$

L_n：各部分の輝度 [cd/m^2]
C_n：各部分の立体角投射率
N：均一と見なせる各部分の数

(8.35) 式が昼光率計算のための基本式で，窓材料の透過性状（7.3 節，図 7.4）によって開口部内の輝度比の考え方が異なる．また天空輝度が均一でない場合も，天空を均一と見なせる部分に区分すれば，この基本式で対応できる．

参考 解説 8.9：(8.35) 式の導出 □

(2) 窓材料が透明の場合

窓材料が透明の場合（図 8.11(a)）には，直接昼光率 D_d は次式となる（8 章の問題 6 参照）．

表 8.1* 保守率 m （CIE 推奨値）

地域	分類	傾斜角		
		0°～30°(水平)	30°～60°	60°～90°(鉛直)
田舎・郊外	清潔	0.8	0.85	0.9
	汚染	0.55	0.6	0.7
住宅地域	清潔	0.7	0.75	0.8
	汚染	0.4	0.5	0.6
工場地域	清潔	0.55	0.6	0.7
	汚染	0.25	0.35	0.5

表 8.2 建具の種類による有効率 R_1

建具の種類	有効率 R_1
アルミニウム製	0.90
スチール製	0.85
木　製	0.75

$$D_d = \tau m R \sum_{n=1}^{N} \left(\frac{L_{on}}{L_s}\right) C_{wn} \tag{8.36}$$

τ：窓材料の透過率（3.5節，表3.4）

m：**保守率**（窓材料の汚染を考慮した係数，表8.1）

R：開口部面積有効率（建具・組子，壁厚による立体角投射率の減少を考慮した係数，$R = R_1 \cdot R_2$，R_1：透過面面積／開口部面積，あるいは建具の種類による有効率，R_2：壁厚による有効率（表8.2，図8.12））

L_{on}：均一と見なせる各部分の窓材料を通さない場合の輝度 [cd/m^2]

L_s：天空輝度 [cd/m^2]

C_{wn}：均一と見なせる各部分の建具・組子を除いた単純開口部を通した立体角投射率

各部分の輝度が求められない場合には，天空部分以外の各部分について，(8.33)式の輝度比の項を近似的に以下のようにすることができる．

$$\frac{L_{on}}{L_s} \fallingdotseq \frac{\rho_n}{2} \tag{8.37}$$

ρ_n：天空部分以外の均一と見なせる各部分の反射率

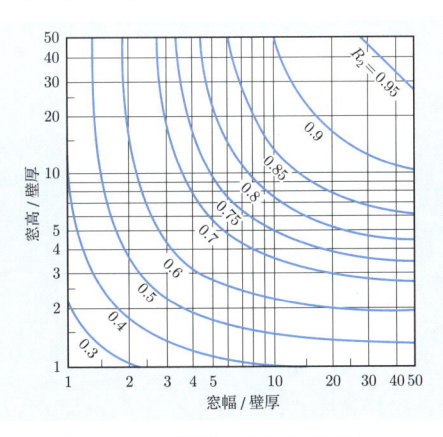

図 8.12*　壁厚による有効率 R_2

参考 解説 8.10：(8.36) 式の導出 □

(3) 窓材料が拡散の場合

窓材料が拡散の場合には，開口部面輝度 L_w [cd/m²] が均一になると考え，

$$L_w = \frac{\tau_m m}{\pi} E_s D_w \tag{8.38}$$

となり，直接昼光率 D_d は次式になる（図 8.11(b)）．

$$D_d = \tau_m m R D_w C_w \tag{8.39}$$

τ_m：窓材料の拡散入射透過率（3.5 節，表 3.4）
m：保守率（透明と同じ，表 8.1）
R：開口部面積有効率（透明と同じ，$R = R_1 \cdot R_2$（表 8.2，図 8.12））
D_w：開口部面昼光率（開口部の外側面における昼光率）
C_w：建具・組子を除いた単純開口部の立体角投射率

なお開口部面昼光率 D_w は，対向建物の仰角を θ として，近似的に次式となる．

$$D_w \fallingdotseq \frac{1 - \left(1 - \frac{1}{10}\sin\theta\right)}{2} + \frac{1}{20} \tag{8.40}$$

参考 解説 8.11：(8.39) 式，(8.40) 式の導出 □

8.2.3 間接昼光率の計算

間接昼光率 D_r は，間接照度（8.1.7 項参照）の簡易計算に準じる．

(1) 室内面平均値の式

室内面平均値の式（(8.24) 式）による間接昼光率 D_r は，次式となる．

$$D_r = \frac{\rho'_m \Phi_d}{S(1 - \rho_m) E_s} = \frac{\rho'_m (\Phi_d / E_s)}{S(1 - \rho_m)} \tag{8.41}$$

ρ'_m：開口部面を除いた室内の平均反射率
Φ_d：室内にはじめに入射する光束 [lm]
S：室内全表面積 [m²]
ρ_m：室内の平均反射率
E_s：全天空照度 [lx]

8.2 昼光照明計算

ただし，
$$\Phi_d/E_s = \tau_m m R D_w S_w \tag{8.42}$$

τ_m：窓材料の拡散入射透過率
m：保守率
R：開口部面積有効率
D_w：開口部面昼光率
S_w：建具・組子を除いた単純開口部面積 [m^2]

この式では大きく見積ることがあるので注意が必要である．

(2) 視作業面切断の式

視作業面切断の式（(8.25)式）による間接昼光率 D_r は，全天空照度 E_s [lx] として，次式となる．

$$D_r = \frac{(\rho_1 \Phi_1 + \Phi_2)\rho_2}{A(1-\rho_1\rho_2)E_s} = \frac{\{\rho_1(\Phi_1/E_s) + (\Phi_2/E_s)\}\rho_2}{A(1-\rho_1\rho_2)} \tag{8.43}$$

ただし，
$$\rho_1 = \frac{A\rho_{m1}}{S_1 - (S_1 - A)\rho_{m1}} \tag{8.44}$$

$$\rho_2 = \frac{A\rho_{m2}}{S_2 - (S_2 - A)\rho_{m2}} \tag{8.45}$$

S_1, S_2：視作業面の下部，上部各々の室内表面積 [m^2]
ρ_{m1}, ρ_{m2}：視作業面の下部，上部各々の平均反射率
Φ_1, Φ_2：視作業面の下部，上部各々にはじめに入射する下向光束，上向光束 [lm]
A：視作業面面積 [m^2]

[1] 窓材料が透明の場合
Φ_1/E_s，および Φ_2/E_s は，次式になる．

$$\Phi_1/E_s = \tau_m m R D_{w1} S_w \tag{8.46}$$

$$\Phi_2/E_s = \tau_m m R D_{w2} S_w \tag{8.47}$$

D_{w1}：開口部上半部分による開口部面昼光率
D_{w2}：開口部下半部分による開口部面昼光率
E_m, m, R, S_w：8.2.3(1) 項のものと同じ

[2] 窓材料が拡散の場合

視作業面の下部,上部各々にはじめに入射する下向光束 Φ_1 [lm],上向光束 Φ_2 [lm] は等しいと考えるため,Φ_1/E_s および Φ_1/E_s は次式となる.

$$\Phi_1/E_s = \Phi_2/E_s = \frac{1}{2}\tau_m m R D_w S_w \tag{8.48}$$

τ_m, m, R, D_w, S_w:8.3.2(1) 項のものと同じ

8.2.4 直射日光を含めた昼光照明計算

直射日光を含めた検討を行う場合には昼光率ではなく照度を用いる.なお開口部全面に直射日光が照射しているものとする.

(1) 窓材料が透明の場合

直射日光による室内の視作業面の照度 E'_{ih} [lx] は,直射日光による地表における照度 E'_h [lx]((6.2) 式参照.ただし直射日光にかかわる記号には右肩に ′ を付けるものとする)とすると,次式となる.

$$E'_{ih} = \tau_\theta m E'_h \tag{8.49}$$

τ_θ:直射日光の入射角 θ における窓材料の透過率
m:保守率

これに天空光による直接昼光率 D_d から求めた直接照度 E_d [lx]((8.33) 式参照)を加えれば,全直接照度が得られる.

間接照度については,下向光束 Φ'_1 [lm] を,

$$\Phi'_1 = \tau_\theta m R E'_w S_w \tag{8.50}$$

R:開口部面積有効率
E'_w:開口部面における直射日光照度 [lx]
S_w:建具・組子を除いた単純開口部面積 [m^2]

とし,天空光による下向光束 Φ_1 [lm]((8.46) 式)に加算した値を,改めて視作業面切断の式((8.25) 式)の下向光束 Φ_1 [lm] とし間接照度を求める.室内面平均値の式の場合は,この Φ_1 [lm] を (8.24) 式の Φ_d [lm] とする.

(2) 窓材料が拡散の場合

開口部が均等拡散透過面であると仮定すると,直射日光による開口部面輝度 L'_w [cd/m^2] は,次式となる.

8.2 昼光照明計算

$$L'_w = \frac{\tau_m m}{\pi} E'_w \tag{8.51}$$

τ_m：窓材料の拡散入射透過率

m, E'_w：8.2.4(1) 項のものと同じ

これに天空光による開口部面輝度 L_w [cd/m^2]（(8.38) 式）を加え，全昼光による開口部面輝度を求め，(8.15) 式より直接照度を求める．

間接照度については，下向光束 Φ'_1 [lm]，上向光束 Φ'_2 [lm] を，

$$\Phi'_1 = \Phi'_2 = \frac{1}{2}\tau_m m R E'_w S_w \tag{8.52}$$

とし，(8.46) 式, (8.47) 式各々の両辺に全天空照度 E_s [lx] を乗じ得られた Φ_1 [lm]，Φ_2 [lm] にそれぞれ加算した値を，改めて視作業面切断の式（(8.25) 式）の下向光束 Φ_1 [lm]，上向光束 Φ_2 [lm] とし，間接照度を求める．室内平均値の式の場合は，これらの Φ_1 [lm]，Φ_2 [lm] の和の

$$\Phi_d = \Phi_1 + \Phi_2$$

を (8.24) 式の Φ_d [lm] とする．

☕ 照度水準の上昇

照度の水準は，1970 年位までは時代とともに大きく変化してきた．オフィスの照度基準（水平面）の変遷を見ると，1916 年頃の 40 lx から始まり，照明学会の 1940 年の照明基準では 75～150 lx，戦時中の臨時的措置で 1941 年 40～70 lx と一時的に下がるが，第 2 次大戦後は，日本工業規格で 1958 年 150～300 lx，その後 1964 年には 300～750 lx，1969 年には 300～750 lx，細かい視作業を伴う場合 750～1 500 lx となり，概ね現在の水準に到達している．その間の経済成長に伴う照明に対する要求水準の向上要求に対し，人工光源の主役を白熱電球から蛍光灯に変化させ，効率も上げてきたという照明技術の進歩が支えてきたということができる．ただし 1970～80 年代にはオイルショックから，1990 年代以降は地球環境問題から省エネルギーが求められ，照度水準は頭打ちとなり，さらに 2011 年の福島第一原子力発電所事故に伴う電力削減の強い要求応じて，水準を下げることを含めた見直しの機運が高まっている．

8.3 光束法による照度計算

光束法とは，全般照明で室内の照度がほぼ均一になっている場合の，視作業面の平均照度を直接求める簡易な計算法である．実用性が高く，必要な光源や照明器具の数を求めたい場合にも使える．視作業面は一般に水平面とする．

光束法による視作業面の平均照度 E [lx] は，次式となる．

$$E = \frac{N\Phi UM}{A} \tag{8.53}$$

N：照明器具台数
Φ：照明器具 1 台当たりの発散光束 [lm/台] = ランプ 1 個当たりの発散光束 × 器具 1 台当たりのランプ数
U：照明率（[1] 項参照）　　M：保守率（[2] 項参照）
A：照明対象面積 [m^2]

分子 $N\Phi UM$ は視作業面に入射する光束となり，分母 A は面積なので，その比は「光束／面積」で照度になる．必要器具台数 N の算定には，E [lx] を設計照度として，次式を用いる（8 章の問題 7 参照）．

$$N = \frac{EA}{\Phi UM} \tag{8.54}$$

[1] 照明率（記号…U）

照明率とは，ランプから出る全光束に対して，器具での損失や室内面での相互反射を経たあと，最終的に視作業面に入る光束の比率である．器具効率，器具の配光，部屋の形，室内面反射率によって異なった値となる．表 8.3 に照明率表の例を示す．照明率は 100 倍した数値（％表示）で記載されている．

[2] 室指数（記号…k）

室指数とは，室の奥行 l [m]，室の間口 w [m]，視作業面から照明器具までの高さ H [m] とし，次式で決まる指数である．

$$k = \frac{lw}{H(l+w)} \tag{8.55}$$

他の条件が同じならば，室指数が等しい室の照明率は等しい．また室の床面積に対して天井高が低い場合に室指数は大きくなり，照明率も大きくなる．

8.3 光束法による照度計算

表 8.3* 照明率表の例

下面解放形蛍光灯器具	反射率(%)	天井	80						70						50				30		20	0
		壁	70		50		30		70		50		30		50		30		30	10	10	0
		床	30	10	30	10	30	10	30	10	30	10	30	10	30	10	30	10	10	0	10	0
	室指数		照明率 (×0.01)																			
	0.60		50	46	38	36	31	30	49	45	38	36	31	30	36	35	30	30	30	29	25	24
	0.80		61	55	48	45	41	39	59	54	48	45	40	39	46	44	39	38	39	38	34	32
	1.00		67	60	55	51	47	45	64	58	54	50	46	44	52	49	45	44	44	43	39	37
保守率	1.25		73	65	62	57	54	51	71	64	61	56	53	50	58	55	52	49	50	49	45	43
良 0.74	1.50		77	68	67	61	59	55	75	67	65	60	58	55	62	58	56	54	55	53	49	47
中 0.70	2.00		85	74	75	67	68	62	82	72	73	67	67	62	70	65	64	61	62	60	56	54
否 0.62	2.50		89	76	80	71	74	67	85	75	78	70	72	66	74	68	69	65	66	64	61	59
	3.00		92	79	84	74	78	70	88	77	82	74	76	69	77	71	73	68	70	67	64	62
器具間隔最大限	4.00		96	81	90	78	85	74	92	80	87	77	82	74	82	75	78	72	74	71	68	67
横方向 1.4H	5.00		98	83	93	80	89	77	94	82	90	79	86	76	85	77	81	75	77	73	71	70
縦方向 1.3H	10.00		103	86	100	84	98	83	99	85	97	83	94	82	90	82	89	80	84	79	77	76

ルーバ付き蛍光灯器具	反射率(%)	天井	80						70						50				30		20	0
		壁	70		50		30		70		50		30		50		30		30	10	10	0
		床	30	10	30	10	30	10	30	10	30	10	30	10	30	10	30	10	10	0	10	0
	室指数		照明率 (×0.01)																			
	0.60		42	39	35	34	32	31	41	38	35	33	31	30	34	33	31	30	31	30	28	27
	0.80		49	45	43	41	39	38	48	44	43	40	39	37	42	40	38	37	38	37	35	34
	1.00		53	47	47	44	43	41	52	47	46	43	43	41	45	43	42	40	41	40	38	37
保守率	1.25		57	50	51	47	47	44	55	50	50	46	47	44	48	46	45	43	44	43	41	41
良 0.70	1.50		59	52	54	49	50	46	57	51	52	48	49	46	51	48	48	46	47	45	44	43
中 0.66	2.00		62	54	58	52	55	50	61	54	57	51	54	50	54	51	52	49	50	48	47	46
否 0.62	2.50		64	55	61	53	57	52	62	55	59	53	56	51	56	52	54	51	52	50	49	48
	3.00		66	56	62	55	60	53	64	56	61	54	58	53	58	53	56	52	53	51	50	49
器具間隔最大限	4.00		67	57	65	56	62	55	65	57	63	55	61	54	59	54	58	53	55	53	51	51
横方向 1.2H	5.00		68	58	66	57	64	56	66	57	64	56	62	55	60	55	59	54	56	53	52	51
縦方向 1.2H	10.00		70	59	69	58	68	58	68	58	67	58	66	57	62	56	62	56	58	55	54	53

[3] 保守率（記号…M）

保守率とは，一定期間使用後の平均照度と初期平均照度の比で，経年変化によるランプの光束の減少と，ランプや照明器具の汚損による透過率や反射率の減少，による照度の低下を考慮し，一定期間使用後に必要な照度が維持できるように初期平均照度に見込む係数を指す．

[4] 器具間隔

器具間隔とは，隣合う照明器具間の水平距離で，照度分布がほぼ均一と見なせるような最大限が定められている．壁と器具の間の距離 s_0 は，器具間隔 s [m] として次のように決める．

①壁際で作業をしない場合：$s_0 < (s/2)$，　②作業をする場合：$s_0 < (s/3)$

[5] 直接照度・間接照度

室指数が同じ条件での，天井，壁および床が0%の照明率 U_0 を使用して，同じ光束法で求めた照度が平均照度の直接成分となる．両者の差が平均照度の間接成分となる．よって次式の比の関係が成立する（8章の問題8参照）．

平均照度：直接成分：間接成分 $= U : U_0 : (U - U_0)$

8章の問題

☐ **1** 球面光源による全光束を求める式を導け．

☐ **2** 天井面に縦 $2\,\mathrm{m} \times$ 横 $2\,\mathrm{m}$ で，均一輝度 $500\,\mathrm{cd/m^2}$ の面光源がある．面光源の中心から直下 $2\,\mathrm{m}$ の位置における水平面上の直接照度を求めよ．

☐ **3** 1辺が $3\,\mathrm{m}$ の立方体の室の天井面中央から直下 $0.5\,\mathrm{m}$ の位置（すなわち高さ $2.5\,\mathrm{m}$）に全光束 $3\,000\,\mathrm{lm}$ の全般拡散光源がある．床面中央における直接照度を求めよ．

☐ **4** 前問と同じ場合の間接照度について，室内平均値の式と視作業面切断公式を用いて計算せよ．なお視作業面は，床面から高さ $1\,\mathrm{m}$ の水平面とし，天井面の反射率 0.8，壁面の反射率 0.6，床面の反射率 0.1 とする．

☐ **5** 昼光率の計算において，窓材料が透明と拡散の場合の取り扱いについての相違点を説明せよ．

☐ **6** 開口部面からは天空だけが見える通常の開口部で，開口部の立体角投射率が 0.02 の床面の点における直接昼光率を求めよ．なお窓材料の透過率を 0.9，保守率を 0.7，開口部面積有効率を 0.7 とする．

☐ **7** 床面積が $100\,\mathrm{m^2}$ の室の全般照明で，視作業面での照明率が 60% で発散光束 $5\,000\,\mathrm{lm}$ の蛍光ランプ2本で1台となる照明器具を使用するとする．設計照度を $750\,\mathrm{lx}$ とした場合に必要な照明器具台数を求めよ．なお保守率は 0.8 とする．

☐ **8** ある照明器具をある室で使用するときの照明率が 60% であり，照明器具と室指数は同じ条件で，天井，壁，床が 0% ときの照明率が 54% であるとする．この照明器具をこの室で使用した場合の平均照度の直接成分と間接成分の比を求めよ．

☐ **9** 保守率が光束法に組み入れられている理由を記せ．

9 照明設計

「為すべきことは熱を与えることではなく，光を与えることなのだ.」
バーナード・ショー

　どういう空間で何をいつどうやって照明するのかを明確にし決定することが，照明設計の基本となる考え方である．空間の用途，使用者などの状況によって条件が異なり，個々に対応することになるが，基本的な部分は共通するものが多い．住宅は，建築の中でも基本となる空間であり，住宅における様々な空間用途や生活行為の多様性を考えると，他の用途の空間でも応用できる面が多い．よって，まず住宅を対象とした照明設計に関する要点を理解することは，非常に有用性が高く意義があると考えられる．加えてオフィス，学校，工場，店舗という代表的な施設の照明設計についても学習することで，応用力を養う．さらに照明設計においては，快適な照明を追求するのと同時に，経済性という観点だけでなく，地球環境問題という面からも無駄なエネルギー使用を避け，エネルギーの効率的利用を図ることが重要であり，その内容についても知識を深める．

> 9章で学ぶ概念・キーワード
> - 照明設計
> - 住宅照明設計，施設照明設計
> - 省エネルギー

9.1 照明設計の方法

9.1.1 照明設計の位置づけ

世界最古の建築書である「建築十書」では，建築が有すべき三大要素・価値概念として**強用美**，すなわち構造の強，機能の用，美しさの美が挙げられ，これらの調和が建築の完成度を決定すると謳われている．視覚機能の情報量やその重要性を考えると，照明はこの中で用と美を担う重大な役割があるといえる．

照明設計とは，照明の目的である視覚機能の確保のために行う具体的な作業であり，人工照明設計と昼光照明設計とに区分できる．開口部については建築設計の対象であり，昼光照明設計が建築設計と独立して行われるのは，特殊な場合と考えてよい．一方，人工照明設計は，電気設備設計の一部として位置づけられることが多いが，独立して行われる場合もある．照明設計の建築設計における位置づけを図 9.1 に示すが，照明設計をルーチンとして捉えたときの位置づけは，当該建築における照明の意味や照明設備の規模などによって変わる．

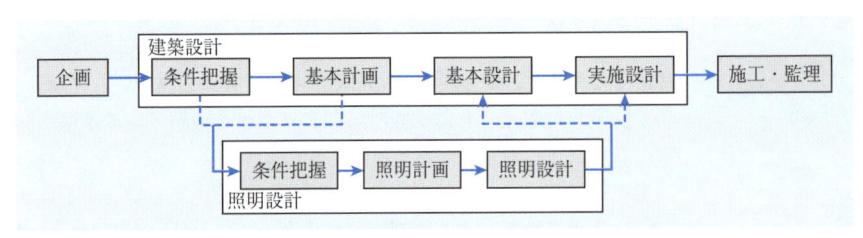

図 9.1　照明計画・設計の位置づけ

9.1.2 昼光照明と人工照明の協調

昼光照明は，明るさの変動はあるものの，自然光が持つ心理的な効果は大きく，エネルギーも軽減できる．人工照明は，昼光照明（採光）にはない安定した光の供給によって生活時間・生活空間を拡大してきた．昼光照明は，明るさの変動は大きいが，眺望や開放感など窓の持つ効果は容易には代替できない．さらに直射日光などの移動による動的な効果もある（図 9.2）．一方，人工照明は，昼光照明にはない安定した光の供給によって生活時間・生活空間を拡大してきた．両者の長所を組み合わせた形で，照明設計は行われるべきである．

9.1 照明設計の方法

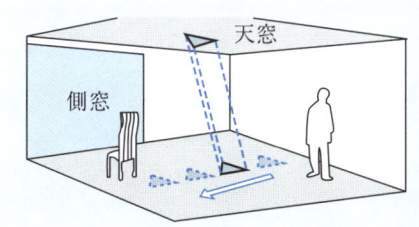

- 側窓はピクチャーウィンドウとして眺望や開放感を与える.
- 天窓は時々刻々と変化する光の動きを与える.

図 9.2* 昼光照明の効果

9.1.3 照明設計の手順

どういう空間で何をいつどうやって照明するのか,すなわちどういう光・視環境を作るのかを明確にし決定することが,照明設計の基本となる考え方である.通常は空間の用途,視作業の内容などによって個別の設計条件になるが,以下に人工照明を主とした照明設計の一般的な手順の例を示す.

[1] 設計条件の把握

①空間用途の把握…照明対象の空間の用途や使用目的を把握し,使用者の属性とともに視作業の内容や生活行為を明らかにする.住宅照明の場合は,ライフスタイルなども重要な観点となる.

②内装条件の決定…開口部の位置や大きさ,天井,壁,床など主要部位の色彩・反射率,家具・内装材などインテリアエレメントの形,色,配置など照明にかかわる対象空間の内装条件を決定する.一般に空間の高い場所の部位ほど,反射率を高くする.建築設計などで与えられている場合は確認しておく.住宅照明の場合は,様式も重要でインテリアエレメントと調和させる必要がある.

[2] 設計方針の検討

③コンセプトの策定…対象空間の用途や視作業内容を踏まえ,照明の目標を明確にし,照明要件を検討することで,明視照明か雰囲気照明かなど,どのような照明環境を実現させるのかという照明のコンセプトを策定する.昼光照明と人工照明との協調もポイントとなる.目標とするイメージを形容語(形容詞,形容動詞など)などで整理すると分かりやすい.

④照明手法の選定…照明のコンセプトに最も適した照明手法を選定する.照明方式(全般照明,局部的全般照明,局部照明,タスク・アンビエント照明,主照明,補助照明,建築化照明など)を決め,取り付け形態面(シーリングライト,ダウン

ライト，ペンダント，ブラケット，フロアライトなど）や配光面（直接照明，半直接照明，全般拡散照明，半間接照明，間接照明など）から検討を行う．施設照明の場合は，将来の変更への対応方法も検討する．インテリアエレメントとの調和，社会的弱者への対応，光害への配慮なども重要な観点となる．

⑤設計目標値の決定…空間の用途・使用目的，視作業内容・生活行為などに従って，主たる照明要件の設計目標値を決定する．施設照明の場合，照度やグレアは重要な要件なので，日本工業規格の照明基準総則などを参考に，各室の目標値を決定する．行為が多様な空間では，複数の照明器具の使用，調光などで，照度の調節ができることが望ましい．加えて光・視環境を決定づける輝度や明るさ感のチェックを同時に行う．明視照明が主体の室の場合は，照度分布や明るさはなるべく均一にしグレアは排除する．一方，雰囲気照明主体の室の場合は，明暗の強調も考慮する．

[3] 設計内容の検討

⑥光源・照明器具の選定…照明のコンセプトに適した光源・器具を選定する．光源の選択に当たっては，機能性（光束，光色，演色性など），経済性（出力，効率，寿命など），動作特性（電圧変動の影響，始動・再始動時間，調光の容易さ，フリッカー，周囲温度による特性など）などを考慮する．特に光色は高色温度の光源は高照度で，低色温度の光源は低照度・小光量で使用する．昼間も点灯する人工照明には高色温度の光源を，昼間は消灯し夕刻以降に点灯する人工照明には低色温度の光源を使用する．また各室での演色性の目標値を確認し，なるべく演色性の高い光源を使用する．一方，照明器具の選択に当たっては，機能性（配光，照明率，グレアなど），意匠性（器具デザイン，インテリアエレメントとのバランスなど），保守管理性（汚れにくさ，清掃・ランプ交換の容易さなど），安全性（取り付け強度，器具温度など）などを考慮する．特に住宅照明の場合は，明るさを調整できる調光の可否は，重要なポイントとなる．

⑦必要器具台数の算出…施設照明などで全般照明の場合は，光源・照明器具が決まれば，簡易的には光束法などを用いて設計照度を得るために必要な器具台数を算出する．詳細な検討が要求される場合には逐点法で照明計算を行う．

⑧照明器具の位置・配置決定…照明器具の設置位置については，照度や照度均斉度を満足させること，グレア源にならないこと，支障な影を作らないこと，人間や物の動きでぶつからないことなどは必須の条件である．特に人間や物（建

具など)の動きによる影は盲点になりやすいので注意が必要である．その他，施設照明の場合は，照明器具側の条件（器具間隔，設置方向など），空間側の条件（天井目地，モジュール，間仕切，空調吹出口，誘導灯との位置関係など）などが決定要因となる．住宅照明の場合は，インテリアデザイン上のバランス，動線による室のつながり，ランプ交換・清掃など保守管理の容易さなどを考慮する．

⑨制御方法・スイッチの決定…省エネルギー対策には重要で，調光制御や人感センサー・照度センサーなどの導入，またセキュリティシステムなど照明設備以外との連動について検討する．さらに動線を考慮してスイッチ位置を決定する．施設照明では，照明の使用条件から点滅区分を決める場合がある．

[4] 最終確認

⑩照明要件の確認…以上の手続きで決定した照明設計案について，照度，照度均斉度，グレアなど実現される光環境や省エネルギーなどさまざまな面から検討し，問題がないことを確認する．

9.1.4 照明目的に対する機能展開

空間用途―照明目的―照明への要求機能―照明の仕様というように構造化することで，照明設計の要点を把握することが容易になる（図9.3）．ラダーリング[注]という手法により，機能展開し構造化することができる．

参考 解説9.1：ラダーリング

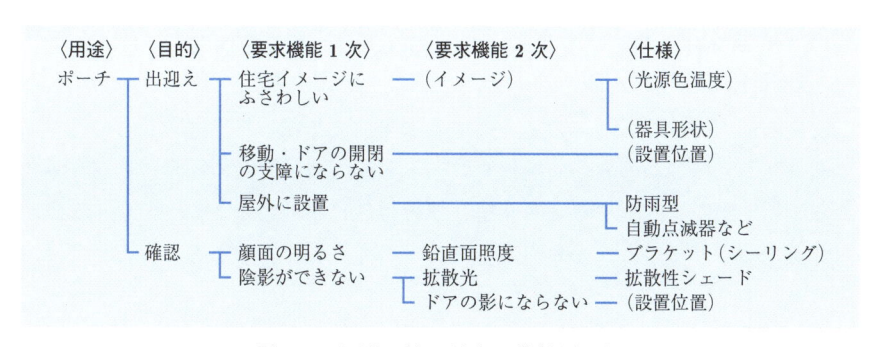

図 9.3 照明目的に対する機能展開例

[注] 問題の構造化を目的として，関連項目を抽出するための手法であり，下位（具体的な）概念を必要条件の形で抽出するもの．「どうやって(How)？」に対する回答をする．

9.2 住宅照明設計

　戸建住宅・共同住宅の照明設計基準を表 9.1 に示す．主として視作業面（特定ができない場合は，床上 0.8 m（机上視作業），床上 0.4 m（座業），床面・地面（移動等））における水平面照度を示す．求められる光・視環境の質や空間の特性を考慮し，照明方式や手法（5.3(5) 項参照）を検討する．

9.2.1　戸建住宅・共同住宅の居住部分

(1)　ポーチ

①確認・出迎えのための光…外部との接点となる領域であり，住宅の顔となる部分でもある．ポーチ・玄関外には，住宅のイメージにふさわしく，来訪者の確認・出迎えのための明るく照らす防雨型の照明器具が必要となる．来訪者の容姿が確認でき，ドアの開閉の支障にならないものでなければならない（図 9.4）．消し忘れ防止のため，自動点滅器などの導入も考えられる．

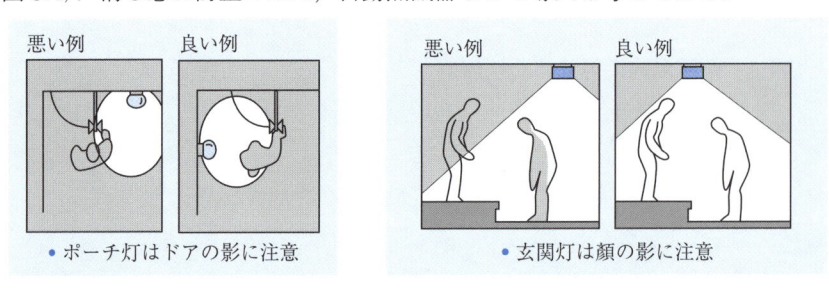

図 9.4*　ポーチ　　　　　　　　　図 9.5*　玄関

(2)　玄関

①出迎え・あいさつのための光…帰宅者や来訪者を親しく出迎えるという空間であり，お互いの顔の表情の把握やコート・靴の着脱のため，全体を暖かみのある光色で明るく照明する（図 9.5）．また機敏に出迎えるという面から，瞬時点灯が求められる．外出から帰宅したときの点灯のための工夫として，人感センサーやホタルスイッチなどの使用も考えられる．

(3)　廊下

①安全な移動のための光…要所要所に設置し，特にグレアのないようにする．荷物を搬入する場合などにじゃまにならないような設置場所・大きさであることも必要である（図 9.6）．また深夜の使用も考慮し，常夜灯になるフットライトを

9.2 住宅照明設計

表 9.1* 照明設計基準（住宅）

照度 [lx]	居間	書斎	子供室・勉強室	応接室(洋間)	娯楽	食堂	台所	寝室	家事室・作業室	浴室・脱衣室・化粧室	便所	階段・廊下	納戸・物置	玄関(内側)	門・玄関(外側)	車庫	庭	共同住宅の共有部分
1500 / 1000	手芸0.7, 裁縫0.7																	
750		勉強0.7, 読書0.7	勉強0.7, 読書0.7															
500	読書0.7	VDT作業	VDT作業					読書, 化粧	手芸0.7, 裁縫0.7, ミシン0.7	工作0.7, VDT作業								管理事務所
300				食卓		食卓	調理台0.7, 流し台0.7							鏡				受付, 集会室
200			遊び, コンピュータ, TVゲーム	テーブル, ソファ, 飾り棚	座卓, 床の間					ひげそり, 化粧面				靴脱ぎ, 飾り棚				ロビー, エレベーターホール, エレベーター60
150							洗面											洗面場40, 階段40
100	全般	全般	全般	全般	全般		全般		全般	全般	全般			全般				浴室・脱衣室40, 廊下40, 棟の出入口40
75						全般												
50												全般	全般40		表札, 新聞受け, レポタン			非常階段40, 物置40, 車庫40, ピロティ40
30																全般40	テラス, 全般	
20																		
15																		
10																	通路	構内広場40
5																		
3																	防犯	
2								深夜										
1																	防犯	
備考	調光を可能にすることが望ましい。軽い読書は娯楽とみなす。		調光を可能にすることが望ましい。					全般				深夜					注) 主として人物に対する鉛直面照度	

それぞれの場所の用途に応じて全般照明と局部照明とを併用することが望ましい。

【凡例】 行方向：推奨照度[lx]。視覚条件が通常と異なる場合には、設計照度は1段階上下させて設定してもよい。
列方向：空間の用途
表内の各操作項目右上の数値：照度均斉度の最小値。無記入は表示なし
表内の各操作項目右下の数値：平均演色評価数の推奨最小値。無記入は80。—は表示なし

併用する．

②空間と空間をつなぐ光…人の動線を考え，必要に応じて2箇所から1つの照明器具の点滅ができる**三路スイッチ**などを使用する．また部屋に入ったときの印象を悪くしないために廊下を必要以上に明るくしない．

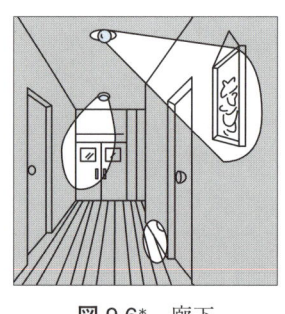

図 9.6*　廊下 　　　　　　**図 9.7*　階段**

(4) 階段

①安全な移動のための光…階段の踏面が暗くならず，影にならないように照明器具の取り付け位置に注意する（図 9.7）．一般的には高い位置からの照明が望ましい．ただしランプの交換のことも考慮しなければならない．ランプはグレアが少なく瞬時点灯が求められる．三路スイッチは必須の条件といえる．

(5) リビング（洋室）

①多機能で多様な光…リビングは家族の共有空間であり，家庭生活の中心となる場所となる．そこで行われる行動は多様であり，そのため照明設計でも空間の多機能性を考慮し，多灯分散照明方式などを導入する（5.3(5) 項参照）．一方，開口部の持つ心理的な開放感を人工照明で代替することは難しい．その他，開口部には，室内の狭さを補うという効果，緊張緩和・気分高揚の効果などのほか，外部空間の変動の知覚，時間感覚，外部とのつながり感なども生むので，リビングにおける開口部の意味は大きい（図 9.8）．

②くつろぎのための光…個人が主体の生活行為で，静かで落ち着いた雰囲気にするため，まず昼間は昼光照明を主に考えるべきである．また明るさが調節できるように，人工照明は複数設置するか調光できるようにする．間接照明を使用すると，柔らかでゆったりとした感じを形成できる．

③だんらんのための光…家族が主体のだんらんという生活行為に対しては，活気をもたせるための明るさが必要である．昼間でも人工照明を付加する場合も

ある.特に小さな子供がいるような場合には均一な照明が要求される（食事を行う場合については，(7) ダイニングの項目を参照）.
④もてなしのための光…来訪者をもてなすあかりとしては，基本的にはくつろぎのための光に準じるが，より明暗を強調し上品な雰囲気をつくるということを求められる場合もある．またパーティを行うような場合にはだんらんのための光に準じ，にぎやかさを生む明るさが必要となる．

図 9.8*　リビング

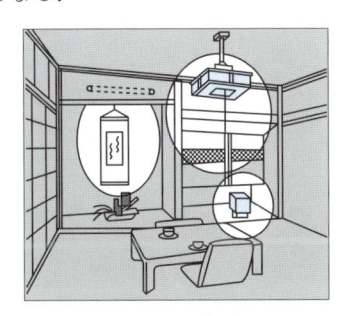

図 9.9*　和室

(6)　和室
①格調のある光…伝統的に和室では障子などを通した拡散性の強い光で採光することが行われていたために，照明も全体に明るく拡散性の光が好まれる場合が多い．また床の間の照明は空間に広がりを与える効果がある．移動可能なフロアライトなども生活を演出するアクセントになる（図9.9）．

(7)　ダイニング（食事室）
①さわやかな光…朝食・昼食時にはさわやかさが要求されるので，開口部をとり昼光照明で採光量を十分にとれるようにすべきである．
②求心性のある光…食事にはだんらんの要素もあり，食卓の上に意識が集中するように，食卓上は十分に明るくすることが望ましい．照明器具は求心性の高いペンダントを用いると効果的である（図9.10）．
③機能的な光…テーブル上の求心性のためには，全般照明は暗めの設定が好ましいが，配膳などの作業や着座のための移動などが伴うので，明るくできることも必要である．またテーブル上での家事，読書，子供の勉強などの視作業が行われる可能性も高く，必要照度が確保できるようにしておく．
④可変性のある光…垂直方向の可変性があると，さまざまな状況に対応が可能である．また食卓が移動した場合のために可変性も考慮しておく．

⑤味覚のための光…料理をおいしく見せるために，演色性の高い光源を使用する．昼光照明はこの点でも優れている．

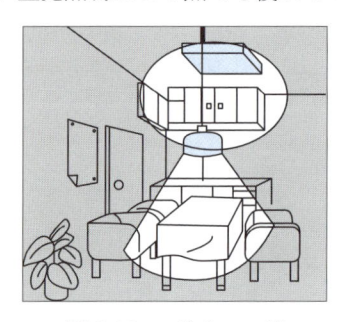

図9.10* ダイニング

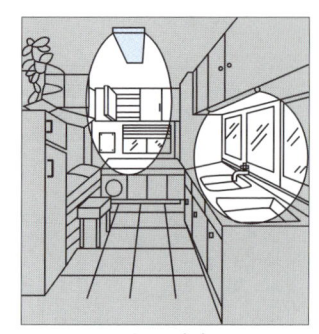

・流し元灯は手暗がりとグレアに注意

図9.11* キッチン

(8) キッチン（台所）

①調理作業のための光…調理器具や熱源の使用など調理作業には危険な面もあるので，手元を十分明るくし，手暗がりを作らないこと，グレアを与えないことなどが重要である（図9.11）．また食器，食材の出し入れなどキッチン全体を明るくする必要もある．さらにダイニングと同じく，料理の色の確認のために，演色性の高い光源を使用する．

②清潔感のある光…油や煙で汚れやすく，清掃が容易であることが必要である．またレンジの上部には熱に弱いプラスチックや蛍光灯は使用できない．

(9) 浴室

①くつろぎかつ安全な光…くつろぎを演出するために季節に合わせ，色を変化させる方法もある．ある程度の明るさも必要となり，防湿型器具を使用する．また入浴者の影が窓に映らないように，器具は窓側に取り付ける（図9.12）．

(10) 洗面所・脱衣室

①安全な動作のための光…洗面，化粧，ひげそり，脱衣などの動作が安全に行えるような十分な明るさが必要である．防湿型器具の使用が望ましい．

②健康管理のための光…顔全体がはっきりと見え，影を作らず，肌の色が正しく観察できる光源を使用する．また顔の状態の観察という面から，グレアのない拡散光が好ましい．

図 9.12* 浴室 ・浴室灯は人の影が窓に映らないように注意

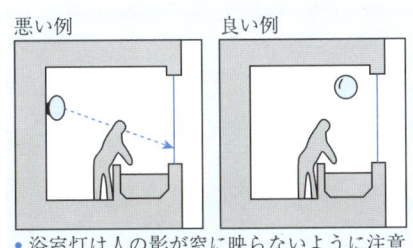

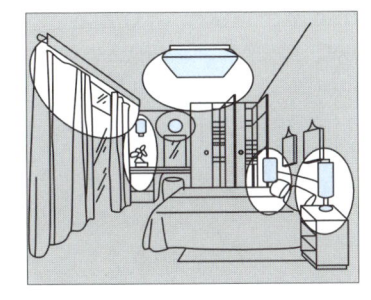

図 9.13* 寝室

(11) トイレ（便所）

①落ち着きがあり清潔な光…排泄物の異常確認，清潔の維持などのためには，落ち着きのある適度な明るさで影がでにくい拡散光による照明が必要である．また瞬時点灯することも重要である．

(12) 寝室

①目覚めのための光…朝の光には人間の生体リズムを調整する役割（1.1.3(1) 項参照）もあり，さわやかな目覚めのためには，日照や採光を十分とれるようにしておきたい．寝室の窓は東向きが望ましいとされている．
②入眠のための光…睡眠への誘導という点から，落ち着いた柔らかな光が望ましい．暗がりの移動を避けるため全般照明には入口と枕元の三路スイッチを使用する．また必要に応じて，ベッドライトや深夜用のあかりを設ける（図 9.13）．
③休息・語らいのための光…夫婦の休息・語らいのための場であり，睡眠への誘導ということを考えると，落ち着いた柔らかな光が望ましい．必要に応じて明るさが変えられることも忘れてはならない．

(13) 子供室

①成長・健康のための光…成長・健康のためには採光量が十分あることが望ましく，子供室でも開口部の意味は大きい．加えて部屋のどこでも活動が可能なように，全般照明は明るく，均一に，まぶしくないものを設置する．また安全性を考慮し，形はシンプルなものが望ましい（図 9.14）．
②学習のための光…勉強や読書用のタスクライトは手元を明るくし，手暗がりやグレアが生じない機能的なものとする．ただし全般照明もかならず点灯する．
③安らぎのための光…ある程度年齢が上になってくると，嗜好に応じたものも必要になる．休養や趣味を楽しむためのあかりは，明暗のバランスを変えるこ

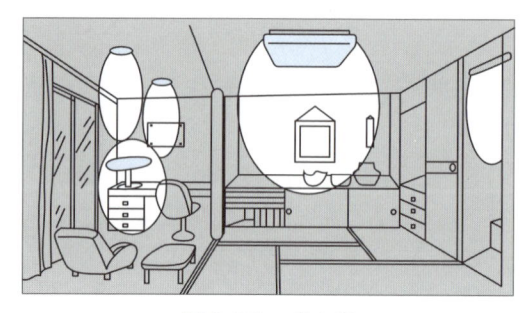

図 9.14*　子供室　　　　　　　図 9.15*　老人室

とができるようなものが望ましい．

(14) 老人室

①安全で和やかな光…老人は室内の生活が多くなりがちで，視機能の低下も見られるので，全体的に明るく柔らかな照明とする．またスタンドなど手元用の局部照明も必要である（図 9.15）．

(15) 書斎

①休養・考え事のための光…休養・考え事のためには，明暗のバランスを考慮した雰囲気照明とする．読書や趣味の視作業などを行う場合には，適切な局部照明を用意する（図 9.16）．

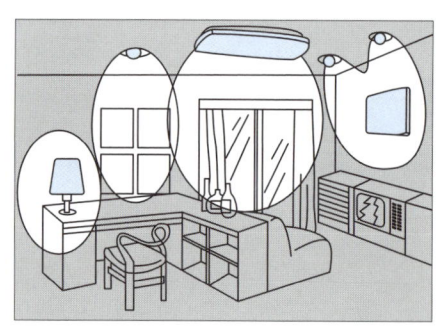

図 9.16*　書斎

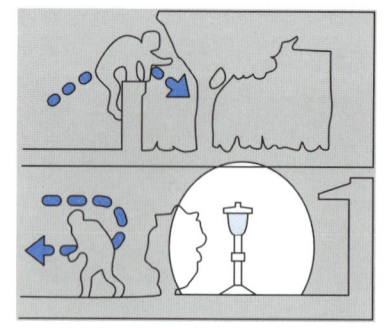

・犯罪者は自分の姿を見られるのをいやがる．

図 9.17*　庭・外構

(16) ガレージ

①安全のための光…車体の確認のために，入口と奥の 2 箇所でかつ対角の位置に設置するのが望ましい．また防湿型で清掃が容易な器具を使用し，消灯が確認できるスイッチ（パイロットスイッチ）を設けるなど，消し忘れがないように注意する．

(17) 庭・外構
①安心と防犯のための光…住宅の庭・外回りの光は自分の巣に帰ってきたという心理的な安心感をもたらし，生活空間を拡大し豊かさを与える．一方，住宅のみならず地域全体に対する防犯という役割も大きい．経済性を重視したランプで防雨型の器具を選定する．つけ忘れや消し忘れのために自動点滅器，タイマーなどを使用する（図9.17）．

9.2.2 共同住宅の共用部分
(1) 外観
①個性を表現するための光…建物の外観の特性を照明によって示し，個性や風格を演出する．建物の個性を表現するということは，居住者にとって，帰巣感という心理的な安堵感を醸成する効果がある．

(2) アプローチ
①誘導のための光…アプローチの照明は道筋の安全の確保とエントランスへ誘導の役割を有する．一方，必要な部分のみに照明を集中して配置し，導入効果を演出するという手法もあり得る．

(3) エントランス
①外界からの意識転換のための光…エントランスおよびエントランスホールは，居住者たちの共有空間であり私的空間でもある．外界から自宅に戻ってきたという意識の転換を図ることが照明にも求められる．
②自然を強調するための光…昼光を活用し，植栽の導入，自然を感じさせる内装材の利用などで温かみと柔らかな雰囲気を演出し，エントランスという空間の意味を強調する．

(4) エレベーターホール
①開放的でかつ変化を与える光…閉鎖的になりがちな空間なので，ウォールウォッシャーなどを使用し広く開放的に見せる．またオブジェや観葉植物などを置き空間に変化をつける．さらにエレベーターのドアや周辺の壁を明るく照らし，視線を誘導する．

(5) 共用廊下
①空間にメリハリをつける光…狭く長い廊下には，住戸玄関ごとに明るくするなどの変化を与えメリハリをつける．また壁や天井を間接光で照明し，狭い空間を広く見せる．

9.3 施設照明設計

住宅照明と照明目的が共通する事項については省略し，個々の施設照明に固有で重要事項のみを列挙する．

9.3.1 オフィス

オフィス（事務所）の照明設計基準については表 4.2（p.53）に示す．

①均一でグレアのない光…パソコン作業が増加したオフィスでは，光源が画面に映り込む反射グレアを防止するために，グレアが規制された照明器具を適正な位置に配置する．さまざまな視作業に適した照度を確保する．照度分布は均一であることが望ましく，照度均斉度は 0.7 以上とする．打ち合わせ作業時や OA 機器の操作時に鉛直面を使用することも多く，鉛直面の照度についても考慮する．天井，壁，床の明るさや反射率のバランスも考慮する．省エネルギーの面では優れているタスク・アンビエント照明では，空間全体の雰囲気が暗いイメージにならないように留意する．レイアウト変更の頻度が高い場合や，賃貸オフィスとする場合は，全般照明方式が有利になる．

②コミュニケーションのための光…オフィス業務ではワーカー同士の円滑なコミュニケーションが求められるため，ワーカーの表情がよく見えるようにしたい．また色彩を有する情報も増えている．そのため光源の演色性に留意し，平均演色評価数が 80 以上の光源を使用し，鉛直面照度も確保する．

③室間のバランスのとれた光…オフィス内での空間のつながりについて考慮し，執務室と隣接する他の室や通路との間で，照度差が大きくならないようにする．また隣接する室間の間では，光色が同一の光源を用いるほうが望ましい．ただ，くつろぎの空間であるリフレッシュスペースなどは，執務室とは異なる光色にする場合もある．昼光照明を併用する室に使用する光源の色温度は 4 000 K 以上とし，違和感が生じないようにする．

④制御性の高い光…昼光照明と人工照明の協調という観点から，作業に応じた点滅や調光ができ，省エネルギーを効率的に行う照明制御システムの導入などを行うことが望ましい．オフィスインテリアとの調和も求められる．

9.3.2 学校

学校の照明設計基準を表 9.2 に示す．

9.3 施設照明設計

①均一で明るい光…通常の教室では，右側開口部からの一面採光が一般的であり，室奥側は廊下側の開口部を通した補助的な採光もしくは人工照明で補うことになる．また児童生徒の視線の動きによって，注視点はたえず移動している．従来の一斉授業の形式だけでなく多様な授業形態を想定すると，視環境上の問題が発生する可能性は高く，教室全体を均一に明るくする必要がある．そのためには，照明器具を分散配置し，天井や壁の反射率を上げて間接光を利用する．また天窓や頂側窓の導入は照度均斉度の向上に寄与する．

表 9.2* 照明設計基準（学校）

照度[lx] \ UGR	16	19	22	表示なし
1 500				
1 000	精密工作（作業）$^{0.7}$	精密実験（作業）$^{0.7}$		
750	精密製図（作業）$^{0.7}$，製図室			
500	保健室$_{90}$	美術工芸製作（作業）$^{0.7}$，板書（作業）$^{0.7}$，キーボード操作（作業）$^{0.7}$，図書閲覧（作業）$^{0.7}$，被服教室，電子計算機室，実験実習室，図書閲覧室，研究室，会議室，放送室	厨房	
300		教室，印刷室，宿直室	体育館，教職員室，事務室	食堂，給食室
200		書庫	講堂，集会室	ロッカー室，便所，洗面所
150				階段$_{40}$
100				倉庫$_{60}$，廊下$_{40}$，渡り廊下$_{40}$，昇降口$_{60}$
75				車庫$_{40}$
50				非常階段$_{40}$
30				

［凡例］行方向：推奨照度[lx]．視覚条件が通常と異なる場合には，設計照度は 1 段階上下させて設定してもよい．
　　　　列方向：UGR 制限値
　　　　表内の各視作業項目右上の数値：照度均斉度の最小値．無記入は表示なし
　　　　表内の各視作業項目右下の数値：平均演色評価数の推奨最小値．無記入は 80

②グレアのない光…コンピューター利用など鉛直面での視作業の増加に伴って，グレアの問題も無視できない．グレアは，ディスプレイの表示が見にくくなり，視作業低下だけでなく，反射像を見ないように児童生徒が無理な姿勢をとりやすく，別な形の疲労の要因となり得る．開口部面など高輝度面がディスプレイに直接映りこまないこと，および光源が直接見える照明器具は避けることはいうまでもなく，グレア防止型の拡散パネル，プリズムパネル，ルーバーなどを用いたグレア防止型の照明器具の使用が求められる．

③昼光対策・開口部面の処理…外光の状態によっては教室内の光環境に問題を生じさせることがある．西日など机上面への直射光があると，輝度対比が強く目には悪影響を与える．ルーバー（固定，可動）など外部の窓装置による対応は，維持管理や操作性に大きな問題がある．日射はなくても開口部面のグレアは発生する．また教室内でスクリーンやプロジェクターの使用などが増える可能性を考えると，暗転への速やかな対応が必要になる．機動的対応という点では，遮光性の高いブラインドなどの設置が望ましいが，粗雑な扱いに対しては脆弱な面もあり，運用面で対処できるかが課題となる．

9.3.3　工場

①徹底した安全のための光…工場照明の目的は，製造される製品や機械や設備機器の確認などの視作業と通路や周囲の状況を認識することである．視作業性，生産性，快適性などの目標もあるが，安全性の確保が最重要である．空間全体の照度を確保し，十分なグレア対策が行われる必要があり，低・中天井工場では，反射がさ付き蛍光ランプを，高天井工場では，高輝度放電ランプを使用した全般照明が一般的となる．なお精密加工や検査を行うときには局部照明を，監視・検査を集中的に行うときには局部的全般照明を併用する場合がある．この場合，器具の配光や配置に注意し，支障となるグレアや影が発生しないようにする．また視作業域周辺に大きな開口部などがあると順応輝度が上がり，視作業域が暗く感じられることがあるので，注意が必要である．

②特殊な環境のための光…視作業の内容により，高温，高湿，高粉塵，強酸，強アルカリ，爆発性・腐食性ガス，強振動など工場にはさまざまな特殊環境条件があり，その使用条件に適した照明器具を使用する必要がある．

9.3.4　店舗

①コンセプトにあった光…店舗のコンセプトにふさわしい空間演出を行い，店舗イメージを表現するための照明を行う．店舗に活気や魅力を与えるために，ベース照明（基本照明）と重点照明を組み合わせ，注目を集めたい部分を強調し，来客者の動線に沿った形で店舗空間にリズムをつける．これをベース・重点照明方式という（図9.18）．重点照明とベース照明の照度比は3〜6にする．また来客者を店内に誘導しやすくするため，店舗のファサードに表情を与え，導入部分は店内全般より明るくし，特に入口から見える壁面，柱回りなどは明

9.3 施設照明設計

く見せる．これは暗い所から明るい所には安心して行きやすいという**サバンナ** (savanna) **効果**を狙ったものである．ショーウインドウは，店内全般よりかなり明るくし，通路スペースは，商品スペースよりも明るさを抑える．インテリアとの調和は不可欠である．さらに店舗イメージを強調するため，照明による新しい演出方法を導入する場合もある．

②商品演出のための光…商品の価値・情報を正しく伝え，魅力的に見せ，来客者の購買意欲を高める照明を行う．手法としてはスポットライトなどを用いた重点照明がある．商品を正確かつ魅力的に見せるため，商品の色，形，材質に留意する．色を正しく見せるため，平均演色評価数が 80 以上の光源を使用する．ただし低照度では効果が薄れるため，500 lx 以上の照度が必要となる．形を美しく見せるために，適度な立体感を出す．材質感の表現のため，商品に適した光源や配光を用いる．また商品の近くの直接グレアやガラスケースなどに反射グレアがあると，商品が見えにくくなるため，照明器具の配置や照射方向を検討する．さらに商品が赤外放射や紫外放射を嫌う場合にはこれらを防止する光源を使用する必要がある．ベース照明（基本照明）とのバランスが重要である．

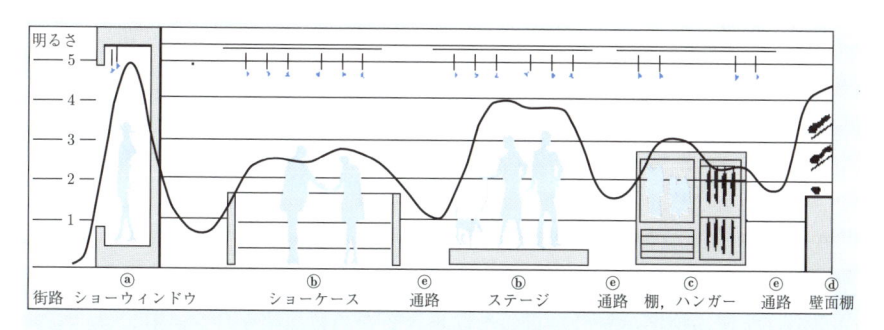

参考 解説 9.2：施設照明設計

ⓐ ショーウィンドウ…アイキャッチのために，十分な照度が必要となる
ⓑ 店舗の重点商品……店内に誘引する効果をもたせる
ⓒ 棚，ハンガー等……暗がりにならないように注意する
ⓓ 壁面棚……………店奥への誘引のため，壁面とともに十分に照明する
ⓔ 通路………………通路部分は商品スペースよりも照度を抑える

図 9.18* 店舗におけるベース・重点照明方式による明るさのリズム

9.4 照明におけるエネルギーの効率的利用

9.4.1 エネルギーの効率的利用に向けた方策

　照明設計においては，快適な照明を追求するのと同時に，経済性という観点だけでなく，地球環境問題という面からも**省エネルギー**，すなわち無駄なエネルギー使用を避け，エネルギーの効率的利用を図ることが重要である．

　照明の目的や対象を十分に吟味した上で，目的外の空間を過度に明るくしないなど全体として必要十分な照明が行われるように，電力節約のための技術の導入，日常的な保守点検・清掃を含めた適切な照明計画が必要となる．照明におけるエネルギーの効率的利用に関する方策を以下に列挙する．

①効率のよい光源の使用…蛍光灯器具は，低力率形よりも高力率形のほうが少ない供給電力ですむ．住宅照明では，白熱電球を電球形蛍光ランプや LED 電球などに交換することが勧められる．高周波点灯形（Hf 形）蛍光灯は効率がよい．高出力点灯で Hf 形のランプにすると同じ照度ならば照明器具の台数が約 2/3 に減らせる．

②照明率の高い照明器具の使用…照明率を上げることで照明の必要器具台数を減らすことができる．ただしグレア防止には留意する．

③保守率の最良値の適用…保守率が高く清掃がしやすい照明器具を使用するとともに，使用者に十分な保守点検を促し，照明設計の保守率について最良値を適用する．

④低電力光源の照明器具の分散的配置…こまめな点消灯を前提とし低電力光源の照明器具を分散的に配置するなど，全般照明によらない方法を採用する．

⑤空調照明器具の使用…照明設備電力が大きいインテリアゾーンでは，照明と空調の熱的結合方式を使用することが望ましい．

⑥点消灯状況の把握…無駄な点灯を防止するために，明かりがもれるようにする，点滅表示付きのスイッチの利用で点消灯状況を把握できるようにする．

⑦照明のプログラム制御の導入…大空間の照明では，照明の点消灯のタイムスケジュール制御やランプの自動調光を行うシステムを導入する．

⑧昼光利用…開口部側の自動点消灯，昼光利用制御などを行い，できるだけ昼光を利用する．

⑨日常の保守点検・清掃…照明器具や室内の内装面の汚損により，照度が低下

すると，無駄なエネルギーを使うことになる．そのため定期的に保守点検・清掃を行う必要がある．また全ランプを同時に交換する場合，光源の定格寿命の70％前後が目安となる．

⑩室内の反射率…室内の内装材，家具・什器などの色は，なるべく高い反射率の色，すなわち高明度色を用いる．

9.4.2 照明設備に係るエネルギーの効率的利用

エネルギーの使用の合理化に関する法律に基づく建築物に係るエネルギーの使用の合理化に関する建築主等及び特定建築物の所有者の判断の基準（告示）の中に照明設備に係るエネルギーの効率的利用に関する事項が定められている．

$2\,000\,\mathrm{m}^2$ 以上の建築物（住宅を除く）について，建築確認申請時に省エネルギー計画書の提出を義務づけているもので，建築確認を受けるための条件として，以下の式で算出される**照明エネルギー消費係数**CEC/L（coefficient of energy consumption for lighting）が 1.0 以下になることとされている．

$$\mathrm{CEC/L} = \frac{\sum E_T \times C}{\sum E_S \times C} \tag{9.1}$$

CEC/L：照明エネルギー消費係数

$\sum E_T \times C$：照明消費エネルギー量（熱量換算値）…実際に消費される照明エネルギー量

$\sum E_S \times C$：仮想照明消費エネルギー量（熱量換算値）…一定レベルの照明環境を確保するために必要と想定される標準的な照明エネルギー量

C：1次エネルギー換算値

参考 解説 9.3：照明設備に係るエネルギーの効率的利用 □

9章の問題

☐ **1** トイレの照明について，機能展開を行い，照明計画・設計における要点を構造化せよ．

☐ **2** 照明器具の設置位置を決めるときの注意事項を列挙せよ．

☐ **3** 照明器具を選択するときに，考慮しなければならない事項を列挙せよ．

☐ **4** 照明におけるエネルギーの効率的利用に向けた方策を列挙せよ．

☕ 日本の照明環境が高照度になっている理由

　諸外国と比較すると，一般に日本の照明環境は高照度になっているといわれている．これについては，以下に示すような理由が考えられる．

①照明環境は明るければ明るいほどよいとする常識（誤解）がたたき込まれてしまったこと（p.61 コラム参照）．

②第2次大戦後，対米追従で，「快適・幸福＝明るいこと」という概念が，高度成長期を通じて形成されたこと．第2時大戦中の灯火管制からの解放による反動という説もあるが，欧州ではこのようなことは起きていない．

③日本人は，伝統的に障子からの採光のような拡散性の光を好むため，蛍光灯が普及したといわれている．演色性が改善されていなかったしばらく前の時代には，蛍光灯は低照度では陰気になりがちになるため，いきおい高照度になってしまったこと．

④日本人の虹彩にはメラニン色素が多く，グレアには強い目の構造であり，露出した光源による高照度に耐えられたこと．

　このような高照度を求めた結果として，日本の住宅では蛍光灯のシーリングライトなどの一室一灯照明方式を定着させ，平板な光環境をつくることになってしまったといえる．

10 色の表示

「光線に色はない．光線には色の感覚を起こす力と性質があるだけである．」
　　　　　　　　　　　　　　　　　　　　　　　　　　ニュートン

　建築の設計の中で使用する色彩を適切に記述し表現することは，関係者の意思の疎通という点で，非常に重要である．色を正確に表現することは事前のコンピューターグラフィックスによるシミュレーションなどでも非常に難しく，当初のイメージと実際の空間が色彩一つで大きく異なるというようなことも起こりやすい．一方，色の表示の体系は，非常に高度な数学的な変換を基盤に成立しており，色を原理的に表示することの難しさを示しているともいえる．ここまで厳密に行う必要があるのかという面もあるが，色彩を管理する立場に立てば，当然であるといえる．さらに物体色の表示について，日本では標準となっているマンセル表色系について，その表示法や特徴を理解しておくことは重要であると思われる．

> **10章で学ぶ概念・キーワード**
> - 色，光源色，表面色，物体色
> - 色相，明度，彩度
> - 色調，色度
> - 混色，等色
> - 有彩色，無彩色，基本色名，慣用色名
> - XYZ表色系，マンセル表色系，オストワルト表色系，PCCS

10.1 色の基本

10.1.1 色の分類

色とは，刺激となる光の分光分布組成に応じて視覚的に知覚される現象で，**色彩**と同義である．知覚される色は，光源や物体の分光特性，および対比，順応など観察条件により決定され，記憶や経験にも影響される複雑な属性である．光源から放射される光の色を**光源色**といい，光そのものの色である．不透明な物体表面で選択的に反射された光により知覚される色を**表面色**といい，物体の表面に属しているように知覚される．建築空間では最も多い色の現れ方であり，色相，明度，彩度で表す．透明な物体を透過した光により知覚される色を**透過色**という．表面色と透過色を合わせたものを**物体色**という．その他，空の色のように空間全体に広がった色を**面色**，小さな開口部などを通して知覚される色を**開口色**といい，両者とも，定位できず純粋な色知覚だけをもたらす．なお色の分類については，測色を物理学的な分類で，知覚や様相を心理学的な分類で行うため，多少分類軸が異なる．

参考 解説 10.1：色の様相

10.1.2 色の属性

(1) 色の三属性

色の三属性とは，色合い，明るさ，冴えという色の性質を決定する3つの要素であり，表面色の場合，色相，明度，彩度がそれに当たる．**色相**とは，赤，黄，緑，青など色の系統や色味の性質に関する属性またはその尺度である．**明度**とは，物体の表面色の明るさに関する属性，またはその尺度で，明るさとする場合もある．**彩度**とは，物体の表面色の鮮やかさや色味の強さに関する属性，またはその尺度で，飽和度とする場合もある．

光源色の場合は，主波長あるいは補色主波長（紫系の場合に主波長の代わりに用いる），輝度，刺激純度が三属性に対応する（10.3.1(5) 項参照）．

(2) 複合的属性

色調とは，明度と彩度を合わせた複合概念で，色合いや明暗を示す色の調子をいい，**トーン**（tone）ともいう．色相に関係なく存在する恒常的な様態であり，主観的な印象と結びつく．系統色名の明度・彩度に関する修飾語（10.2.1(2) 項

参照）がこれに当たる．**色度**とは，主波長（あるいは補色主波長）と刺激純度の組み合わせによる色刺激の性質のことである（10.3.1(3) 項参照）．

10.1.3 混色と等色
(1) 混色
色光の混色を**加法混色**といい，混ぜ合わせる光が増すごとに白色に近くなる．混色の結果は色度図上で 2 色の位置を結んだ線分内で表示される．加法混色の三原色は，赤，緑，青（または青紫）となる．なお**三原色**とは，混色によって広範囲の色を作りだすことを可能にする 3 つの色のことである．

一方，色料や色フィルターなど吸収媒質の混色を**減法混色**という．異なる明度の色料を混色した結果は，高明度色よりも明度が下がる（図 10.1）．減法混色の三原色は，シアン（明るい青緑），マゼンタ（明るい赤紫），黄で，加法混色の三原色の補色となっている．**補色**とは，加法混色によって無彩色を作ることができる 2 つの色について，その一方に対する他方を指し，これが減法混色による場合には，正確には「減法混色の補色」という．

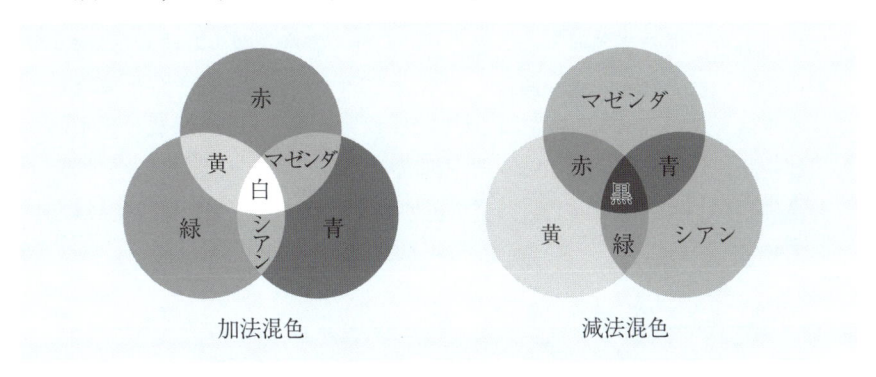

図 10.1* 加法混色と減法混色（解説 10.2 参照）

参考 解説 10.3：加法混色

(2) 等色
等色とは，2 つの色を等しいと知覚すること，あるいは 2 つの色が等しくなるように調節することをいい，分光分布の異なる 2 つの色が，照明光の分光分布など特定の条件のもとで等しい色に見えることを**条件等色**という．

10.2 色の名称

10.2.1 表面色の名称
(1) 有彩色と無彩色
属性として明度のほかに，色相と彩度を持つ色を**有彩色**といい，属性として明度だけを持つ色を**無彩色**という．白，黒，灰色などが無彩色に当たる．

(2) 色名
[1] 系統色名
系統色名とは，あらゆる色を系統的に分類して表現できるようにした色名で，

> 系統色名＝①明度・彩度に関する修飾語
> 　　　　＋②色相に関する修飾語＋③基本色名

の形式で表示する．ここで，**基本色名**（③）とは，色を系統的に分類・表現するための基本となる色で，その色相を代表する色名となる．有彩色の基本色名は，赤，黄赤，黄，黄緑，緑，青緑，青，青紫，紫，赤紫の10色で，無彩色の基本色名は白，灰色，黒の3色である．有彩色の明度・彩度に関する修飾語（①）と無彩色を含めたそれらの相互関係を図10.2に示す．色相に関する修飾語（②）と基本色名（③）の相互関係を図10.3に示す．図10.2の○部分には図10.3の外円部の語，△部分には図10.3の内円部の語が入る．

例えば，「くすんだ赤みの黄」（慣用色名で黄土色）というように表示する．

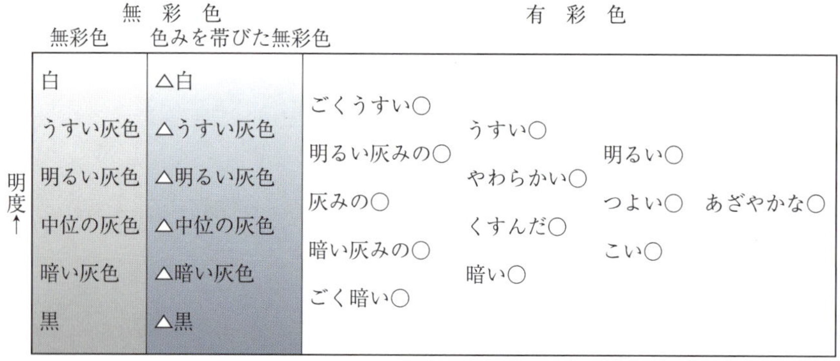

図10.2* 明度・彩度の修飾語の相互関係

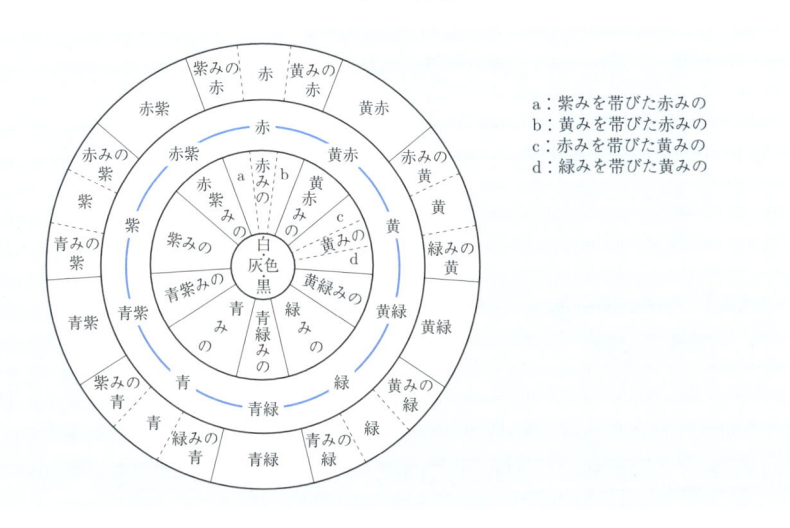

図 10.3* 色相に関する修飾語と基本色名の相互関係

a：紫みを帯びた赤みの
b：黄みを帯びた赤みの
c：赤みを帯びた黄みの
d：緑みを帯びた黄みの

[2] 慣用色名

慣用的な呼び方で表した色名を**慣用色名**という（表 10.1）．

10.2.2 光源色の名称

[1] 系統色名

光源色の系統色名は，

系統色名 ＝ ①修飾語 ＋ ②基本色名

での形式で表示する．基本色名（②）は，物体色の有彩色の基本色名に，ピンク，白，が加わり，計 12 色となる．修飾語（①）は「赤みの」「黄みの」「緑みの」「青みの」「紫みの」「オレンジ」「うすい」「鮮やかな」の 8 語である．

[2] 慣用色名

光源色の慣用色名には，白色を細分化した，電球色，温白色，昼白色，昼光色などがある．

表 10.1* 慣用色名の例

慣用色名	系統色名	代表的なマンセル色記号
あかね色	こい赤	4R 3.5/11
茶色	暗い灰みの黄赤	5YR 3.5/4
象牙色	黄みのうすい灰色	2.5Y 8.5/1.5
ひわ色	つよい黄緑	1GY 7.5/8
青磁色	やわらかい青みの緑	7.5G 6.5/4
利休鼠	緑みの灰色	2.5G 5/1
鉄色	ごく暗い青緑	2.5BG 2.5/2.5
浅葱色	あざやかな緑みの青	2.5B 5/8
納戸色	つよい緑みの青	4B 4/6
古代紫	くすんだ紫	7.5P 4/6
なす紺	ごく暗い紫	7.5P 2.5/2.5
とき色	明るい紫みの赤	7.5RP 7.5/8

10.3 表色系

色の同定のために，色を系統的かつ数量的に表示することを**表色**といい，標準化された表示方法を**表色系**という．XYZ表色系など心理的な色感覚と分光分布など物理的特性との関係で心理物理的に表示する**混色系**と，マンセル表色系など物体表面の色知覚を色票との比較により心理的属性で表示する**顕色系**がある．

10.3.1 XYZ表色系

(1) 基本的原理

XYZ表色系とは，正式にはCIE 1931標準表色系と称するもので，**CIE表色系**と呼ぶ場合もある．XYZ表色系は2°視野に基づくもので，このほかに10°視野に基づく$X_{10}Y_{10}Z_{10}$表色系（CIE 1964表色系）がある．取り扱いはXYZ表色系とほぼ同様である．

三原色光の赤 (R)，緑 (G)，青 (B) の混色による表色系を**RGB表色系**というが，正量の加法混色では青緑系の色に等色できないものが存在する．XYZ表色系は，この問題を解消するために，RGB表色系を数学的に変換したもので，任意の色を正量の加法混色により等色できる**三原刺激 X, Y, Z** を決めている．**原刺激**とは，加法混色の基礎となる特定の色刺激のことで，現実の色光としては存在しな

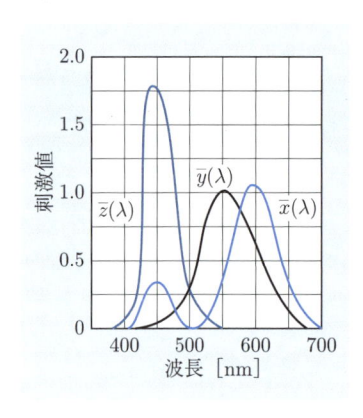

図 10.4* スペクトル三刺激値

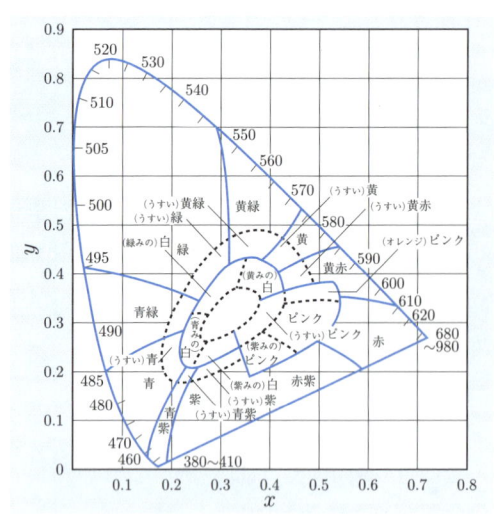

図 10.5* 色度図と光源色（解説 10.4 参照）

いので，原色とは表現しない．Y が測光的な明るさを示し，X と Z で色度を示すような操作がされている．よって原理的に，X と Z は明るさを持たない．

(2) 三刺激値

三刺激値とは，ある色光に等色するための三原刺激 X, Y, Z の混合量で，それぞれ X, Y, Z で表現する．ある波長のスペクトルの色光に等色する三原刺激の混合量を**スペクトル三刺激値**という．スペクトル三刺激値を波長の関数で表したものを**等色関数**（図 10.4）といい，$\bar{x}(\lambda), \bar{y}(\lambda), \bar{z}(\lambda)$ を用いる．Y に測光的な明るさを与えるため，$\bar{y}(\lambda)$ を比視感度曲線 $V(\lambda)$（図 3.5 参照）と等しくしている．

分光分布 $P(\lambda)$ の色光に等色する三原刺激の混合量，すなわち三刺激値 X, Y, Z は，等色関数 $\bar{x}(\lambda), \bar{y}(\lambda), \bar{z}(\lambda)$ をもとにして，以下のようになる．

$$X = K_m \int_{380}^{780} P(\lambda) \bar{x}(\lambda) d\lambda \tag{10.1}$$

$$Y = K_m \int_{380}^{780} P(\lambda) \bar{y}(\lambda) d\lambda \tag{10.2}$$

$$Z = K_m \int_{380}^{780} P(\lambda) \bar{z}(\lambda) d\lambda \tag{10.3}$$

K_m：最大視感度（$683 \, \mathrm{lm/W}$）

(3) 色度

色度は X, Y, Z からの変換で得られる色度座標 (x, y)，すなわち

$$x = \frac{X}{X + Y + Z} \tag{10.4}$$

$$y = \frac{Y}{X + Y + Z} \tag{10.5}$$

で表現される．測光的な明るさの属性が Y [lm] となり，色の表示は，Y, x, y の三者で行う．

(4) 色度図

色度座標を 2 次元の直交座標に表現したものを**色度図**という（図 10.5）．白色光は $(0.333, 0.333)$ に位置する．色度図における光色名を図 10.5 に示す．

完全放射体（黒体）の各温度における色度を表す点を色度図上に結んだものを**完全放射体軌跡**という．図 10.6 は，完全放射体軌跡に相関色温度を示す線分を重ねて表示した図である．**標準イルミナント**とは，CIE が定めた測色用の光を発する光源で，A（タングステン電球，色温度 $2\,856\,\mathrm{K}$），D_{65}（紫外線を含む

平均的昼光,同 6 500 K) などがある.

(5) スペクトル色の表示

色度図の周囲の曲線部を**スペクトル軌跡**といい,スペクトルに現れる単色光の位置を示す.一方スペクトル軌跡につながる下部の直線部を**純紫軌跡**という.単色光と白色光の加法混色によって得られる色光を**スペクトル色**といい,スペクトル色は,白色光との適当な混合によりあるスペクトル色と等色する単色光の波長である**主波長**と,ある色光と等色する単色光と白色光の混合比率である**刺激純度**で表示することができる.スペクトル色でない紫系の色は補色主波長と刺激純度で表示する.

(6) 表面色の表示

標準イルミナントで照明すれば,同様の方法で,表面色の表示も可能となる.光原色と同様に X, Y, Z から色度座標 x, y を求め Y, x, y で表面色を表示する.Y を視感反射率と呼ぶ.

参考 解説 10.4:表面色の表示

(7) 特徴

混色規則は成立する.色差を表現していない.

10.3.2 UCS (Uniform Chromaticity Scale) 表色系

UCS 表色系とは,感覚的な色度の差が,色度点間の距離に比例するよう,色

図 10.6*　標準光源・完全放射体の軌跡と相関色温度

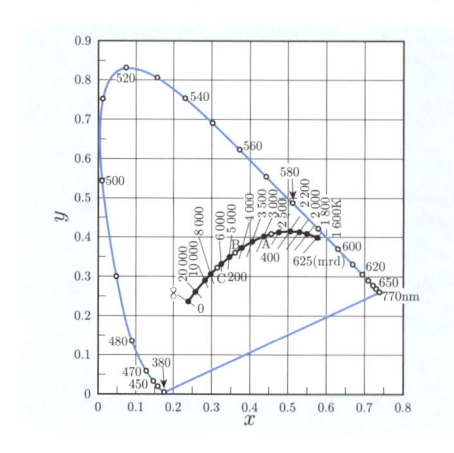

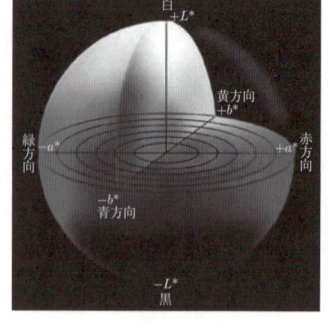

図 10.7*　L*a*b* 表色系
(解説 10.7 参照)

感覚の均等性を意図して作られた表色系で，3次元の色空間となる．

UCS色度図では，XYZ表色系の三刺激値 X, Y, Z あるいは色度座標 x, y からの変換による直交座標 u', v' を用いる．

参考 解説 10.5：UCS 表色系 □

10.3.3 ULCS（Uniform Lightness-Chromaticness Scale）表色系

ULCS表色系とは，色差の表示，すなわち明度も含めた色知覚の均等性を意図して作られた表色系で，3次元の均等色空間となる．

色差とは，定量的に表現された色の知覚的な相違を指し，均等色空間とは，等色差が等距離に対応する色空間をいう．色差は2色間の直線距離で表され，この色空間で同距離の2色同士は同じ色差を有する．XYZ表色系から変換したものであるが，知覚色を問題にしているので顕色系に属する．

(1) **$L^*u^*v^*$ 表色系**

$L^*u^*v^*$ 表色系では，明度を L^*，色度を u^*，v^* で表す．光源色の色差の表示に適している．

(2) **$L^*a^*b^*$ 表色系**

$L^*a^*b^*$ 表色系では，明度を L^*，色度を a^*，b^* で表す（図10.7）．物体色の色差の表示に適している．

参考 解説 10.6：ULCS 表色系 □

10.3.4 マンセル表色系

マンセル表色系とは，1905年の米国のマンセル（A.H. Munsell）の創案による色体系に基づき，1943年に米国光学会で改良・修正された表色系で，表面色を記述するものである．正式には**修正マンセル表色系**という．日本工業規格の三属性による色の表示方法（JIS Z 8721）は，マンセル表色系に準拠している．マンセル表色系による色空間を具現化した色表示用の立体を**マンセル色立体**といい，すべての色を3次元空間に配置している（図10.8）．

(1) **三属性**

マンセル表色系における色相，明度，彩度の属性を，それぞれ**ヒュー**（hue），**バリュー**（value），**クロマ**（chroma）といい，H, V, C の記号で表示する．それぞれ，マンセル色相，マンセル明度，マンセル彩度ということもある．この三属性は，マンセル表色系による色空間では，円筒座標系を構成し，垂直軸が

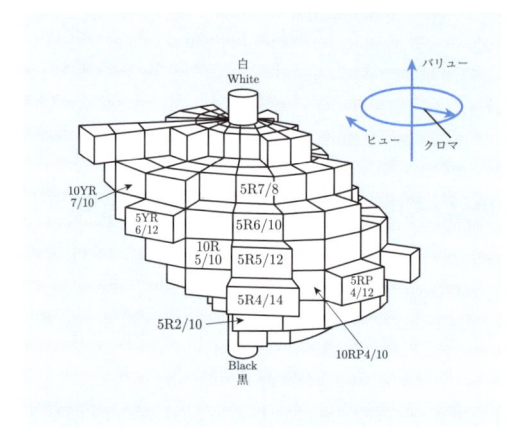

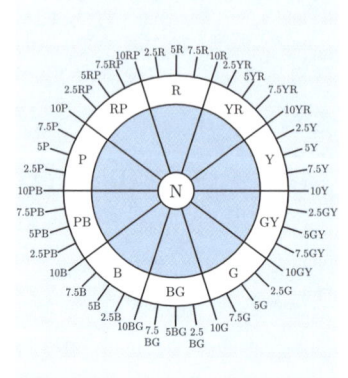

図 10.8* マンセル色立体（解説 10.8 参照）　　**図 10.9*** マンセル色相環

バリュー，偏角がヒュー，動径がクロマに対応する（図 10.8）．三属性の表示値は知覚的な等歩度性に基づいて構成されている．

①ヒュー…ヒューについては，赤，黄，緑，青，紫を R, Y, G, B, P とし，黄赤を YR というように中間も用いた 10 ヒューの基本色相の間を分割して表示する，2.5 ステップの 40 ヒュー表示が最も一般的である（図 10.9）．なお色相の違いが感覚的に循環性を持っている特性を利用し，円周上に一巡するように配列し色相を系統的に表したものを**色相環**という．

②バリュー…バリューについては，理想的な白，黒をそれぞれ 10, 0 として，10 段階に分ける．色票化されているバリューは，最高 9.5，最低 1 である．

③クロマ…クロマについては，無彩色軸からの距離で表す．最高クロマは各ヒューでまちまちで，クロマ値が同じでも鮮やかさ感が異なることがある．

(2) 表示方法

ヒューを H，バリューを V，クロマを C とすると，

　　　　有彩色：HV/C　　無彩色：NV　（N は無彩色を意味する）

と表示する．例えば赤（道路交通標識に用いられているもの）ならば，7.5R4/13.5 と，白ならば N9.5 と表示する．

(3) 標準色票

色再現の許容差を厳しく管理して，特定の基準に基づいて作られた色票を**標準色票**といい視感測色に用いる．色立体の縦断面すなわち 1 つのヒューごと

図 10.10* マンセル等ヒュー面

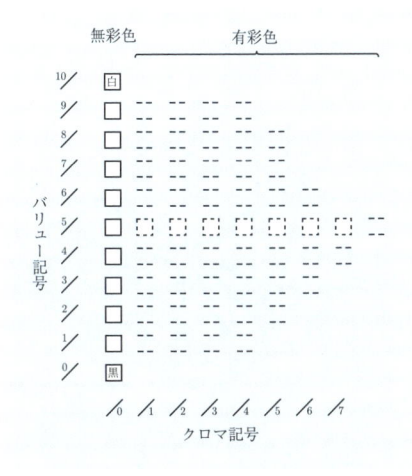

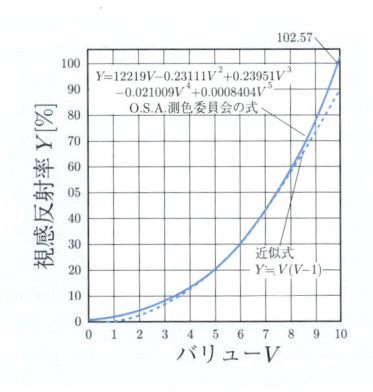

図 10.11* 視感反射率 Y とバリュー V との関係

に，色票のページを構成している（図 10.10）．日本では JIS 準拠標準色票がある．

(4) XYZ 表色系との関係

バリュー V と視感反射率 Y（%）の関係は，$2 < V < 8$ の範囲で近似的に，

$$Y \fallingdotseq V(V-1) \tag{10.6}$$

で表される（図 10.11）（10 章の問題 3 参照）．

マンセル表色系と XYZ 表色系との関係（バリュー 5 の場合）を図 10.12 に示す．また各バリューにおける，等ヒュー線，最高クロマ限界を図 10.13 に示す．バリューが大きくなるほど，その範囲が小さくなり，反射率が大きいほど，純度の高い色がつくりにくいことを示している．また等ヒュー線が曲がっており，マンセル表色系では混色規則が成立しないことを示している．

(5) 特徴

感覚的に理解しやすく，開いた系なので色材技術の進歩に対応できる．一方，混色規則が成立せず，大きくみた場合，ヒューやクロマにおいて，知覚的な等歩度性が保たれていない．ヒューについては，YR 付近の分割は粗すぎ，B 付近の分割は細かすぎる．クロマについては，例えばヒューが R と B で上限値（14 と 8）が違いすぎる．またバリューについては，8 以上が粗すぎるなどの難点がある．

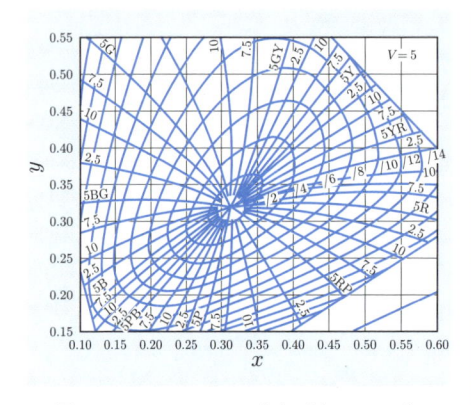

図 10.12* マンセル表色系とXYZ表色系の関係

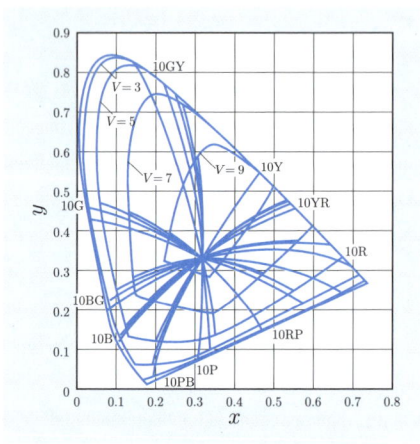

図 10.13* マンセル表色系の各バリューにおける等ヒュー線と最高クロマ限界

10.3.5 オストワルト表色系

オストワルト表色系とは，1923年にドイツのオストワルト（W. Ostwald）によって発案され，その後，修正改良が加えられた表色系である．オストワルト表色系では，1つの色相を白，純色，黒を頂点とする正三角形で表現しており，オストワルト色立体は，図 10.14 のような正三角形の回転形となる．

(1) 基本的原理

すべての波長の光を完全に反射する理想的な白，すべての波長の光を完全に

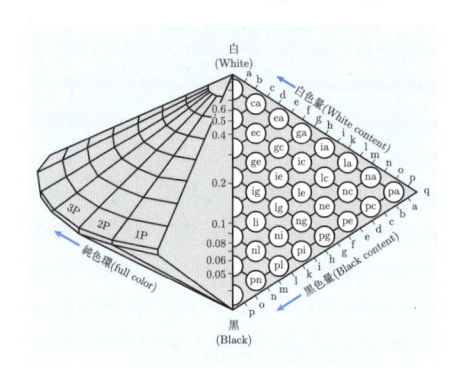

図 10.14* オストワルト色立体（解説 10.9 参照）

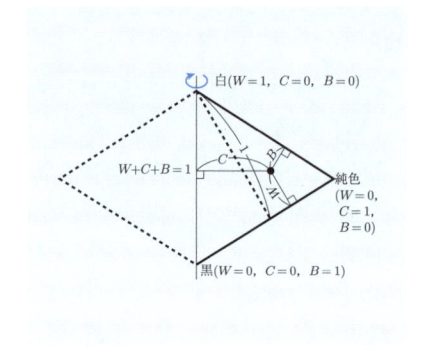

図 10.15* オストワルト表色系の構成原理

10.3 表色系

吸収する理想的な黒,およびオストワルト純色の混合により色を表現する.オストワルト純色とは,長方形型の反射特性(ある波長帯で反射率が0か1と仮定した特性)を持つ仮想的な色である.

白色量を W,純色量を C,黒色量を B とすると,

$$W + C + B = 1$$

としており,純色の色相が波長によって決まれば,これと同一色相の有彩色は,W,C,B の混合量で決まる(図10.15).無彩色は,W,B の混合量で決まる.

(2) 特徴

幾何学的に体系づけられており,知覚的な等歩度性よりも混色規則を重視している.一方,仮想的な色をもとにしているため色票製作には無理がある.閉じた系であり,色材技術の進歩には対応できない.一部の純度の高い色が含まれていない.明度の属性がないため建築設計では使いにくいなどの難点がある.

10.3.6 PCCS(日本色研配色体系)

PCCS(Practical Color Coordinates System)とは,修正マンセル表色系をもとにした表色系で,1964年に(財)日本色彩研究所により配色への応用を目的として開発されたものである.ヘリングの心理四原色を基本とした24色の色相と12種のトーン(色調)により表示する(図10.16,図10.17).

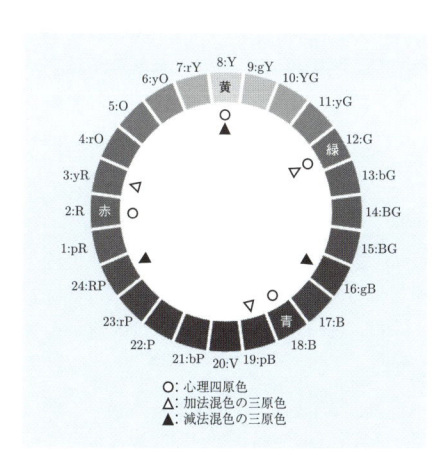

図10.16* PCCS 色相環
　　　　　(解説 10.10 参照)

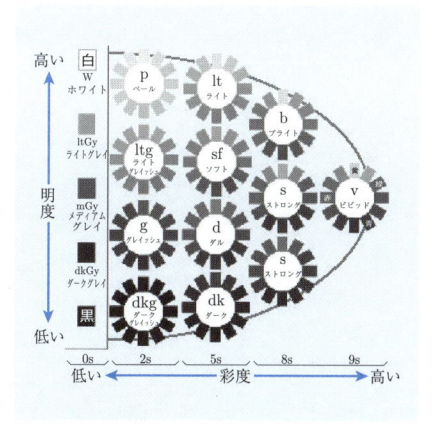

図10.17* PCCS のトーン分類
　　　　　(解説 10.11 参照)

10章の問題

☐ **1** XYZ表色系の三原刺激 X, Y, Z はなぜ三原色といわないのか．簡単に説明せよ．

☐ **2** XYZ表色系で白色の色度値を求めよ．

☐ **3** バリューが5の灰色の視感反射率を近似的に求めよ．

☐ **4** マンセル色立体は，色の三属性がどのように構成されているのか．説明せよ．

☐ **5** 建築設計から見た場合にマンセル表色系が持っている問題点を簡単に説明せよ．

💭 日本の色名

　赤（あか）は，「明（あか）るい」や「朱（あけ）」などと，黒（くろ）は，「暗い（くらい）」「暮れる（くれる）」などと同源で，明暗に対応して，赤と黒が対語になっていた．一方，白（しろ）は，「印（しるし）」「著（しる）し」などと同源で，はっきりした状態を表しており，これに対して，青（あお）は，植物名の「藍（あゐ）」と同源で，はっきりしない状態を表している．よって，はっきり・はっきりしないという関係で，白と青が対語になっていたのである．

　これらの赤―黒，白―青の4色は古代から存在する色で，日本における基本色名と考えることもできる．現代語でも，色名に「い」をつけ形容詞になるのは，この赤い，黒い，白い，青い，だけに限られている（黄色い，茶色いは「色」という文字が入る．他の色名は形容詞にならない）．

　そのほか，黄（き）は，「葱（き）」，「金（きん）」，「木（き）」などに，緑は「瑞瑞（みずみず）しい」に関係する．紫（むらさき），橙（だいだい），茶（ちゃ），桃（もも）など植物（染料）に由来する色名も多い．

11 色彩の計画

「あなたの人生を何色に塗るつもりですか？ すぐにあなたの好みの色を決めなさい．」
　　　　　　　　　　　　　　　　　　　　　　　　　　　ジョセフ・マーフィー

　色彩の効果については，視覚的には非常に重要であるが，十分に分かっていない面も多い．色の使用については一歩間違えると，騒色といわれるような大変な問題を引き起こす場合がある．よって色彩の計画にあっては，その効果などを十分に理解しておくことが求められる．建築に関連する効果としては，色彩の知覚の領域で，温度感，拡張・縮小，重量感などがあり，現象として，対比，同化，面積効果などが見られる．視認性，誘目性なども，建築空間で色を使用する場合に検討しなければならない属性である．さらに色彩連想，色彩象徴というような社会的な色彩の使用法も考慮しなければならない．一方，色彩調和に関する基本的原理の知識も重要になる．それらを理解することによって，配色などに現れる実際の色彩設計に反映されることになる．

11章で学ぶ概念・キーワード
- 暖色，寒色，対比，面積効果，同化現象
- 視認性，誘目性，色彩連想
- 色彩調和，秩序性，親近性，共通性，明瞭性
- 配色，基調色，配合色，強調色
- 色彩設計，色彩調節，安全色

11.1 色彩の効果

11.1.1 色彩の知覚

(1) 温度感

暖かさの印象を生む色を**暖色**といい，赤紫，赤，黄赤，黄など長波長の色相を指す．交感神経を刺激し生理的な興奮作用がある．**興奮色**とも呼ばれる．冷たさや涼しさの印象を生む色を**寒色**といい，青緑，青，青紫など短波長の色相を指す．**鎮静色**とも呼ばれる．無彩色は低明度色が暖かく，高明度色は涼しく感じる．大面積の場合，温度感の効果がより大きくなる．

(2) 拡張・縮小

周囲よりも飛び出して見える色を**進出色**という．暖色や高明度色がこれに当たる．赤のような長波長の色は色収差のため，網膜よりも後ろに結像し，眼の水晶体の屈折率を上げるという対応（近くのものをものを見るのと同じ動き）のため，飛び出して見えるという説がある．周囲よりも遠ざかって見える色を**後退色**といい，青のような短波長の色や黒を代表とする低明度色がこれに当たる．

実際の図形よりも大きく判断される色を**膨張色**といい，暖色，高明度色などの進出色（見かけの面積が増える）がこれに当たる．一方，実際の図形よりも小さく判断される色を**収縮色**といい，寒色，低明度色，後退色がこれに当たる．

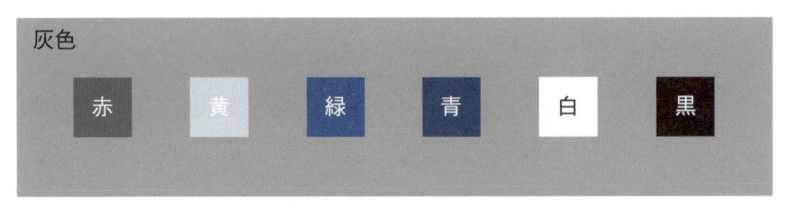

図 11.1 進出色・後退色，膨張色・収縮色（解説 11.1 参照）

(3) 重量感

主として明度の影響を受け，高明度色は軽く感じられ，低明度色は重く感じられる．また暖色は軽く，寒色は重く感じられる．

(4) 経時感

暖色は興奮作用があり，経過時間を長く（時間経過を早く）感じる．寒色は，沈静作用があり，経過時間を短く（時間経過を遅く）感じる．ただし，これらの効果は高彩度色のみに限られる．

(5) 対比

2つの色が相互に影響し，その相違が強調されて見える現象を**対比**という．

①**同時対比**…2色を時間的に同時に見たとき**同時対比**といい，明度が異なる2色で明度差が強調される**明度対比**，彩度が異なる2色で彩度差が強調される**彩度対比**，色相が異なる2色で色相差が強調される**色相対比**，補色関係にある2色でそれぞれの彩度が高まって見える**補色対比**などがある．

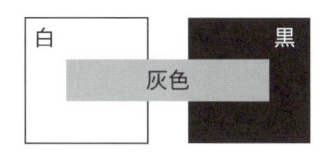

図 11.2　明度対比（解説 11.2 参照）

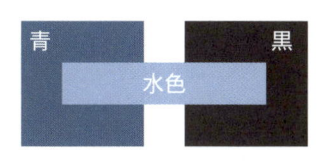

図 11.3　彩度対比（解説 11.3 参照）

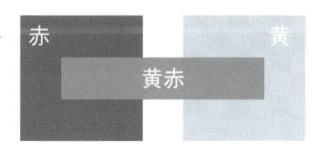

図 11.4　色相対比（解説 11.4 参照）

図 11.5　補色対比（解説 11.5 参照）

②**継時対比**…**継時対比**とは，引続き見たときの対比を指す．継時対比において，直前に見ていた色の補色が見える現象を**補色残像**あるいは**補色残効**という．

③**縁辺対比**…**縁辺対比**とは，輝度差がある部位で対比効果が生じ，知覚的に輪郭が強調される現象で，輝度が高い側はより明るく，低い側はより暗く感じる．視野における差異の検出に有利に働く．**マッハ（Mach）効果**ともいう．

④**ハーマングリッド効果**…**ハーマングリッド（Hermann Grid）効果**とは，黒地に白の格子を配した図形の白が交差する部分に影が見える現象で，この部分が，縁辺対比の影響を受けないために起きる．

⑤**色陰現象**…**色陰現象**とは，無彩色の視対象が周囲の色の補色の色味を帯びて見える現象で，対比効果の一種である．

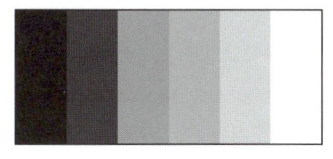

図 11.6　縁辺対比（マッハ効果）
（解説 11.6 参照）

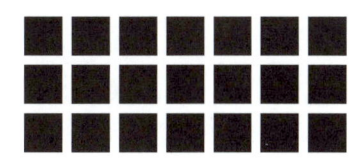

図 11.7　ハーマングリッド効果
（解説 11.7 参照）

⑥色の面積効果…色の**面積効果**とは，大面積で塗色すると，明度，彩度が高くなったように見える効果である．大面積の色を小さい色見本で選ぶと想定よりも明るく鮮やかになることがあるので，建築設計では注意が必要である．

(6) 同化現象

同化現象とは，対比とは逆に，囲まれた色やはさまれた色が周囲の色に近づいて見える現象である．フォンベゾルト（von Bezold）効果ともいう．

(7) リープマン効果

リープマン（Liebmann）効果とは，隣接する2つの色に明度差がないとき，色相差があっても，境界があいまいになり，見えづらくなる現象で，彩度が高い場合はちらつきを生じる．

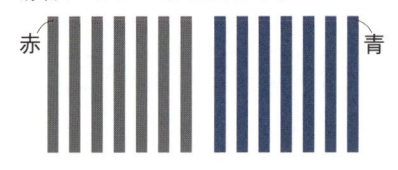

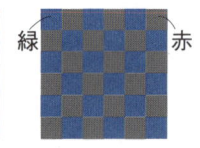

図11.8 同化現象(解説11.8参照)　　**図11.9** リープマン効果(解説11.9参照)

(8) ベゾルト・ブリュッケ現象

ベゾルト・ブリュッケ（Bezold-Brücke）現象とは，同じ色度でも輝度によって色相が異なって見える現象で，高輝度では，黄赤や黄緑は黄に，青緑や青紫は青に近づいて見えるが，低輝度では，赤紫や黄赤は赤に，黄緑や青緑は緑に近づいて見える．ただし赤，黄，緑，青は輝度が変化しても色相は変化せず，不変色相と呼ばれる．

参考 解説11.10：その他の色彩の知覚的効果　　　　　□

11.1.2 色彩の機能

(1) 視認性

中心視すなわち注視方向における視対象が認識できるか否かという属性を**視認性**という．知覚，判別，判読の可否など認識の程度にはレベルがある．視対象の色と背景の色の間で，色相，明度，彩度の差が大きくなれば，視認性が向上するが，その中でも明度差の影響が最も大きい．背景の色よりも視対象の色の明度が高いほうが，逆の場合よりも視認性が高くなる．また一般的には黄と黒，赤と白の組み合わせが視認性が高い．

(2) 誘目性

周辺視も含め注視方向にかかわらず，視線を誘導するか否かという属性を

誘目性という．一般に高彩度色は誘目性が高い．色相では，赤が最も大きく，青がこれに次ぐ．緑は最も小さい．黄と紫は条件による．ただし周辺視で注視点から離れた場合，黄色の誘目性が高くなるため，小学生児童の交通事故防止用の帽子やランドセルカバーなどに用いられる．

(3) 記憶色

記憶上の色を**記憶色**といい，一般に実際の色と比べ，記憶色のほうが彩度が高く，また明度も高くなる傾向がある．暖色は寒色よりも正確に記憶される．

(4) 色彩感情

色によってさまざまな感情や印象を想起・連想させることを**色彩感情**という．単色の色彩感情の例を表11.1に示す．

(5) 色彩連想

色彩連想とは，色により，具体的な事物，または抽象的概念を連想させる精神作用のことで，それぞれ具体的連想，抽象的連想という．過去の経験や知識に左右され，個人差の影響が大きいが，一般的傾向は認められる．安全色（表11.3 (p.195)）は，色彩連想を根拠にしている．表11.2に色彩連想の例を示す．

(6) 色彩象徴

色彩連想が社会的な普遍性を持ち，慣習や制度と結び付き，具体的事物や抽象的概念のサインとなっていることを**色彩象徴**といい，慶弔事物，国旗，コーポレートカラーなどがこれに当たる．

表11.1* 色彩感情の効果

属性・種別		感情の性質
色相	暖色	暖かい，積極的，活動的
	中性色	中庸，平静，平凡
	寒色	冷たい，消極的，沈静的
明度	明	陽気，明朗
	中	落着き
	暗	陰気，重厚
彩度	高	新鮮，はつらつ
	中	くつろぎ，温和
	低	渋み，落着き

表11.2* 色彩連想の例

	色の具体的連想	色の抽象的連想
白	雪，白雪，白紙，白うさぎ	清潔，潔白，清楚，神聖
灰	曇空，灰，コンクリート，ねずみ	陰気，憂うつ，沈黙，荒廃
黒	闇夜，炭，墨，毛髪	厳粛，死，剛健
赤	太陽，炎，りんご，血	情熱，革命，危険
黄赤	朝日，夕日，みかん，柿，れんが	歓喜，明朗，陽気，温情
黄	月，レモン，バナナ，花，ひよこ	快活，希望，光明
緑	山，草，野菜，ゴルフ場	新鮮，平和，青春，安全
青	空，海，水，宇宙	無限，悠久，清澄，理知
紫	ぶどう，すみれ，和服	高貴，優雅，古風

11.2 色彩調和

11.2.1 色彩調和論

色彩調和とは，複数の色の組み合わせや相互関係において，多様性の中に統一性が見られ，秩序があり美的価値が高いと判断される状態，あるいは，それにかかわる問題のことをいう．一定の傾向についてはともかく，普遍的真理が存在するか否かについては判断が分かれる．色彩調和論はかなりの数にのぼり，色彩調和論の多くは，古代ギリシャ以来の基本的価値観によっている．

(1) シュブルールの色彩調和論（1839 年）

シュブルール（M.E. Chevreul）は，色立体を前提にした色彩調和論を提唱し，大きく類似の調和と対照の調和に分け，色相や色調の差異の程度に応じて細分化し，典型的な配色効果をもたらす調和・配色の形式としてまとめている．類似の調和としては，①同一色相の諧調的配色，②類似色相の類似色調による配色，③ドミナント配色を，対照の調和としては，①同一色相や類似色相の対比的配色，②対比色相の対比的配色を挙げている．

(2) オストワルトの色彩調和論（1922 年）

オストワルト（W. Ostwald）の色彩調和論は，オストワルト表色系に基づいており，調和は秩序に等しいとの思想が背景にある．図 11.10 に説明図を示す．
①無彩色の調和…3 色以上の場合，明度段階を等間隔にとれば調和が得られる．2 色は不調和である．
②等色相三角形における調和…等白系列，等黒系列，等純系列上の 2 色，および等間隔の 3 色以上の組み合わせは調和する．等色相三角形内で三角形を構成する 3 色は調和する．
③等値系列における調和…等値系列（等値色環）上で，30°，45°，60°，90°，120°，180° の関係にある 2 色は調和する．等値系列（等値色環）上で，等間隔の 3 色以上の組み合わせは調和する．
④調和の拡張…②の等色相における調和の考え方を，補色対菱形と調和の関係にある非補色対菱形に適用する．また，ある色の等白，等黒，等純系列上にある色の等値系列上の色は調和する（輪星による色彩調和）．

(3) ビレンの色彩調和論（1934 年）

ビレン（F. Birren）は，純色，白，黒，灰色，ティント，シェード，トーン

11.2 色彩調和

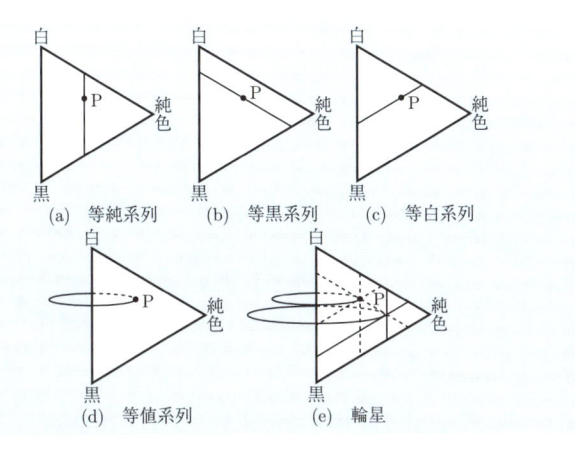

図 11.10* オストワルトの色彩調和論

という色調に関する用語を導入した．彼の色彩調和論は若干の色味の違いによる暖冷感（いわゆる暖色・寒色ではない）による心理的・視覚的な秩序に着目したものである（図 11.11）．服飾関係ではよく利用されている．

(4) ムーン・スペンサーの色彩調和論（1944 年）

ムーン・スペンサー（P. Moon & D.E. Spencer）の色彩調和論はマンセル表色系をもとにしたもので定量的な記述に特徴がある．

[1] 調和する配色の条件

①配色される 2 つの色の差があいまいでないこと．色相，明度・彩度のいずれにおいても，同一（同じと認められる 2 色），類似（近い関係にある 2 色），対比（対比関係にある 2 色）の関係のときに調和となる（図 11.12）．

②色空間の中で単純な幾何学図形で関係づけられること．3 色以上の配色の場合．「単純な」という境界は明確でない．

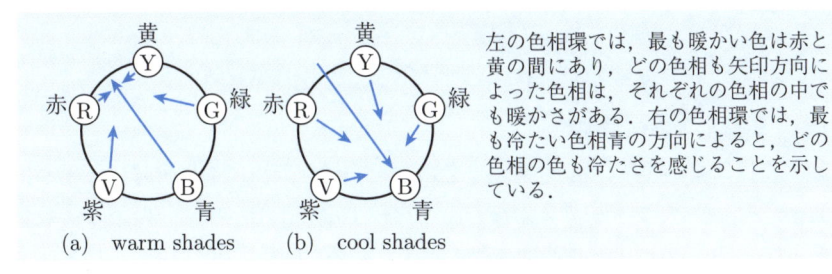

図 11.11* ビレンの色彩調和論

(a) ヒューによる調和　　(b) バリューとクロマによる調和

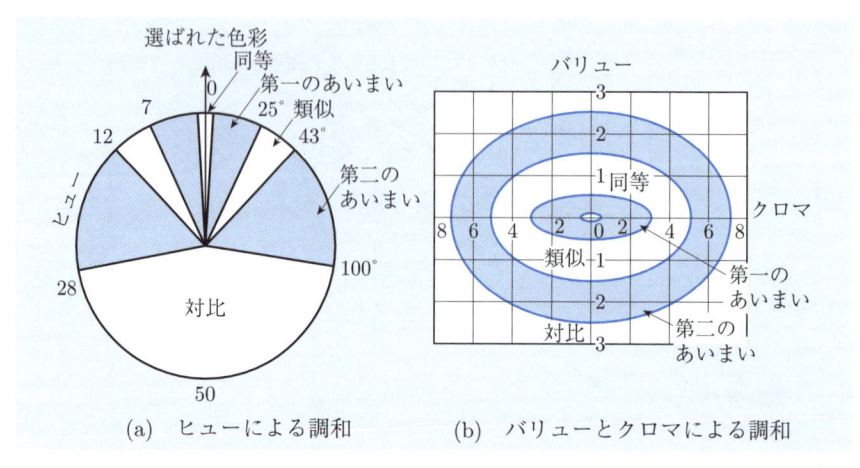

図 11.12*　ムーン・スペンサーの色彩調和論

[2] 色彩調和における面積効果

①快適なバランスは，色空間の順応点（目の順応色，$N5$ とする）回りのスカラーモーメント（面積×色の距離）がすべて等しい場合や，簡単な整数比をなす場合に得られる．

②配色の心理的効果は均衡点（回転混色の結果，色の重心）の色空間内の位置に依存する．例えば，$V > 6.5$：陽気，$V < 3.5$：陰気，$C > 5$：色相の効果あり（H について記述あり），$C < 3$：無刺激，暖冷感なし．

[3] 美度

色彩調和にバーコフ（G.D. Birkhoff）の式（美の根本原理「複雑さの中の秩序」を定式化したもの）を適用した．

$$M = \frac{O}{C} \tag{11.1}$$

M：美度　O：秩序の要素（数）
C：複雑さの要素（数）　　［注］O, C の式は複雑

(5) 実験による色彩調和

納屋嘉信は組織的な実験を行い，2色調和を一対比較法により検討した（1966年）．ムーン・スペンサーの色彩調和論と比較すると，①バリューの差の効果が支配的である，②ヒューの差は調和にあまり関係しない，③バリューとクロマの関係が対称的ではない，という点で大きな相違が見られる（図 11.13）．

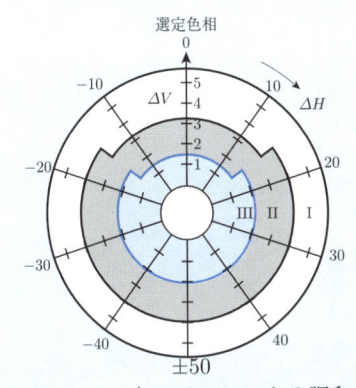

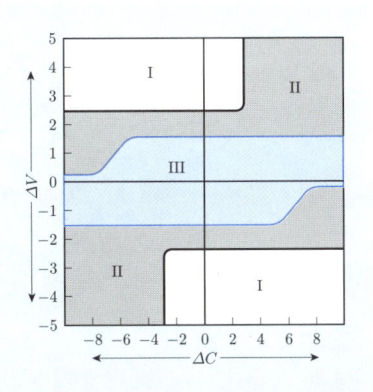

(a) ヒューとバリューによる調和　　(b) バリューとクロマによる調和

領域 [I]：比較的良調和の得やすい領域
領域 [II]：中間調和域
領域 [III]：比較的不調和となりやすい領域

図 11.13* 納谷の色彩調和論

11.2.2 色彩調和の原理

色彩の美的効果をもたらす原理と手法例について，過去の色彩調和論を総括したジャッド（D.B. Judd）による4つの原理（1950年）をもとに整理する．

(1) 秩序性

秩序性の原理とは，色体系や色立体において，幾何学的に規則的で単純な関係にある配色が調和するという考えに基づくものである．調和は秩序に等しいとの前提に立っている．オストワルトの色彩調和論はこれの典型といえる．西欧的合理精神が反映されており，安易な導入には多少注意を要する．秩序性の原理に基づく代表的な調和手法として，以下のものが挙げられる．

①色相環における直径の配色は調和する（補色配色）．
②混色の結果が完全な白色になる2色は調和する（ラムフォードの法則）．
③色相環における等間隔配色は調和する（3色調和，4色調和など）．
④混色の結果あるいは遠見の色が中性の灰色になる色・面積比は調和する（フィールドの法則）．
⑤くりかえしにより一定の秩序感を生み出す（レピテーション[注]効果）．

[注] repetition からきた用語で誤まった発音が定着したものである．

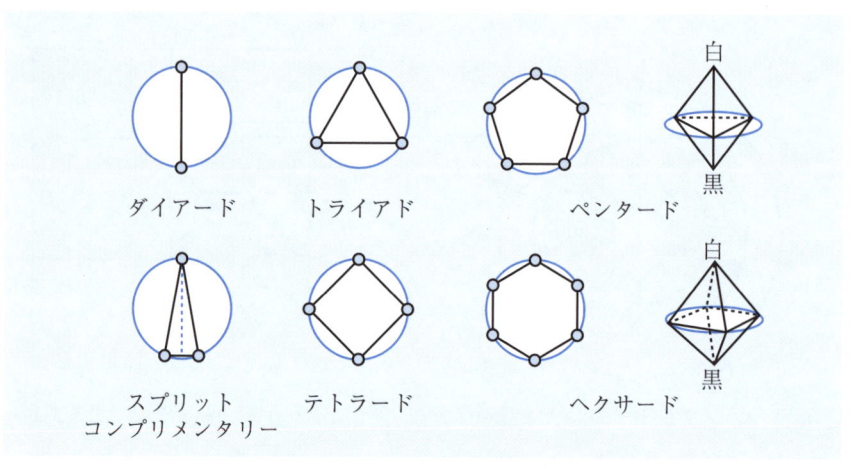

図中ラベル：ダイアード、トライアド、ペンタード、白／黒、スプリットコンプリメンタリー、テトラード、ヘクサード、白／黒

図 11.14* 秩序の原理による配色

秩序性の原理に基づく代表的な配色を色相環上で示した図とその名称を図 11.14 に示す．

(2) 親近性

親近性の原理とは，自然の色に見られる連続性や変化など，なじみのある配色は調和するという考えに基づくものである．秩序性の原理に基づく代表的な調和手法として，以下のものが挙げられる．

① 同一色相の明暗・濃淡のグラデーションによる配色…物体の表面色と黒を結ぶ同一色相面内の線分上の色の並びを**シャドーシリーズ**（shadow series）といい，物体の陰影の色の変化として現れる．

② 黄色相方向は高明度色，青紫色相方向は低明度色を配色…色相環上で純色が黄色相方向は高明度，青紫色相方向は低明度となる．このような明度移行がある色相の自然連鎖に対応するもので，**ナチュラルハーモニー**（natural harmony）という．

(3) 共通性

共通性の原理とは，共通性がある色の組み合わせは調和するという考えに基づくものである．シュブルールの類似の調和やムーン・スペンサーの同一や類似の調和などはこれに相当する．建築空間においては最も妥当な原理である．共通性の原理に基づく代表的な調和手法として，以下のものが挙げられる．

① 色相を共通要素とする配色…色相が同じであるということは共通性を最も感

じさせる．**ドミナントカラー**（dominant color）**配色**という．展開形として，同一色相で明度差を多くとる濃淡配色のトーンオントーン配色，ほとんど差がなく一見単色に見える微妙な色の組み合わせによるカマイユ配色がある．シャドーシリーズもここに位置づけられる．
②色調を共通要素とする配色…主観的な印象に共通性を持たせる配色で，色相の多様性を持たせることができる．**ドミナントトーン**（dominant tone）**配色**ともいう．展開形として，近似の色調の組み合わせのトーンイントーン配色，中明度で中彩度から低彩度の色を基調としたトーナル配色がある．
③暖冷感を共通要素とする配色…ビレンの色彩調和論による暖冷感というイメージを共通要素とするものが一般的である．
④その他…調和している多色（例えば色相環上の純色）に共通要素として特定の色を混色するものを，**ドミナント**（dominant）**配色**という．混色する色を無彩色にする場合は，ドミナントトーン配色になる．また不調和な2色の間に2色を混色した色を入れる方法もある．なお明度を共通要素とする配色は2色間の境界が不明瞭になる（リープマン効果）ので分離させる必要がある．彩度を共通要素とする配色は色相によって彩度限界が異なり一般に難しい．

(4) 明瞭性

明瞭性の原理とは，あいまいな関係ではなく，対比など明瞭な関係にある配色は調和するとするという考えに基づくものである．シュブルールやムーン・スペンサーの対照・対比の調和が相当する．あいまいになる最大原因は，明度差が少なすぎる場合だとされている．建築空間における多用には注意を要する．明瞭性の原理に基づく代表的な調和手法として，以下のものが挙げられる．
①調和しにくい色と色の間に白，黒，金，銀などを入れて分離すると調和する．**セパレーション**（separation）**効果**という．
②大面積の低彩度色と小面積の高彩度色は調和する．強調色の使用によって，全体としてあいまいな感じをなくす．**アクセント**（accent）**効果**という．
③明快なコントラストによる3色配色のトリコロール配色，同じく2色配色のビコロール配色などがある．

参考 解説11.11：その他の色彩調和論

11.3 色彩設計

11.3.1 美と色彩

建築の三大要素の強用美（9.1.1項参照）に対して，色は用と美に関係している．一方デザインの三要素として，形，色，材質が挙げられることが多く，建築において，美の実現に対して色彩が有する効果は大きい．

美とは，多様における統一により秩序が与えられた状態，すなわち複雑で変化があるなど，異なるものが多い全体の状態が，共通する要因で秩序づけされ一つにまとめられた状態ということができる．よって美を成立させるためには，デザインの三要素である形，色，材質をコントロールし，共通要因を設定することで秩序づける必要がある．異質の要素を組み合わせ，明瞭性や対比を利用する場合でも，何らかの共通要因を盛り込む必要がある．

参考 解説11.12：美の形式原理

11.3.2 色彩設計の位置づけ

色彩設計とは，あらゆるものづくりにおいて，色の条件を総合的に検討し，使用する色を決定するための具体的な作業のことをいう．色は属性であるため，色に関するルールが存在するような場合を除いて，建築設計から独立して色彩設計が行われることは少ない．建築設計の一つの要素と位置づけられ，施工の際に十分な検討もなく使用色が決定される場合もある．色が豊富に使用されるようになった現在，建築設計の中で，色の決定プロセスは確立されるべきで，照明設計と同じように（図9.1参照），基本設計段階から並行して行われるべきである．色彩計画という場合もある．

11.3.3 色彩調節と安全色

色彩調節とは，色彩の効果（11.1節参照）を積極的に応用して，安全性や能率などの機能を向上させるために行われた方法である．安全色や色によるゾーニングなどは色彩調節の考え方を踏襲している．

工場や事務所内あるいは交通環境などで，不慮の災害を防ぎ，行動の安全を図るための意味を持つ色を**安全色**といい，色彩連想（11.1.2項参照）を根拠とし，色彩調節の考え方をもとにしている．JIS Z 9103で一般的事項が規定されている（表11.3）．また安全の確保を図る目的で表示する安全標識の規格がある

11.3 色彩設計

表 11.3* 安全色の意味

色	意味		基準色
	一般材料など	信号灯	(一般材料)
赤	防火，禁止，停止	防火，停止，危険，緊急	7.5R 4/15
黄赤	危険，明示（航海・航空の保安施設）		2.5YR 6/14
黄	警告，明示	注意	2.5Y 8/14
緑	安全状態，進行	安全状態，進行	10G 4/10
青	指示，誘導		2.5PB 3.5/10
赤紫	放射能		2.5RP 4/12
白	（対比色）通路		N9.5
黒	（対比色）		N1

（JIS Z 9104 など）．安全の確保と容易な管系統の取り扱いを目的とした配管の識別に関する規格があり，配管識別における物質の識別色は JIS Z 9102 で規定されている．

参考 解説 11.13：色彩調節　□

11.3.4 建築の色彩

(1) 建築空間の色彩

日本における建築内装・外装の部位別色彩頻度を図 11.15 に示す．ヒュー：5YR～5Y，バリュー：9～6，クロマ：5 以下のものが多い（黄赤系の高明度・低彩度色）．内装を部位別に見ると，バリューは，天井＞壁＞床，クロマは，床＞壁＞天井，となっている．外装については，ヒューは内装と同様な傾向がありピークが 5Y に多少ずれている．バリューは天井と壁の中間，クロマは壁と同様の傾向が見られる．

(2) 建築材料の色

建築材料の色を表 11.4 に示す．実際に色彩設計を行うときは使用する材料について測定を行い，同時に材質感や面積効果を考慮するのが望ましい．また建築材料の使用期間は長く，温湿度，風雨，紫外線，大気汚染などの影響を受け，変色，退色，汚れなど経年劣化を伴う．汚染の程度，日射の強弱など周辺の環境条件を検討し，経年劣化を想定した上で，適切な材料や工法の選択を行いメンテナンスにも十分配慮することが求められる．一方，時間経過とともに魅力的に変化していくことを**エイジング**（aging）という．成熟した都市を作るには，建築物に対する好ましいエイジングという観点も必要である．

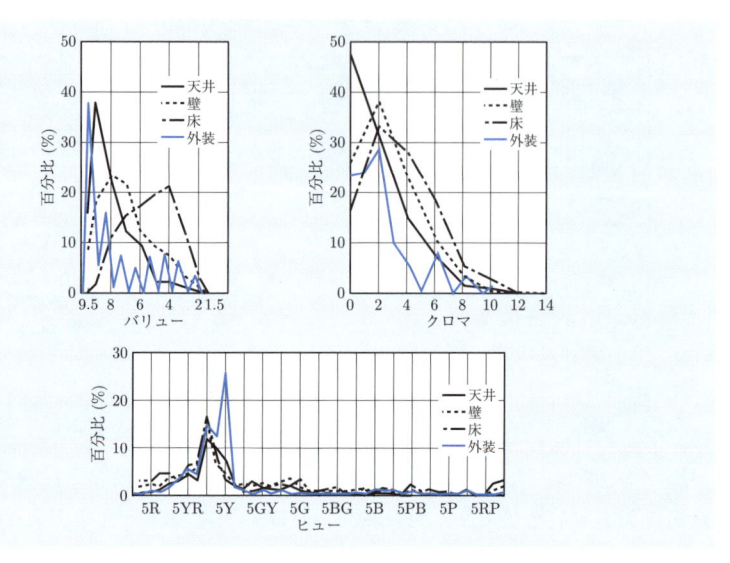

図 11.15*　建築内装・外装の部位別色彩頻度

表 11.4*　建築材料の色

建築材料	マンセル色記号	建築材料	マンセル色記号
木材一般	2.5YR～10YR 7～8/3～4	砂（乾燥）	2.5Y 5～6/3
きり	10YR 8/2	鉄平石	2.5YR～10YR 4.5～5.5/1
にほんまつ（白太）	10YR 8/4	みかげ石	2.5Y～7.5Y 5～6.5/1～2
すぎ（白太）	1Y～2.5Y 7～8/4	れんが	7.5R～2.5YR 4～4.5/2～3
ひのき（白太）	1Y 7～8/4	黄土	10YR～5Y 3～5/2～3
さくら	7.5YR 5/5	赤土	2.5YR～5YR 3～4/3～4
セメント	10YR 8/4	アルミニウム	5B 6～8/0～1
コンクリート	Y 5～6/1～2	亜鉛めっき鋼板	N 6～7
プラスターボード	5GY 7/1	銅	10R 5～6/4～6

11.3.5　配色

種々の目的のために，色を組み合わせて構成することを**配色**といい，色彩設計の根幹となる作業である．

(1)　配色の進め方

視認性や安全性を中心に機能本位の配色を行う**機能配色**，色彩調和や形態性を重視する**造形配色**，色彩嗜好やイメージ伝達を目的とする**イメージ（image）配色**などの考え方がある．

11.3 色彩設計

表 11.5 配色で使用できる色の目安

共通要因	明度・彩度	公共性高・基調色	公共性中・基調色 公共性高・配合色	公共性低・基調色 公共性中・配合色	公共性低・配合色
同一・類似色相	低彩度色	○	○	○	○
	中彩度色	×	○	○	○
	高彩度色	×	×	○	○
同一色調 (印象・イメージ)	低彩度色	×	○	○	○
	中彩度色	×	×	○	○
	高彩度色	×	×	×	○
無彩色	白・黒	×	×	○	○
	灰色	○	○	○	○

[凡例] 公共性高:外装(一般), 内装(公共施設)
　　　　公共性中:外装(特定プロジェクト内), 内装(商業施設, 特定多数利用)
　　　　公共性低:内装(特定個人利用)
　　　　○:使用してもよい, ×:使用しないほうがよい.

建築空間では,基調色を先に決め,色彩調和を考慮しながら,配合色,強調色を合わせていくという順序が一般的である.ただし視覚上中心としたい部位がある場合は,これを配色の出発点として展開することもある.

(2) 配色における構成

①基調色…全体に統一感をだすために,色相あるいは色調を共通させて配色する場合に用いる色の概念を**基調色**という.内装の場合は,壁,天井,床など,外装の場合は,外壁,屋根など,固定的で大面積を占める部位の色がこれに当たる.黄赤系の低彩度色(茶色,ベージュなど)を基調色とする場合が多い.

②配合色…基調色に次いで大きな面積を占め,長期間同じ状態が継続する部位の色で,配色上は,基調色に従属して組み合わされる色の概念を**配合色**という.内装では家具,什器,カーテンなど,外装では,門,塀,柵などの外構,庭,建具などがこれに当たる.

③強調色/アクセント色…移動可能で小面積ではあるが,接触度が高い要素の色で,全体の調子に変化を与える色の概念を,**強調色**あるいは**アクセント**(accent)**色**という.基調色を引き締め,快い印象を生むポイントとなる.

(3) 配色における色の選定

[1] 配色の原則

建築空間における配色は,原則として共通性の原理や類似の調和に基づくべき

である．配色の方針は，選定する複数の色の中に共通要因を設定することで，大きく，①色相を共通要因とする同一色相または類似色相の中での構成，②印象・イメージを共通要因とする同一色調の中での構成，という考え方に分けられる．建築空間の公共性の高低の程度に応じ，配色で選定できる色の範囲に差がでてくる．一般的にはどの程度の彩度まで許容できるかが重要な判断のポイントになる．外装の場合は，私有であっても公共性は高い．一方，内装の場合は建築外装よりも高彩度の色を使用できる．日本の気候は温暖・湿潤であり，一般的に強い対比が求められないことを考慮すると，長期間状態が固定される建築外装において，明瞭性の原理や対照の調和の導入には注意を要する．対比については，利用可能な高彩度色を中心に展開していくことになるが，公共性の高い空間の基調色や配合色では導入を避け，小面積の強調色の範囲に限定すべきである．白・黒など極端な高明度色・低明度色はグレアや圧迫感など強い印象を生むので，外装では使用に注意を要する．表 11.5 に配色における色の選定の目安を示す．

[2] 選定できる色

土，砂，石，木の樹皮などの自然素材は，色相が黄赤系から黄系の低彩度色であり，日本の自然界の基調色である．日本の建築空間では伝統的に使用されてきたもので，親近性が高くおだやかな色である．日本の季節感は，新緑，濃緑，紅葉・黄葉，落葉と視覚面でも変化がある．どの状態とでも調和する色相となると，黄赤系から黄系の色相が妥当である．ただ中彩度程度までで，高彩度になると建築外装では問題は生じる．黄赤系，黄系に隣接する赤系，黄緑系なら低彩度であれば使用できるが，緑系，青緑系，青系，青紫系，紫系，赤紫系は，自然素材には少なく，外装の場合はごく低彩度で使用すべきである．

11.3.6 色彩設計の手順

[1] 設計条件の把握

①条件の把握…対象の空間の用途を把握し，使用者が特定できる場合にはライフスタイルや生活行動を明らかにする．建築外装の場合は公共空間にあるという意識が必要である．内装では利用上の機能を助けるという点から季節，時間帯など使用状況を把握することも重要である．また対象空間を構成する要素の色彩にかかわる条件を調べ，選択できる色の範囲をチェックする．使用する材料によっては色が限定される．同時に空間構成要素の材質，形態，寸法，照明条件などを確認する．

②事前調査…建築外装の場合は，周辺の色彩の現況・実態についての環境色彩を調査し，景観条例など色彩規制の条項を確認する．

[2] 設計方針の検討

③コンセプト策定…全体と部分のバランスを考え，空間の用途や雰囲気に応じた色彩イメージを設定する．色によるゾーニングなどの検討も行う．

[3] 使用色彩の検討

④色の選定…設計用の色票，使用材料の色見本などを用意し，適否の判断を行い配色を行う．建築外装については，周辺の自然景観や都市景観との調和を計りながら，適切な色を選定する．一般に，時代，文化，気候，年齢，性別などの要因によって，好まれる色が存在する．色の選定の際には，これら自然環境，地域性，文化的背景などを考慮しなければならない（表11.6）．

⑤実施案の評価…CGによるシミュレーションなどで実施案の評価を行う．

⑥色の決定…この段階の一連の作業の結果，色を決定する．

[4] 最終確認

⑦現場での調整…現場において最終調整を行い，見直しを行い，問題があれば修正する．類似の色は再整理して集約することもあり得る．

⑧施工における管理…色の変更・修正，指定もれの色の追加などについて確認し，指定した色が実際に使用されているかどうかを管理する．

表 11.6* 環境要因と建築物の主要色

区分		特徴	主要色	地域・民族・文化
気候	暑熱	強烈な純色の強い対比	黄，赤，青，緑	エジプト，アッシリア
	温暖	温和な中間色の弱い対比	灰，クリーム，褐，紺	日本，フランス
	寒冷	はっきりした色の強い対比	白，黒，赤，黄	ロシア，ドイツ
	湿潤	やや低い明度で鈍い中間色の弱い対比	黒，黄，オリーブ，紺	日本，南洋
	乾燥	高い明度で強い色のはっきりした対比	黄，赤，白，青	中央アジア，ペルシア
風土	樹林地	暗い中間色	黒，緑，青，紫	カナダ，スカンジナビア
	草原地	やや明るい中間色	黄，橙，緑，白	コーカサス
	砂土地	明るい暖色	黄，橙，赤	モンゴル，アラビア，アフリカ
文化	興隆期	強い彩度のはっきりした配色	黄，青，赤，緑	エジプト，ギリシア
	成熟期	弱い彩度の鈍い対比	クリーム，紺，褐，藤色	ゴシック，ロココ

11章の問題

☐ **1** 小さな色見本で壁などの大面積の色を決めるときに，注意すべき点を記せ．

☐ **2** 日常生活その他周辺で見られる色彩象徴の例について調査せよ．

☐ **3** ジャッドの色彩調和論における4つの原理について，簡単に説明せよ．

☐ **4** 公共空間で安全色が使用されている例を調査せよ．

☐ **5** 共通性を重視した配色を行うとき，共通性として使用できる色の要因について，簡単に説明せよ．

☐ **6** 各自の自室において，配色の観点から，基調色，配合色，強調色について調査を行い，考察せよ．

💭 モノトーン

　モノトーンという用語は，一般に単一色の濃淡や明暗，特に黒・白・灰の無彩色による構成を指す場合が多い．色彩の分野では，トーンとは色調のことであるから，単一色あるいは無彩色の構成のことは，本来はモノクロームという用語を使用すべきである．写真の分野では，本来のモノクロームも使用するが，形容詞としての単調という意味から，白黒など単一色の構成をモノトーンとも称することもある．一方，ファッション分野で使用される場合は，モノクロームの語感が多少時代遅れの印象があることから，モノトーンという表現が優勢となったようである．このモノトーンが色彩分野にも浸透し，色彩分野でのトーンすなわち色調との食い違いを生んでしまったといえる．よってモノトーンという用語におけるトーンには，色調という概念は入っていないと考えるべきである．

12 都市の光環境・視環境

「光を与えれば，人は自ずと道を見つける．」ダンテ・アリギエーリ

　仕事や便利さを求めて現代人は都市に集まる．機能の集積により効率はよくなるが，一方で人口や産業の集中による都市問題が発生する．健康で文化的な都市生活のためには，都市環境は共有の財産であり，これへの配慮は都市生活の最低限のマナーであるということが都市住民の常識にならねばならない．都市の高密度化・高層化が進み，都市部では日照の確保が難しくなり，日照が争点となった相隣関係の問題が増えてきた．そのような状況の中では，隣地など外部の敷地に対しての日照・日影の配慮も重要となる．また都市の視環境は，パノラマ的眺望からヒューマンスケールのレベルまで幅があるが，極めて心理的な問題にかかわっている．一歩間違えると，照明光や色彩の氾濫が起こりかねない．建築物の外側は私の領域ではなく，既に公の領域，公共領域である．住民が景観を気にかける，住民の景観に対する意識が向上する，波及効果でレベルアップするというような良循環をうまく作り上げることが重要である．そのため，都市における日照・日影，照明，景観，色彩などの問題や基準の考え方などを理解することが必要となる．

> **12章で学ぶ概念・キーワード**
> - 日影規制，北側高さ制限
> - 道路照明，景観照明，光害
> - 都市景観，圧迫感，騒色，道路高さ制限，隣地高さ制限，景観法

12.1 都市の日照・日影

12.1.1 都市における日照・日影の検討

都市の高密度化・高層化が進むことで都市部では日照の確保が難しくなり，日照を争点とする相隣関係の問題が増えてきた．このような中，周辺の敷地に対して，日照・日影の検討（2.3節参照）を十分に行う必要がある．

12.1.2 日影の様相

①季日…冬至日の日影の範囲が広い（図 12.1(a)）．
②地域…北の地域ほど日影の範囲が広い．ただし影響の大きい範囲と見なすことのできる 4 時間以上日影となる範囲にはあまり差がない（図 12.1(b)）．
③建物の高さ…建物が高いほど日影が及ぶ範囲は広くなる．ただし一定時間以上日影となる範囲については，ある限界高さ以上で高さとは無関係になる．4 時間以上日影となる範囲には差がない（図 12.1(c)）．
④建物の幅…建物の幅が長いほど一定時間日影になる範囲が拡大する．ある幅を超えると，東西方向への影響のみになる．4 時間以上日影となる範囲は建築

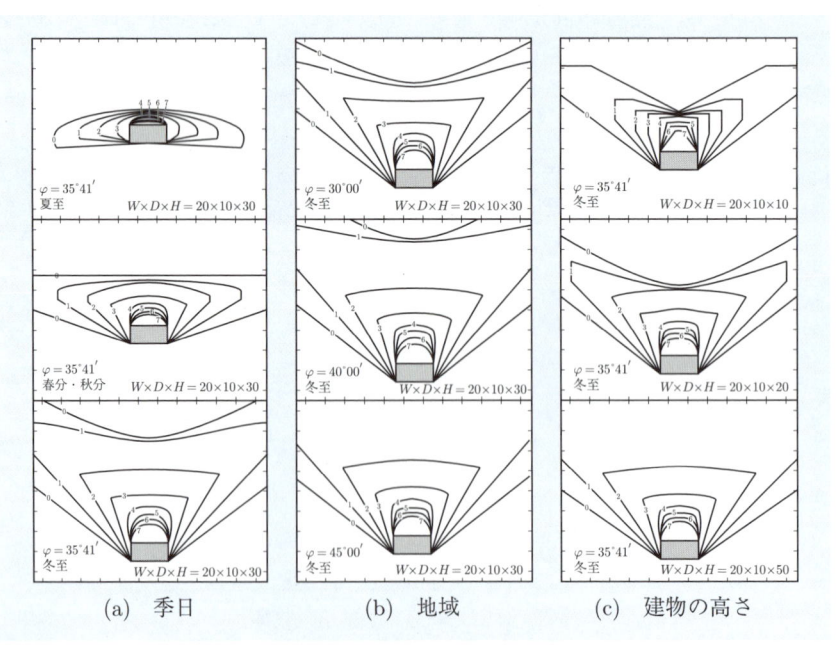

(a) 季日　　　　(b) 地域　　　　(c) 建物の高さ

図 12.1* 日影の様相（その 1）

物の東西方向の幅を一辺とする正方形が目安となる（図 12.2(a)）.
⑤建物の方位…影響の現れかたに方位による偏りが生じる．4 時間以上日影となる範囲は，主に東西方向の見かけの幅によって決定される（図 12.2(b)）.
⑥複数の建物…単一建物と比べ，影響を及ぼす範囲が格段に拡大する．2 棟の間隔の変化によって複雑な様相変化が見られ，簡単には予測しにくい（図 12.2(c)）.

12.1.3 反射光への配慮

ハーフミラーのカーテンウォールなど外壁を反射性の高い材料で仕上げたような場合には，太陽からの直射日光の反射光が，周辺の居住者や自動車の運転者などへのグレアになり，快適性や安全性を損ねるおそれがあるため，周囲に対する配慮が必要である．

12.1.4 都市の日照・日影に関する基準

(1) 日影規制（建築基準法第 56 条の 2，別表第 4 など）

日影規制は，住宅地などにおける中高層建築物による日照阻害に関して多発した紛争を解決するとともに，日照の確保のルールを定めるため，公法上の制

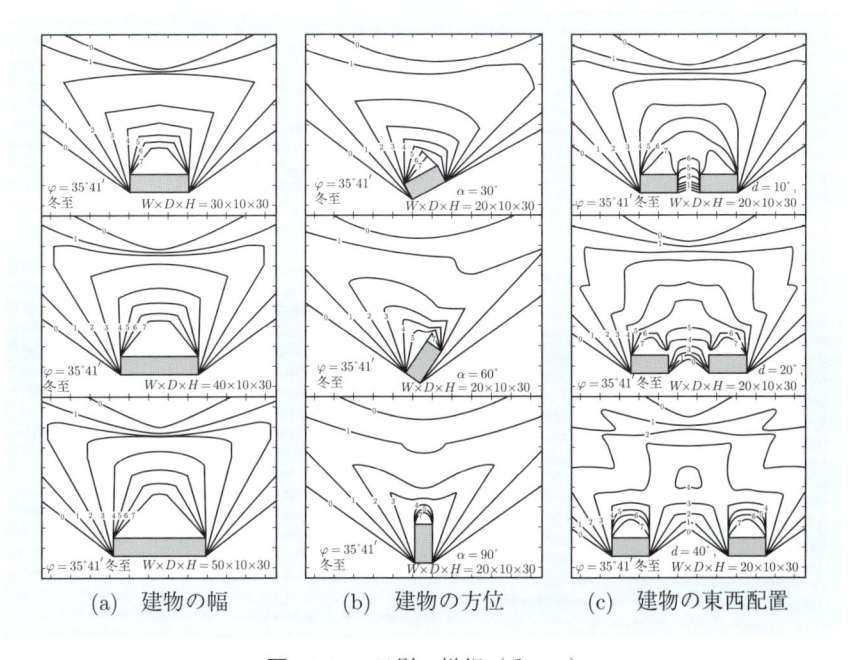

(a) 建物の幅　　(b) 建物の方位　　(c) 建物の東西配置

図 12.2*　日影の様相（その 2）

限として，1976年に建築基準法に創設された．

[1] 法令の内容

日影規制は，建築物の形態ではなく，建築物が隣地に及ぼす日影の影響を時間数で規制する規定であり，住居系地域，近隣商業地域，準工業地域で適用される（表12.1）．冬至日の真太陽時の8時から16時（北海道では9時から15時）において検討する．具体的な規制基準（日影時間の限度の水準），規制区域は，建築基準法の手順に従って地方公共団体の条例で定める．日影時間の検討は，平均地盤面から H の高さの水平面における規制される範囲（A, B）で行う（図12.3，図12.4）．建築物に近い日影範囲は狭いが長時間留まり，建築物から離れた日影は範囲は広いが各場所での日影時間は短くなるという幅のある特性があるため，規制の仕方を2段階の領域に分けることで，対応に柔軟性を持たせるようにしている．

[2] 問題点

①当該建物の日照を保証するものでなく，早く建てた者勝ちを防ぎ，建てる側

表12.1* 日影規制

地域・区域	規制を受ける建築物（対象建築物）	基準となる測定高さ H	日影時間の上限（時間） 敷地境界線からの距離（規制範囲）	
			5m～10m (A)	10mを超える部分 (B)
第一種低層住居専用地域 第二種低層住居専用地域 用途地域の指定のない区域：イ	●軒の高さが7mを超えるもの ●地上の3階以上のもの	1.5m	① 3 (2) ② 4 (3) ③ 5 (4)	2 (1.5) 2.5 (2) 3 (2.5)
第一種中高層住居専用地域 第二種中高層住居専用地域 用途地域の指定のない区域：ロ	●高さが10mを超えるもの	4m 又は 6.5m	① 3 (2) ② 4 (3) ③ 5 (4)	2 (1.5) 2.5 (2) 3 (2.5)
第一種住居地域，第二種住居地域，準住居地域，近隣商業地域，準工業地域	●高さが10mを超えるもの	4m 又は 6.5m	① 4 (3) ② 5 (4)	2.5 (2) 3 (2.5)

用途地域の指定のない区域イ又はロは条例で指定する．
用途地域の指定のない区域ロでは基準地盤面6.5mの適用はない．
（　）内は北海道の区域に適用．

12.1 都市の日照・日影

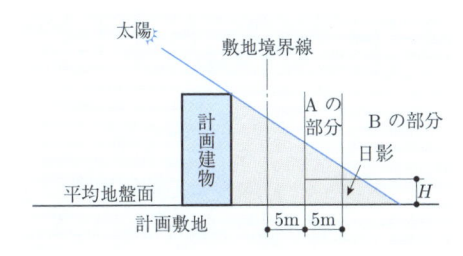

図 12.3* 日影規制における測定高さ H

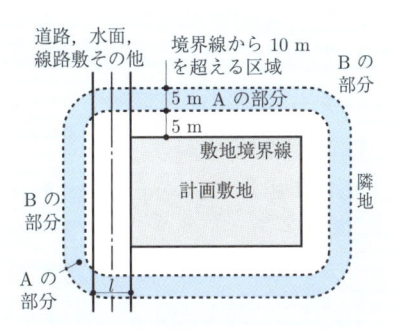

$l \leq 10\,\mathrm{m}$ 敷地境界線は $l/2$ だけ外にあるものとみなす.

$l > 10\,\mathrm{m}$ 敷地境界線は反対側から敷地側へ $5\,\mathrm{m}$ の線にあるものとみなす.

図 12.4* 日影規制における規制範囲

の法のもとでの平等を確保するための，形式的な日影の規制となっている．
②多数の建物による複合日影の問題が本質的には解決されていない．個々の建物で合法的でも，街区単位では発生する．
③敷地を細分化したほうが日影対策上有利で，ミニ開発を助長する危険性がある．
④商業系地域・工業系地域の性格が変化し，現在，多くの居住者が存在しているが，この規制では商業系地域，工業系地域が除外されている．
⑤一方，都心部の日照を過度に重視すると，高密度化を妨げ都市のスプロール化を促すおそれがある．

参考 解説 12.1：建築基準法の日影規制 □

(2) 北側高さ制限（建築基準法第 56 条 1 項 3 号など）

　北側高さ制限とは，日照の条件など北側隣地の環境悪化の防止のために，第 1 種/第 2 種低層住居専用地域あるいは第 1 種/第 2 種中高層住居専用地域では，建築物の各部分の高さは，隣地境界線（間に前面道路がある場合は前面道路の反対側の境界線）までの真北方向の水平距離の 1.25 倍に 5 m（低層住居専用地域）あるいは 10 m（中高層住居専用地域）を加えた高さ以下とするもので，中高層住居専用地域で日影規制の対象区域内では，本制限は適用されない．

12.2 都市の照明

12.2.1 都市の人工照明

(1) 道路照明

道路照明は，夜間の自動車運転を安全かつ円滑にするために，道路面を照らす照明であり，道路前方の障害や道路周辺状況などの視覚情報を運転者に的確に与えるために設置される．また自動車運転だけでなく歩行への寄与，犯罪の予防，商業活動の支援，都市の美化などの目的もある．道路照明の方式は，8〜12 m のポールの先端に照明器具を取り付けるポール照明方式が一般的であり，配光など光学特性 強度，耐候性，効率など経済性や農作物・住宅への光害防止などが要求される．

①道路の視認性の確保…道路前方の安全走行上の障害や道路状況（障害物，歩行者，道路構造，路面状態，他の自動車など）が良好に視認できるように，平均路面輝度および輝度均斉度が適切なことが求められる．一般的に路面を背景とし障害物のシルエットが視認されるので，適切な路面輝度が必要になる．また障害物の視認性の低下を防ぐために，路上の輝度分布は均一になるように留意する．

②運転者に対するグレアの制限…照明器具にグレアがある場合，運転者の視機能が低下するので，グレアの制限が必要となる．そのため道路の周辺環境が暗い場合は，グレアを厳しく制限したカットオフ形の照明器具，明るい場合には，ある程度制限したセミカットオフ形の照明器具を選定することが望ましい．

③良好な誘導性の確保…進行方向の道路の線形や勾配を明示する効果を**誘導性**といい，運転者の安全な走行のためには，道路前方の状況が誤認識されないよう適切な誘導性が求められる．路面，区画線，道路標識などが照明されることによる効果と照明器具それ自体の配列による効果を十分検討する必要がある．

(2) 街路・広場・公園の照明

街路・広場・公園は，都市住民が集まり各種の活動や憩いの場所として，都市の重要な機能を有し，さまざまな形態・規模のものが存在する．これらの空間での照明は，各種活動の支援だけでなく夜間景観上の役割も大きい．照明の要件については，そこでの視作業内容をもとに，照明基準などによって定められる．表 12.2 に照明器具の設置高さとその特徴を示す．

①犯罪防止…これらの空間における各種活動（休息，交流，レクリエーションなど）の安全な遂行のためには，犯罪防止の観点は欠かせない．そのためには，0.3 lx以上の照度の確保が求められる．また植込みや物陰などに照明を付加し，暗がりをなるべく作らないという配慮が求められる．

②安全・円滑な交通誘導…使用状況，活動内容などから歩行者や自動車の動線を考慮した上で，進路の把握のため，移動の障害（凹凸，段差，水たまりなど）や通路の状態や状況（周囲の建物，他の歩行者や自動車）が確認できるような照明が必要である．

③雰囲気の醸成…都市生活に潤いを与えるために，快適性，演出性などの観点から，照明にもこれらの空間における活動内容に応じた雰囲気を作りだすことが求められる．また環境美化を促すようなものが望ましい．

④高い公共性への配慮…これらの空間は公共性が高いため，照明器具には，周辺環境との調和や経済性が求められる．

表 12.2* 照明器具の設置高さとその主な特徴

設置高さ	主な特徴	適用例	ランプ光束の目安 [lm/灯]
12 m 以上	●照明で象徴的な景観形成ができる． ●照明効率がよく経済的である． ●照明ポールの乱立を防止できる． ●周囲への光漏れが多くなりやすい． ●保守点検のための対策が必要である．	大駐車場 交通広場	40 000 以上
7～12 m	●高さの3～5倍の間隔に配置すれば，連続した光の美しさ（誘導性）が得やすい． ●必要な明るさを，経済的に得ることができる． ●光の制御（フード，ルーバーの装着）が比較的容易にできる．	道路 駐車場 一般的な広場 緑道	10 000 〜 50 000
2～7 m	●人の高さに近いので親しみや暖かみが得やすい． ●意匠デザインで景観形成が容易にできる． ●グレアを与えやすい． 　（発光面輝度が高くなりすぎないランプ光束の選定が重要）	公園 緑道 建築構内 小規模広場	1 000 〜 20 000
1.5 m 以下	●陰影や明暗など「光と影」の演出がしやすい． ●保守が容易であるが，破壊されるおそれがある． ●誘導もしくは注意をうながすのに効果的である． ●グレアを与えやすい（ランプ光束の選定に注意し，発光面の輝度規制が必要）．	アプローチ空間 宅地内庭園 公園	3 000 以下

(3) 景観照明

景観照明とは，歴史的建造物，重要な公共建築物など地域のシンボルとなる構造物や公園・広場のモニュメントや樹木などを照明するもので，照明による都市景観の演出を行うことで，美的効果を生み都市のイメージ作りや活性化に寄与するものである．ライトアップ（light-up）とも呼ばれる．

景観照明の手法としては，投光器により対象構造物を明るく浮き上がらせる**投光照明**（図 12.5），背景や内側を明るくして対象構造物をシルエットで見せる**シルエット**（silhouette [F.]）**照明**（図 12.6），列状に並べた多数の小光源の輝きで形をかたどる**イルミネーション**（illumination）などがある．

①存在感を高める演出…単に明るくするだけでなく存在感を高めるために，対象建造物の色，形や素材にあった光源や器具の選定および配置を行い，印象的・効果的に照明する．また光害への配慮とともに，周辺環境との調和を図る必要がある．

参考 解説 12.2：都市の人工照明　□

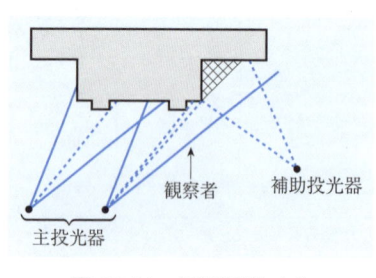

図 12.5*　景観照明（1）

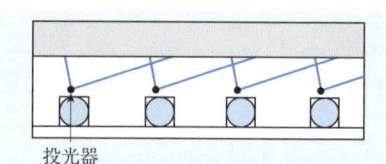

図 12.6*　景観照明（2）

12.2.2 都市の昼光照明

都市における昼光照明については，室内における昼光照明計算（8.2 節参照）と同様に，観測点における昼光率を求め，想定される全天空照度を乗ずることによって，直射日光を除いた天空光による照度の概算値を算出することが可能である．ただし目標値などの基準は存在していない．周辺建築物の反射率などによる影響を受ける．

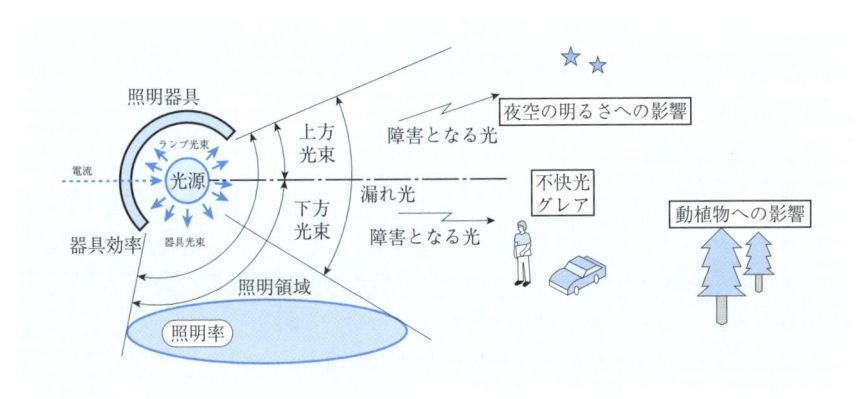

図 12.7* 光害の概念

12.2.3 光害

光害とは，不適切あるいは必要以上の人工光による，良好な光環境の阻害状況または悪影響のことをいい，天体観測やグレアによる交通障害など人間の諸活動への影響だけでなく，生態系など動植物への影響が指摘されている．また目的外の場所に照射される光を漏れ光というが，エネルギーの有効利用という面から問題があることはいうまでもない（図 12.7）．

光害への対策については環境省の光害対策ガイドラインが用意されており，4段階の照明環境類型別の上方光束比の推奨値（表 12.3）などが規定されている．

参考 解説 12.3：光害対策ガイドライン

表 12.3* 光害対策ガイドライン

推奨性能項目	類型	照明環境 I	照明環境 II	照明環境 III	照明環境 IV
	地域	自然公園，里地	村落部，郊外の住宅地	都市部住宅地	大都市中心部，繁華街
	周囲の明るさ	暗い	低い	中程度	高い
総合効率		ランプ入力電力 200 W 未満の場合：50 lm/W 以上 ランプ入力電力 200 W 以上の場合：60 lm/W 以上			
照明率		照明率が高くなるような照明器具の設置（推奨）			
上方光束比		0%	5%以下	15%以下	20%以下 15%以下 （公共照明整備）

12.3 都市の景観と色彩

12.3.1 都市景観
(1) 景観の種類

景観とは，視覚を通した屋外の風景であり，開放感，居心地などの心理的効果も含める．固定された視点からの透視図的な視環境と，視点の移動に伴い連続的に変化する視環境に分けられる．ただし聴覚，嗅覚など他の感覚や歴史，文化などの意味を加えた場としての捉え方や長期的な経験をもとにした変遷としての捉え方などもある．都市部の景観を**都市景観**という．

都市景観は，都市の雰囲気・イメージ作りや住民の都市への愛着心の醸成に決定的な役割を果たし，結果的に都市の魅力や価値に大きな影響を与える．景観の検討を行う場合，視対象である景観と人間の視点の位置関係は重要である，**ビスタ**（vista）すなわち**通景**とは，幾何学遠近法の消失点が意識される景観で，街路景観など人工的な景観になることが多い．一方**パノラマ**（panorama）すなわち**展望**とは，山の上からの俯瞰のような眺めである．

(2) 景観構成要素

都市景観は，景観構成要素の集合である．都市景観の**景観構成要素**は，①基本要素（道路，建築物），②付属要素（街路樹，電柱，標識，看板），③移動要素（自動車，歩行者），④背景要素（天空，山岳，河川）に分けられ，地形要因は視点位置によっては基本要素にも背景要素にもなり得る．

(3) 都市景観に配慮した設計

大規模なプロジェクトなどを除いて都市景観全体が設計対象となる場合は少なく，ある景観構成要素が設計対象となり，結果として改変される都市景観への配慮が必要になるというケースが大部分である．その際，都市景観は公共的な存在で共有財産であるということを銘記すべきである．一般に設計対象となるのは，基本要素と付属要素であるが，距離によって見えの状態が異なるため，都市景観への影響を検討する際は，視点からの距離による見え方を考慮する必要がある．距離区分としては，大きく①近景（～100 m 程度），②中景（100～1 200 m 程度），③遠景（1 200 m 程度～）とに分けられる．また景観の保全・向上のための整備をすることを**修景**という．

一般に電柱電線の地中化, 屋外広告物の整理など, 都市景観の阻害要因を取り除くこと, 歴史的・伝統的建造物の保存, 緑化, 自然保護などは, 比較的コンセンサスは得られやすい. ただ個人差, 地域差, 時代差も大きく, 普遍性のある形で良好な景観を規定することは, 難しい面が多い.

　一般に悪いとされる都市景観の要因については共通性が高い. 都市景観向上のためには景観構成要素の問題点を解消することから始まる. 電柱, 電線, 標識, 広告物など付属要素が評価を下げている場合が多く, まずその水準を上げることが重要である. 広告物については色彩の持つ影響は大きい. 道路, 建築物など基本要素については, 景観評価上, 危険感, 粗悪感などが問題になるが, 景観面だけでなく実体そのもの質を上げる必要がある.

　景観構成要素は, 移動するものではないので, 一時的なファッションではいけない. 地形, 気候風土, 歴史・文化などの地域特性に根ざし, その街らしさを生み出すことが必要になる. さらに個々の景観構成要素のレベルアップと並行して, 空間全体を考え, 総合的な観点から調和のとれたデザインを行うべきである.

(4) 圧迫感・開放感

　都市景観においては, 建築物の大小による圧迫感などの心理的印象が生じ, 大きい場合には悪影響を与える. **圧迫感**とは建築物の規模により心理的に圧迫される知覚量を指し, 居住環境面での相隣紛争における争点の一つになっている. 建築物部分の立体角投射率を**形態率**というが, 圧迫感は形態率あるいは建築物の立体角との関係が強く, 街路に限れば, 道路幅員と沿道建築物の高さと比でも説明が可能だとされている. 視環境に関係する都市の密集度や開放感などの指標として, 天空部分の立体角投射率である**天空率**を用いることがある.

(5) 都市の色彩

　騒色とは, 騒音からの類推語で, 第三者に不快感を与える色使いを指し, 広告効果を狙った建築壁面や広告塔の色が問題になることがある. 騒色になる条件は周辺環境の状況によって変わるが, 一般には高彩度色が問題になることが多い. また壁面の色が高彩度の場合, 反射した色光が周辺の商品などに当たり, 見かけの色に影響を与え紛争になる場合もある. 周辺環境との色彩調和を図るとともに, 地域独自の建材など地域になじんだ色を生かしていくべきである (11.3.5(3)参照).

(6) 都市の夜景

光点の広がりと光点の密集度による迫力やスケール感，光の輝きと漆黒との組み合わせすなわち空や海との位置関係による対比効果などがパノラマ的夜景のポイントとなる．暗闇の隠蔽効果は，見にくいものを隠すというメリットのほか，細部を見せず情報量を少なくすることで，都市のストラクチャーを明確にする効果がある．ただし遠近感や奥行き感は喪失する．

ビスタ的夜景については，過度の輝度，色彩，仮現運動，広告表現などは排除することが望ましい．遠景の高輝度の光源は夜景に寄与するが，同じ光源でも視点位置に近い近景の場合には阻害要因になる．

参考 解説 12.4：都市景観 □

12.3.2 都市の景観に関する基準
(1) 景観法

景観法とは，景観の価値に対する意識の高まりを受けて，2004年に制定された良好な景観形成に向けた仕組みや手続きを示した法律で，景観法に基づく景観計画や関連する条例などにより，建築物・工作物などの形態意匠（デザイン・色彩）についての規制が設定できるようになっている．規制の内容はそれぞれの地方の事情を反映して策定された景観計画によって異なるが，具体的な規制は，色彩に関するものが多く，マンセル表色系を用いて推奨色の範囲を設定している場合，色相ごとの彩度（場合によっては明度も）の許容範囲の設定（黄赤系・黄系は中彩度まで許容され，その他の色相では低彩度に限定しているケースが多い）から，色相に関係なく彩度の上限値の設定まで幅がある．具体的な推奨色を設定している場合や，具体的な基準ではなく定性的な表現による規制になっている場合もある．

参考 解説 12.5：景観法 □

(2) 屋外広告物法

屋外広告物については，**屋外広告物法**に基づく地方自治体の屋外広告物条例で，表示禁止区域や広告物の種類別に形状や面積など基準が定められ，色彩の制限が設けられている場合もある．

12.3.3 良好な都市環境の確保に関する基準

建築基準法では，良好な都市環境の確保という総合的観点から建築物の高さに関するいくつかの規定を設けており，光環境・視環境と関係する面が多い．

(1) 絶対高さ制限（建築基準法第 55 条 1 項）

絶対高さ制限とは，良好な居住環境を保護するための規定であり，第 1 種/第 2 種低層住居専用地域におけるの建築物の高さを，10 m または 12 m 以下とするものである．

(2) 道路高さ制限（建築基準法第 56 条 1 項 1 号，別表第 3 など）

道路高さ制限とは，採光・通風・道路の開放性の確保などの観点から，前面道路の上方空間を一定量確保するための規定であり，建築物の各部分の高さを，基準容積率に応じた前面道路の反対側の境界線からの一定距離の範囲内（20～50 m）で，同じくその境界線からひいた一定の勾配（原則，住居系地域では 1.25，工業系地域，商業系地域では 1.5）を持つ斜線の内側におさめるとするものである．建築物の形態すなわち都市街路景観に与える影響は非常に大きい．なお道路境界線から後退して建築した場合などに緩和される．

(3) 隣地高さ制限（建築基準法第 56 条 1 項 2 号など）

隣地高さ制限とは，建築物の高層化に伴う隣地の採光・通風の悪化防止や見下しなどのプライバシー阻害防止という観点から，敷地境界線付近の上方空間を一定量確保するための規定であり，建築物の各部分の高さを，低層住居専用地域を除く住居系地域では，隣地境界線上 20 m からひいた 1.25 の勾配を持つ斜線の内側，その他の地域では，隣地境界線上 31 m からひいた 2.5 の勾配を持つ斜線の内側におさめるとするものである．道路高さ制限よりは厳しくないものの，建築物の形態には影響を与える．なお隣地境界線から外壁面が後退した場合などに緩和される．

(4) 天空率による各種制限の特例（建築基準法第 56 条 7 項など）

道路高さ制限，隣地高さ制限，北側高さ制限については，これらの規定に適合する建築物から得られる天空率よりも，計画する建築物の天空率が大きい場合には適用されない．天空率は 1 から当該建築物の形態率を減じたものと定義される．周辺の建築物の影響はないものと見なされ，算定位置は各規定や用途地域によって異なる．

12章の問題

☐ **1** 冬至日においてある単体の建築物が4時間以上日影を与える領域の面積の大小に関して，影響が大きい建築物の要因について説明せよ．

☐ **2** 建築基準法の日影規制の問題点について説明せよ．

☐ **3** 都市における人工照明の役割について整理して説明せよ．

☐ **4** 都市景観に配慮した建築設計のあり方について説明せよ．

☕ 都市照明の歴史

都市照明は，1667年パリの初代警視総監ラ・レイニの指揮による防犯のためのローソクのランタンによる街路照明から始まる．18世紀半ばにはオイルランプ，19世紀前半にはガス灯，19世紀末には電気照明というように，光源が替わることで明るさも格段に向上していくことになる．

日本での街路照明は，1872年横浜にガス灯が登場し，1882年銀座にアーク灯が設置され，1887年江戸橋の白熱電灯が本格的な街路照明の最初だといわれている．広告照明については，江戸時代の行灯式の軒看板が始まりであり，当時は街路照明も兼ねていたようである．この形式は内部の光源は変化したが，日本の夜景の元図の一つといわれている包囲式看板に受け継がれている．

景観照明については，イルミネーションは祝祭時のローソクよるものが原形で，1882年ニューヨークで電球の宣伝のために行われた．日本では1903年大阪での内国勧業博覧会が最初で，1904年銀座明治屋がクリスマス・イルミネーションを始めている．投光照明は，1915年パナマの太平洋万国博覧会で始まり，パリやロンドンでもブームとなる．日本では1931年国会議事堂の落成時に投光照明が行われ，その後も東京では，三越，聖路加病院などで行われ，照明の光色を変化させる斬新な手法も用いられている．ライトアップというネーミングで本格的に復活するのは，1980年代になってからであり，当初は実験的な性格が強かったが，現在は常設化のものが増えている．

参考文献

[1] 石川 太郎他：現代 照明環境システム，オーム社，1981
[2] 乾 正雄：建築の色彩設計，鹿島出版会，1976
[3] 乾 正雄：照明と視環境，理工図書，1978
[4] 浦野 良美，中村 洋編著：建築環境工学，森北出版，1996
[5] 大山 松次郎原著，小原清成編：新しい照明ノート，オーム社，1996
[6] 環境工学教科書研究会編著：環境工学教科書 第二版，彰国社，2000
[7] 小島 武男・中村 洋：現代建築環境計画，オーム社，1983
[8] 照明学会編：屋内照明のガイド，電気書院，1978
[9] 照明学会編：照明工学，オーム社，1983
[10] 照明学会普及部編：新・照明教室 照明の基礎知識 中級編，2005
[11] 照明学会編：空間デザインのための照明手法，オーム社，2008
[12] 田中 俊六他：最新建築環境工学，改訂2版，井上書院，1999
[13] 電気学会編：光技術と照明設計—基礎からインテリアデザインまで—，オーム社，2004
[14] 中村 泰人，宮田 紀元他：新建築学大系10 環境物理，彰国社，1984
[15] 日本建築学会編：設計計画パンフレット23 照明設計，彰国社，1975
[16] 日本建築学会編：設計計画パンフレット24 日照の測定と検討，彰国社，1977
[17] 日本建築学会編：設計計画パンフレット30 昼光照明の計画，彰国社，1985
[18] 日本建築学会編：光と色の環境デザイン，オーム社，2001
[19] 日本建築学会編：建築の色彩設計法，丸善，2005
[20] 日本建築学会編：昼光照明デザインガイド—自然光を楽しむ建築のために—，技報堂出版，2007
[21] 槙 究：カラーデザインのための色彩学，オーム社，2006
[22] 松浦 邦男：建築照明，共立出版，1971
[23] 松浦 邦男，高橋大弐：エース建築環境工学Ⅰ—日照・光・音—，朝倉書店，2001
[24] 渡辺 要編：建築計画原論Ⅰ，第3版，丸善，1974
[25] 渡辺 安人：色彩学の実践，第3版，学芸出版社，2008

図表典拠

■ 1 章

図 1.1　日本建築学会編：建築設計資料集成 2，第 6 版，p.41，丸善，1976，より作成
図 1.2　大山松次郎原著，小原清成編：新しい照明ノート，p.205，オーム社，1996，より作成
図 1.3　空気調和衛生工学会編：居住空間とガラス，p.71，技術書院，2004，より作成
図 1.4　本郷利憲他監修：標準生理学，第 5 版，p.830，医学書院，2000
図 1.5　新規作成
図 1.6　渡辺要編：建築計画原論 III，第 2 版，p.6，丸善，1973
表 1.1　日本建築学会編：建築設計資料集成 1 環境，p.55，丸善，1978

■ 2 章

図 2.1　日本建築学会編：建築環境工学用教材，第 3 版，p.28，丸善，1995
図 2.2　日本建築学会編：建築環境工学用教材，第 3 版，p.28，丸善，1995，より作成
図 2.3　中村洋他：日本建築学会大会学術講演梗概集 計画系，p.47，日本建築学会，1979，より作成
図 2.4　中村洋他：日本建築学会大会学術講演梗概集 計画系，p.47，日本建築学会，1979，より作成
図 2.5　日本建築学会編：設計計画パンフレット 24 日照の測定と検討，p.7，彰国社，1977
図 2.6　日本建築学会編：設計計画パンフレット 24 日照の測定と検討，p.8，彰国社，1977，より作成
図 2.7　日本建築学会編：設計計画パンフレット 24 日照の測定と検討，p.8，彰国社，1977，より作成
図 2.8　日本建築学会編：設計計画パンフレット 24 日照の測定と検討，p.9，彰国社，1977，より作成
図 2.9　日本建築学会編：建築設計資料集成 1 環境，p.54，丸善，1978，より作成
図 2.10　日本建築学会編：建築設計資料集成 1 環境，p.58，丸善，1978，より改変

図表典拠　　217

図 2.11　日本建築学会編：建築設計資料集成 1 環境，p.58，丸善，1978，より作成
図 2.12　日本建築学会編：建築設計資料集成 2，第 6 版，p.28，丸善，1976，より作成
図 2.13　日本建築学会編：建築設計資料集成 2，第 6 版，p.28，丸善，1976，より作成
図 2.14　日本建築学会編：設計計画パンフレット 24 日照の測定と検討，p.12，彰国社，1977
図 2.15　日本建築学会編：設計計画パンフレット 24 日照の測定と検討，p.12，彰国社，1977
図 2.16　日本建築学会編：設計計画パンフレット 24 日照の測定と検討，p.12，彰国社，1977
図 2.17　日本建築学会編：建築設計資料集成 2，第 6 版，p.32，丸善，1976，より作成
図 2.18　日本建築学会編：建築設計資料集成 2，第 6 版，p.32，丸善，1976，より作成
図 2.19　日本建築学会編：建築設計資料集成 1 環境，p59，丸善，1978
図 2.20　日本建築学会編：建築環境工学用教材，第 3 版，p.32，丸善，1995
図 2.21　小島武男・中村洋：現代建築環境計画，p.78，オーム社，1983，より作成
図 2.22　渡辺要：建築計画原論 I，p.164，1975，より作成
表 2.1　日本建築学会編：建築環境工学用教材，第 3 版，p.28，丸善，1995
表 2.2　日本建築学会編：建築環境工学用教材，第 3 版，p.28，丸善，1995
表 2.3　日本建築学会編：建築環境工学用教材，第 1 版，p.26，丸善，1988

■ 3 章
図 3.1　日本建築学会編：建築環境工学用教材，第 1 版，p.41，丸善，1988，より改変
図 3.2　新規作成
図 3.3　日本建築学会編：建築環境工学用教材，第 3 版，p.34，丸善，1995
図 3.4　日本建築学会編：建築設計資料集成 1 環境，p.72，丸善，1978
図 3.5　日本建築学会編：建築環境工学用教材，第 3 版，p.34，丸善，1995
図 3.6　日本建築学会編：建築環境工学用教材，第 3 版，p.34，丸善，1995
図 3.7　新規作成
図 3.8　松浦邦男他：エース建築環境工学 I ―日照・光・音―，p.88，朝倉書店，2001，より改変
図 3.9　新規作成
図 3.10　松浦邦男他：エース建築環境工学 I ―日照・光・音―，p.88，朝倉書店，2001
図 3.11　日本建築学会編：建築設計資料集成 1 環境，pp.81〜82，丸善，1978
図 3.12　建築単位の事典研究会編：建築単位の事典，p.117，彰国社，1992
図 3.13　田中俊六他：最新建築環境工学，改訂 3 版，p.111，井上書院，2006

図 3.14　宮田紀元他：新建築学大系 10　環境物理，p.359，彰国社，1984
図 3.15　宮田紀元他：新建築学大系 10　環境物理，p.359，彰国社，1984
図 3.16　宮田紀元他：新建築学大系 10　環境物理，p.333，彰国社，1984
表 3.1　新規作成
表 3.2　日本建築学会編，建築環境工学用教材，p.34，丸善，1995，より改変
表 3.3　松浦邦男他：エース建築環境工学Ⅰ―日照・光・音―，p.56，朝倉書店，2001
表 3.4　松浦邦男他：エース建築環境工学Ⅰ―日照・光・音―，p.57，朝倉書店，2001

■ 4 章

図 4.1　新規作成
図 4.2　新規作成
図 4.3　照明学会編：最新やさしい明視論，照明学会，p.84，1977
図 4.4　東京都立大学体育学研究室：日本人の体力標準値，第 4 版，p.362，不昧堂出版，1989
図 4.5　日本建築学会の許可を得て転載（掲載誌：設計計画パンフレット 30　昼光照明の計画，p.17，彰国社，1985）
図 4.6　照明学会編：屋内照明のガイド，電気書院，p.44，1978.
図 4.7　日本建築学会編：設計計画パンフレット 23　照明設計，p.63，彰国社，1985
図 4.8　佐々木，金子，室井：照明空間における照明ベクトルと光束密度，照明学会雑誌，Vol.63，No.7，pp.379〜386，1979，より作成
図 4.9　小林朝人：明るさの知覚尺度―APPARENT BRIGHTNESS SCALES―，日本建築学会論文報告集，No.178，p.83，1967，より作成
図 4.10　照明学会編：最新やさしい明視論，照明学会，p.72，1977，より改変
図 4.11　日本建築学会編：建築設計資料集成 1　環境，p.85，丸善，1978
図 4.12　日本建築学会編：建築設計資料集成 1　環境，p.85，丸善，1978
図 4.13　IES Lighting Handbook, 4th ed., pp.2〜19, 1966
図 4.14　環境工学教科書研究会編著：環境工学教科書，第 2 版，p.105，彰国社，2000，より改変
図 4.15　新規作成
図 4.16　松下電工編（現：パナソニック電工）：LIGHTING KNOWHOW，店舗照明ノウハウ集，p.52，1988，より改変
図 4.17　Cuttle, C. et al：Beyond the working plane, CIE Proceedings, Washington, p.480, 1967
図 4.18　A.A. Kruithof：Philips Tech. Rev., Vol.6, p.65, 1941.

図表典拠　　219

図 4.19　新規作成
図 4.20　新規作成
表 4.1　日本工業規格 照明基準総則（JIS Z 9110：2010）表 5，より作成
表 4.2　日本工業規格 照明基準総則（JIS Z 9110：2010）表 9，より作成
表 4.3　照明学会：オフィス照明基準，(JIEC-001(1992))，および日本建築学会編：設計計画パンフレット 30 昼光照明の計画，p.17，彰国社，1985，より作成
表 4.4　American National Standard Practice for Office Lighting, 1982，より改変
表 4.5　照明学会：オフィス照明基準，(JIEC-001(1992))，およびISO8995/CIE S008/E:2001:Lighting of Interior Work Places，より作成
表 4.6　日本工業規格 照明基準総則（JIS Z 9110：2010）表 1，より作成
表 4.7　日本工業規格 照明基準総則（JIS Z 9110：2010）表 4，より作成
表 4.8　照明学会・照明普及会編：昼間の合理的照明設計（新しい PSALI），pp.37～38，1974，より作成
表 4.9　照明学会・照明普及会編：昼間の合理的照明設計（新しい PSALI），pp.37～38，1974，より作成
表 4.10　日本建築学会編：設計計画パンフレット 30 昼光照明の計画，p.21，彰国社，1985，より改変

■ 5 章
図 5.1　小宮容一：図解インテリア構成材―選び方・使い方，オーム社，p.94，1987，より作成
図 5.2　照明普及会創立 30 周年記念出版委員会編：あかり文化と技術，p.222，照明学会・照明普及会，1988
図 5.3　電気学会編：光技術と照明設計―基礎からインテリアデザインまで―，pp.85～119，オーム社，2004，より作成
図 5.4　照明学会編：照明ハンドブック第 2 版，オーム社，p.102，2003
図 5.5　照明学会普及部編：新・照明教室 照明の基礎知識 中級編，p.20，2005
図 5.6　照明学会普及部編：新・照明教室 照明の基礎知識 中級編，p.21，2005，より作成
図 5.7　電気学会編：光技術と照明設計―基礎からインテリアデザインまで―，p.87，オーム社，2004
図 5.8　照明学会普及部編：新・照明教室 照明の基礎知識 中級編，p.23，2005
図 5.9　松浦邦男他：エース建築環境工学 I ―日照・光・音―，p.82，朝倉書店，2001
図 5.10　照明学会普及部編：新・照明教室 照明の基礎知識 中級編，p.32，2005，よ

り作成
図 5.11　小宮容一：図解インテリア構成材―選び方・使い方，オーム社，p.94，1987，より作成
図 5.12　松浦邦男他：エース建築環境工学 I ―日照・光・音―，p.108，朝倉書店，2001，より改変
図 5.13　日本建築学会編：設計計画パンフレット 23 照明設計，p.42，彰国社，1975
図 5.14　新規作成
図 5.15　新規作成
図 5.16　金谷末子：照明方式とその効果，建築技術，No.455，p.131，1989
図 5.17　日本建築学会編：建築環境工学用教材，第 3 版，p.37，丸善，1995，より作成
図 5.18　Hopkinson, R., G., Longmore, J.: Permanent supplementary artificial lighting of interiors, Trans. IES, London, Vol.24, No.3, p.121, 1959
図 5.19　日本建築学会編：昼光照明デザインガイド―自然光を楽しむ建築のために―，技報堂出版，p.116，2007，より改変
図 5.20　新規作成
図 5.21　新規作成
図 5.22　新規作成
図 5.23　新規作成
図 5.24　新規作成
図 5.25　新規作成
図 5.26　新規作成
図 5.27　新規作成
図 5.28　新規作成
図 5.29　新規作成
表 5.1　照明学会普及部編：新・照明教室 照明の基礎知識 中級編，pp.17～18，2005，より改変
表 5.2　日本建築学会編：設計計画パンフレット 23 照明設計，p.42，彰国社，1975

■ 6 章
図 6.1　宮田紀元：窓の採光計画，建築技術，No.391，p.61，1984，より作成
図 6.2　梅干野晃：住まいの環境学，p.262，放送大学教育振興会，1998
図 6.3　小島武男・中村洋：現代建築環境計画，p.200，オーム社，1983
図 6.4　日本建築学会編：設計計画パンフレット 30 昼光照明の計画，p.12，彰国社，1985，より作成

図 6.5　日本建築学会編：建築設計資料集成1 環境，p.77，丸善，1978
図 6.6　日本建築学会編：建築設計資料集成1 環境，p.77，丸善，1978
図 6.7　CIE：Standardization of Luminance Distribution on Clear Skies, CIE Publication, No.22, 1973
図 6.8　宮田紀元他：新建築学大系10 環境物理，p.340，彰国社，1984
図 6.9　日本建築学会環境基準 室内光環境・視環境に関する窓・開口部の設計・維持管理基準・同解説（AIJES-L001-2010），p.30，2010
図 6.10　日本建築学会編：建築設計資料集成1 環境，p.78，丸善，1978
図 6.11　日本建築学会編：設計計画パンフレット30 昼光照明の計画，p.21，彰国社，1985，より作成
図 6.12　日本建築学会編：建築環境工学用教材，第3版，p.36，丸善，1995
表 6.1　日本建築学会の許可を得て転載（掲載誌：設計計画パンフレット30 昼光照明の計画，p.18，彰国社，1985）

■ **7 章**
図 7.1　内田祥哉編：構法計画ハンドブック，p.658，朝倉書店，1980，より作成
図 7.2　小島武男・中村洋：現代建築環境計画，p.216，オーム社，1983
図 7.3　小島武男・中村洋：現代建築環境計画，p.216，オーム社，1983
図 7.4　小島武男・中村洋：現代建築環境計画，p.215，オーム社，1983，より作成
図 7.5　日本建築学会編：建築設計資料集成1 環境，p.125，丸善，1978
図 7.6　日本建築学会編：建築設計資料集成1 環境，p.70，丸善，1978
図 7.7　日本建築学会編：建築設計資料集成1 環境，p.70，丸善，1978
図 7.8　新規作成
図 7.9　新規作成
図 7.10　日本建築学会環境基準 室内光・視環境に関する窓・開口部の設計・維持管理規準・同解説（AIJES-L001-2010），p.26，2010
図 7.11　建築用語辞典編集委員会編：建築用語辞典，第2版，技報堂出版，p.1211
図 7.12　保坂陽一郎：空間の演出—窓 デザインボキャブラリーとしての展開，p.72，彰国社，1984，より改変
図 7.13　新規作成
図 7.14　中村昌生：古典に学ぶ茶室の設計，建築知識，1999
図 7.15　日本建築学会編：近代建築史図集，新訂第1版，p.21，彰国社，1996，より作成
表 7.1　新規作成

表 7.2　新規作成
表 7.3　新規作成

■ 8 章
図 8.1　日本建築学会編：建築環境工学用教材，第 3 版，p.39，丸善，1995
図 8.2　宮田紀元他：新建築学大系 10　環境物理，p.360，彰国社，1984，および照明学会普及部編：新・照明教室　照明の基礎知識　中級編，p.15，2005，より作成
図 8.3　松浦邦男他：エース建築環境工学Ⅰ—日照・光・音—，p.84，朝倉書店，2001，より改変
図 8.4　日本建築学会編：建築環境工学用教材，第 3 版，p.39，丸善，1995
図 8.5　日本建築学会編：建築環境工学用教材，第 3 版，p.39，丸善，1995
図 8.6　松浦邦男他：エース建築環境工学Ⅰ—日照・光・音—，p.86，朝倉書店，2001
図 8.7　照明学会編：ライティングハンドブック，オーム社，p.225，1987，より作成
図 8.8　照明学会編：照明ハンドブック，第 2 版，オーム社，p.79，2003，より作成
図 8.9　日本建築学会編：建築環境工学用教材，第 3 版，p.39，丸善，1995，より作成
図 8.10　日本建築学会編：設計計画パンフレット 30　昼光照明の計画，p.22，彰国社，1985，より作成
図 8.11　日本建築学会編：建築設計資料集成 1　環境，p.81，丸善，1978
図 8.12　日本建築学会編：建築設計資料集成 1　環境，p.83，丸善，1978
表 8.1　日本建築学会編：建築設計資料集成 1　環境，p.83，丸善，1978
表 8.2　新規作成
表 8.3　電気学会編：光技術と照明設計—基礎からインテリアデザインまで—，pp.268〜269，オーム社，2004，より作成

■ 9 章
図 9.1　新規作成
図 9.2　日本建築学会編：建築設計資料集成　総合編，p.3，丸善，2001
図 9.3　新規作成
図 9.4　小泉実：絵ときインテリアライティングの技法早わかり，オーム社，1986，および照明学会編：ライティングハンドブック，p.452，オーム社，1987，より作成
図 9.5　照明学会普及部編：住まいの照明マニュアル，p.8，1999，より改変
図 9.6　小泉実：絵ときインテリアライティングの技法早わかり，オーム社，1986，および照明学会編：ライティングハンドブック，p.453，オーム社，1987，より

作成
図9.7 小泉実:絵ときインテリアライティングの技法早わかり,オーム社,1986,および照明学会編:ライティングハンドブック,p.453,オーム社,1987,より作成
図9.8 小泉実:絵ときインテリアライティングの技法早わかり,オーム社,1986,および照明学会編:ライティングハンドブック,p.453,オーム社,1987,より作成
図9.9 小泉実:絵ときインテリアライティングの技法早わかり,オーム社,1986,および照明学会編:ライティングハンドブック,p.454,オーム社,1987,より作成
図9.10 小泉実:絵ときインテリアライティングの技法早わかり,オーム社,1986,および照明学会編:ライティングハンドブック,p.454,オーム社,1987,より作成
図9.11 小泉実:絵ときインテリアライティングの技法早わかり,オーム社,1986,および照明学会編:ライティングハンドブック,p.455,オーム社,1987,より作成
図9.12 小泉実:絵ときインテリアライティングの技法早わかり,オーム社,1986,および照明学会編:ライティングハンドブック,p.456,オーム社,1987,より作成
図9.13 小泉実:絵ときインテリアライティングの技法早わかり,オーム社,1986,および照明学会編:ライティングハンドブック,p.454,オーム社,1987,より作成
図9.14 小泉実:絵ときインテリアライティングの技法早わかり,オーム社,1986,および照明学会編:ライティングハンドブック,p.455,オーム社,1987,より作成
図9.15 小泉実:絵ときインテリアライティングの技法早わかり,オーム社,1986,および照明学会編:ライティングハンドブック,p.454,オーム社,1987,より作成
図9.16 小泉実:絵ときインテリアライティングの技法早わかり,オーム社,1986,および照明学会編:ライティングハンドブック,p.455,オーム社,1987,より作成
図9.17 小泉実:絵ときインテリアライティングの技法早わかり,オーム社,1986,および照明学会編:ライティングハンドブック,p.456,オーム社,1987,より作成

図 9.18　照明学会普及部編：新・照明教室 照明の基礎知識 中級編，p.59，2005
表 9.1　日本工業規格 照明基準総則（JIS Z 9110：2010）表 17〜19，より作成
表 9.2　日本工業規格 照明基準総則（JIS Z 9110：2010）表 11，より作成

■ 10 章
図 10.1　インテリア大事典編集委員会編：インテリア大事典，壁装材料協会，p.232，1988
図 10.2　日本工業規格 物体色の色名（JIS Z 8102：2001）図 2，より作成
図 10.3　日本工業規格 物体色の色名（JIS Z 8102：2001）図 3
図 10.4　日本建築学会編：建築設計資料集成 1 環境，p.90，丸善，1978
図 10.5　日本工業規格 色の表示方法—光源色の色名（JIS Z 8110：1995）参考付図 1
図 10.6　日本建築学会編：建築設計資料集成 1 環境，p.90，丸善，1978
図 10.7　http://www.sikiken.co.jp/colors/colors11.html，より改変
図 10.8　環境工学教科書研究会編著：環境工学教科書，第 2 版，p.125，彰国社，2000
図 10.9　日本工業規格 色の表示方法—三属性による表示（JIS Z 8721：1993）図 1，より作成
図 10.10　日本工業規格 色の表示方法—三属性による表示（JIS Z 8721：1993）付図 2
図 10.11　日本建築学会編：建築環境工学用教材，第 3 版，p.44，丸善，1995
図 10.12　日本工業規格 色の表示方法—三属性による表示（JIS Z 8721：1993）付図 5，より作成
図 10.13　日本建築学会編：建築設計資料集成 1 環境，p.90，丸善，1978
図 10.14　日本建築学会編：建築設計資料集成 2，p.65，丸善，1960
図 10.15　宮田紀元他：新建築学大系 10，環境物理，p.392，彰国社，1984
図 10.16　http://www.sikiken.co.jp/pccs/pccs02.html，より改変
図 10.17　http://www.sikiken.co.jp/pccs/pccs04.html，より改変
表 10.1　日本工業規格 物体色の色名（JIS Z 8102：2001）付表 1，より作成

■ 11 章
図 11.1　新規作成
図 11.2　新規作成
図 11.3　新規作成
図 11.4　新規作成

図表典拠 **225**

図 11.5　新規作成
図 11.6　新規作成
図 11.7　新規作成
図 11.8　新規作成
図 11.9　新規作成
図 11.10　福田邦夫：色彩調和論，p.43，朝倉書店，1996，より作成
図 11.11　福田邦夫：色彩調和論，p.43，朝倉書店，1996，より作成
図 11.12　宮田紀元他：新建築学大系 10 環境物理，p.401，彰国社，1984
図 11.13　宮田紀元他：新建築学大系 10 環境物理，p.402，彰国社，1984
図 11.14　大井義雄・川崎秀昭：カラーコーディネーター入門 色彩，改訂版，p.63，日本色研事業，2000
図 11.15　Masao Inui : Practical Analysis of Interior Color Environment, BRI Occasional Report, No.27, 1966, および稲垣卓造：都市の色彩分布に関する一考察，日本建築学会学術講演梗概集（環境工学），pp.429〜430，1987，より作成
表 11.1　日本店舗設計家協会：新版商業建築企画設計資料集成 2 設計基礎編，p.31，商店建築社，1984
表 11.2　塚田敢：色彩の美学，p.132，紀伊国屋書店，1966，より作成
表 11.3　日本工業規格　安全色——一般的事項（JIS Z 9103：2005）表 2，表 3，より改変
表 11.4　日本建築学会編：建築設計資料集成 1 環境，p.94，丸善，1978，より作成
表 11.5　新規作成
表 11.6　日本店舗設計家協会：新版商業建築企画設計資料集成 2 設計基礎編，p.31，商店建築社，1984

■ **12 章**

図 12.1　日本建築学会編：建築設計資料集成 1 環境，p.66，丸善，1978，より作成
図 12.2　日本建築学会編：建築設計資料集成 1 環境，pp.66〜70，丸善，1978，より作成
図 12.3　日本建築学会編：建築法規用教材，改訂第 20 版，p.94，丸善，2010
図 12.4　日本建築学会編：建築法規用教材，改訂第 20 版，p.95，丸善，2010
図 12.5　CIE：Guide for floodlighting, CIE94, 1993, および照明学会編：照明ハンドブック，第 2 版，オーム社，p.386，2003，より作成
図 12.6　CIE：Guide for floodlighting, CIE94, 1993, および照明学会編：照明ハ

	ンドブック,第2版,オーム社,p.386,2003,より作成
図12.7	環境省:光害対策ガイドライン,p.12,2006,より作成
表12.1	日本建築学会編:建築法規用教材,改訂第20版,p.94,丸善,2010,より作成
表12.2	照明器具工業会:障害光低減のための屋外照明機器の使い方ガイド,ガイド116,2002
表12.3	環境省:光害対策ガイドライン,pp.17〜18,2006,より作成

索引

ア 行

アーク灯　95
アーチ窓　124
青空光　104
明り障子　125
明るさ感　58
アクセント効果　193
アクセント色　197
足元灯　85
圧迫感　211
アトリウム　127
アパレントブライトネス　58
アメリカンモダン　98
暗順応　31
暗所視　31
安全色　194
安定器　80
板唐戸　125
イタリアンモダン　98
一室一灯照明方式　93
一灯多機能照明方式　93
イメージ配色　196
イルミネーション　71, 208
色　170
色温度　68
色の三属性　170
ウェーバー・フェヒナーの法則　33
ウォールウォッシャー　92
埋込み形照明器具　84

永久日影　23
エイジング　195
演出照明　90
演出性　48
演色性　69
演色評価数　69
遠赤外放射　6
鉛直配光曲線　131
縁辺対比　185
オイルランプ　94
屋外広告物法　212
屋内統一グレア評価値　64
奥行知覚　32
オストワルト表色系　180
温度放射　75

カ 行

カーテンウォール　127
開口色　170
開口部　114
開口率　122
開放感　115
拡散　43
拡散透過　43
拡散反射　42
可視光線　28
可視放射　2, 4, 28
可照時間　10
ガス灯　95

索 引

片側採光　116
火灯窓　126
可搬形照明器具　84
壁付け形照明器具　84
加法混色　171
感光度　30
寒色　184
眼精疲労　51
間接照度　130
間接照明　86
間接昼光率　138
完全拡散面　45
完全放射体軌跡　175
桿体　31
眼疲労　51
慣用色名　173
記憶色　187
器具間隔　147
基準昼光率　111
キセノンランプ　83
北側高さ制限　205
北空昼光　109
基調色　197
輝度　40, 58
輝度対比　60
輝度分布　59
機能配色　196
基本色名　172
基本照明　90
境界積分の法則　134
強調色　197
共通性　192
強用美　150
極射影　19
局部照明　91
局部的全般照明　91
均時差　16
近赤外放射　6
均等拡散面　44

空調照明器具　85
屈光性　6
クリアストーリー　124
クリプトン電球　77
クルーゾフ効果　69
グレア　62
グローバル照度　106
グローバル日射量　107
グローブ　87
クロマ　177
景観　210
景観構成要素　210
景観照明　208
景観法　212
蛍光　75
蛍光ランプ　79
継時対比　185
形態率　211
系統色名　172
原刺激　174
顕色系　174
建築化照明　91
減能グレア　62
減法混色　171
高圧水銀ランプ　80
高圧ナトリウムランプ　81
光害　209
高輝度放電ランプ　80
光源色　170
格子窓　126
光周性　6
高周波点灯形蛍光灯　80
光色　68
光井　120
光束　38
光束維持率　75
光束発散度　39
光束法　146
後退色　184

索　　引

光沢　42
光庭　120
光度　40
紅斑現象　4
興奮色　184
光幕反射　63
効率　75
光量　39
コーニス照明　92
コーブ照明　92
腰高障子　125
コファー照明　91
混光照明　83
混色系　174

サ　行

サーカディアンリズム　5
採光　48, 102
採光昼間　108
採光補正係数　122
彩度　170
彩度対比　185
採入性　114
作業照明　90
作業用照明器具　85
サバンナ効果　165
三原刺激　174
三原色　171
三波長域発光形蛍光ランプ　80
三路スイッチ　156
シーリングライト　84
シールドビーム電球　78
シェード　87
紫外線　28
紫外放射　2, 28
視覚　28
視角　29, 34
時角　15

じか付け形照明器具　84
視感　32
視環境　28
視感度　32
視感透過率　43
視感反射率　42
色陰現象　185
色覚　32
色差　177
色彩　170
色彩感情　187
色彩象徴　187
色彩設計　194
色彩調節　194
色彩調和　188
色彩連想　187
色相　170
色相環　178
色相対比　185
色素沈着　4
色調　170
色度　171, 175
色度図　175
刺激純度　176
指向性　43
指向性反射がさ　87
視作業　29
視作業面　29
視軸　29
システム天井照明　93
視線　29
自然光　48
視対象　29
室指数　146
実用炭素電球　95
視点　29
蔀戸　125
視認性　186
時法　16

索　引

島日影　23
視野　32
遮断性　114
シャドーシリーズ　192
シャンデリア　84
修景　210
終日日影　23
収縮色　184
修正マンセル表色系　177
重点照明　90
周辺視　30
主照明　90
主波長　176
寿命　75
純紫軌跡　176
順応　31
順応輝度　58
書院窓　126
省エネルギー　166
条件等色　171
硝子体　30
常時補助人工照明　93
照度　39, 54
照度均斉度　56
照度センサー　88
照度の逆二乗法則　44
照度の余弦法則　44
照度分布　56
照度ベクトル　57
照明　48
照明エネルギー消費係数　167
照明基準総則　52
照明設計　150
照明率　146
視力　31
シルエット現象　66
シルエット照明　208
人感センサー　88
親近性　192

人工光源　74
人工照明　48
進出色　184
真太陽時　16
真太陽日　16
水晶体　30
錐体　30
水平面日影曲線　20
スカラー照度　57
スカンジナビアンモダン　98
ステンドグラス　124
ストロボスコピック効果　65
スペクトル軌跡　176
スペクトル三刺激値　175
スペクトル色　176
スポットライト　84
正射影　18
青色光網膜障害　6
生体リズム　5
晴天空　106
正透過　43
正反射　42
赤外線　28
赤外放射　2, 6, 28
設計用全天空照度　108
絶対高さ制限　213
セパレーション効果　193
セラミックメタルハライドランプ　81
線光源　133
全照度　130
全量光率　138
全天空照度　106
全天照度　106
全天日射量　107
尖頭窓　124
全般拡散照明　86
全般照明　90
相関色温度　68
造形配色　196

索　引

総合効率　75
走光性　6
相互反射　131, 135
騒色　211
装飾照明　90
側窓　116
ソケット　88
測光量　38

タ　行

大気外法線照度　104
大気透過率　105
ダイクロイックミラー　78
対比　185
タイマー　88
太陽位置図　18
太陽光　104
太陽高度　14
太陽光発電　7
太陽照度定数　104
太陽追尾採光　121
太陽定数　104
太陽の赤緯　14
太陽方位角　14
太陽放射　2
ダウンライト　84
ダウンライト照明　91
高窓　116
タスク・アンビエント照明　91
多灯分散照明方式　93
多面採光　116
単純開口率　123
暖色　184
逐点法　130
秩序性　191
地物反射光　104
中間天空　108
昼光　48, 104

昼光光源　102
昼光照明　48, 102
昼光率　110
注視点　29
中心窩　30
中心視　30
調光　87
調色　88
頂側窓　116
直射日光　104
直射日光照度　105
直接間接照明　86
直接グレア　62
直接光　130
直接照度　130
直接照明　86
直接昼光率　138
直達日射　105
直達日射量　105
鎮静色　184
通景　210
吊下げ形照明器具　84
低圧水銀ランプ　83
低圧ナトリウムランプ　83
底光採光　117
テーブルスタンド　84
電気照明　48
天空輝度　107
天空光　104
天空日射　106
天空日射量　106
天空率　111, 211
点光源　132
天井埋込み形照明器具　84
天井じか付け形照明器具　84
天頂輝度　107
展望　210
天窓　117
透過　42

索　引

同化現象　186
透過色　170
透過性　114
透過率　43
等距離射影　18
瞳孔　30
投光照明　208
投光照明用器具　85
透光性カバー　87
等時間日影線　22
同時対比　185
等色　171
等色関数　175
動程　75
透明　43
等立体角射影　18
道路照明　206
道路照明器具　85
道路高さ制限　213
ドーマーウィンドウ　124
トーン　170
特殊演色評価数　69
都市景観　210
ドミナントカラー配色　193
ドミナントトーン配色　193
ドミナント配色　193
ドルノ線　3
トロファー照明　91
曇天空　107
曇天光　104

ナ　行

内部反射　42
ナチュラルハーモニー　192
日射　7
日射遮蔽装置　120
日射量　7
日照　7

日照時間　10
日照図表　24
日照導入装置　120
日照率　10
日本標準時　16
二面採光　116
ネオジウム電球　78
ネオン管　83

ハ　行

ハーマングリッド効果　185
配光　86, 131
配光曲線　86, 131
配合色　197
排出性　114
配色　196
白熱電球　77
バッフル　87
パノラマ　210
バラ窓　124
バランス照明　92
バリュー　177
ハロゲンサイクル　78
ハロゲンランプ　78
半間接照明　86
反射　42
反射がさ　87
反射形投光電球　78
反射グレア　63
反射光　130
反射率　42
半直接照明　86
美　194
日影規制　203
日影曲線　20
日影時間　10
日影時間図　23
光　28

索　引　　　　　　　　　　　　　　　**233**

光壁照明　92
光環境　28
光天井照明　92
光ファイバー　121
光窓照明　92
光床照明　92
ピクチュアウィンドウ　126
日ざし曲線　21
日ざし錐面　24
比視感度　32
非常用照明器具　85
聖窓　126
ビスタ　210
引掛シーリング　88
引掛ローゼット　88
ヒュー　177
標準イルミナント　175
標準光源 D_{65}　109
標準色票　178
表色　174
表色系　174
表面色　170
表面反射　42
フィラメント　77
ブーゲの式　105
封入ガス　77
フォンベゾルト効果　186
不快グレア　62
複合日影　23
物体色　170
フットライト　85
ブラケット　84
ブリーズソレイユ　120
フリッカー　65
プルキンエ現象　32
フレネルレンズ　87
フロアスタンド　84
フロアライト　84
雰囲気照明　48

分光分布　75
ベイウィンドウ　124
平均演色評価数　69
平均円筒面照度　57
平均球面照度　57
平均太陽時　16
平均太陽日　16
ベース照明　90
ベース・重点照明方式　164
ベゾルト・ブリュッケ現象　186
ベネシアンブラインド　124
ベルラーゲの式　106
ペンダント　84
方位別開口比　123
法線照度　43
膨張色　184
保護角　120
保守率　141, 147
補色　171
補色残像　185
補色対比　185
補助照明　90

マ　行

舞良戸　125
マッハ効果　185
窓　114
窓材料　118
窓装置　120
窓装備　120
マンセル色立体　177
マンセル表色系　177
無彩色　172
虫籠窓　126
武者窓　126
無双窓　126
無電極放電ランプ　80
明視照明　48

索　引

明視性　48
明視の条件　49
明順応　31
明所視　31
明度　170
明度対比　185
明瞭性　193
メタルハライドランプ　81
面光源　134
面色　170
面積効果　186
網膜　30
モデリング　67
漏れ光　209

ランバートの余弦法則　45
ランプ効率　75
ランプレセプタクル　88
リープマン効果　186
立体角　34
立体角投射の法則　134
立体角投射率　35
両側採光　116
燐光　75
隣地高さ制限　213
ルーバー　87
ルーバー天井照明　92
ルミネセンス　75
連子窓　126
蝋燭　94

ヤ 行

遣戸　125
有彩色　172
誘導性　206
誘導灯　85
誘目性　187
与力窓　126

ラ 行

ライティングダクト　88
ライトアップ　208
ライトウェル　120
ライトガイド　121
ライトコート　120
ライトシェルフ　120
ライトダクト　121
ランドルト環　31

数字・欧字行

BZ 分類　87
CIE　52
CIE 標準晴天空　106
CIE 標準曇天空　107
CIE 表色系　174
CRF　64
EL ランプ　83
LED ランプ　82
$L^*a^*b^*$ 表色系　177
$L^*u^*v^*$ 表色系　177
PCCS　181
RGB 表色系　174
UCS 表色系　176
UGR　64
ULCS 表色系　177
XYZ 表色系　174

著者略歴

平手 小太郎
(ひらて こたろう)

1978 年　東京大学工学部建築学科卒業
1983 年　東京大学工学部建築学科助手
1984 年　東京大学大学院工学系研究科建築学専門課程博士課程修了
1990 年　東京大学工学部建築学科助教授
現　在　東京大学大学院工学系研究科建築学専攻教授
　　　　工学博士

主要著書

「長く暮らすためのマンションの選び方・育て方」(分担執筆, 彰国社, 2009)
「光と色の視環境デザイン」(分担執筆, オーム社, 2001)
「環境工学教科書」(分担執筆, 彰国社, 1996)
「住居設計論」(共著, 理工学社, 1994)
「OFFICing 環境考 環境管理から考えるアメニティ」(共著, リブロポート, 1992)

新・建築学 ＝ TKA-9
建築光環境・視環境

2011 年 10 月 25 日 ⓒ　　　　　　　初　版　発　行
2016 年 2 月 25 日　　　　　　　　初版第 3 刷発行

著者　平手　小太郎　　　　発行者　矢沢和俊
　　　　　　　　　　　　　印刷者　小宮山恒敏
　　　　　　　　　　　　　製本者　米良孝司

　　　【発行】　　　　　　株式会社　数理工学社
　　　〒151-0051　東京都渋谷区千駄ヶ谷 1 丁目 3 番 25 号
　　　☎ (03) 5474-8661 (代)　　　サイエンスビル

　　　【発売】　　　　　　株式会社　サイエンス社
　　　〒151-0051　東京都渋谷区千駄ヶ谷 1 丁目 3 番 25 号
　　　営業☎ (03) 5474-8500 (代)　　振替 00170-7-2387
　　　FAX☎ (03) 5474-8900

　　　印刷　小宮山印刷工業 (株)　　製本　ブックアート

≪検印省略≫

サイエンス社・数理工学社の
ホームページのご案内
http://www.saiensu.co.jp
ご意見・ご要望は
suuri@saiensu.co.jp まで.

本書の内容を無断で複写複製することは, 著作者および出版者の権利を侵害することがありますので, その場合にはあらかじめ小社あて許諾をお求め下さい.

ISBN978-4-901683-78-4
PRINTED IN JAPAN

建築計画の基礎
環境・建築・インテリアのデザイン理論
　　　　　西出和彦著　　2色刷・Ａ5・上製・本体2000円

建築計画学入門
建築空間と人間の科学
大佛・宮本・藤井共著　　2色刷・Ａ5・上製・本体2800円

建築構造力学入門
　　　　　元結正次郎著　　2色刷・Ａ5・上製・本体2100円

新・建築材料Ⅰ
［構造材料編］
田中・三上・横山共著　　2色刷・Ａ5・上製・本体1900円

新・建築材料Ⅱ
［部位構成材料・機能材料編］
　　　　　田中・川村・三上・横山・高橋共著
　　　　　　　2色刷・Ａ5・上製・本体2200円

都市・建築の環境設計
熱環境を中心として
　　　　　梅干野晁著　　2色刷・Ａ5・上製・本体2800円

＊表示価格は全て税抜きです．

発行・数理工学社／発売・サイエンス社